广东金融科技发展报告

(2018)

ANNUAL REPORT ON GUANGDONG'S FINTECH DEVELOPMENT (2018)

主编/黄国平　唐军
副主编/胡志浩　潘瑾健

《广东金融科技发展报告（2018）》编委会

指　　导　李　扬　王立民　胡　滨

主　　编　黄国平　唐　军

副 主 编　胡志浩　潘瑾健

编　　委　唐　军　张　林　方　龙　华德莉　杨　希
　　　　　　李　根　李　凯　宋　杨　欧阳丹丹　胡志浩
　　　　　　姚　云　徐　枫　黄志海　黄国平　梁振兴
　　　　　　蔡　真　潘瑾健

支持单位　中国社会科学院金融研究所
　　　　　　中国社会科学院投融资研究中心
　　　　　　广东互联网金融协会
　　　　　　广州互联网金融协会
　　　　　　深圳互联网金融协会
　　　　　　东莞互联网金融协会
　　　　　　派生科技集团股份有限公司（团贷网）

主要编撰者简介

黄国平 中国社会科学院金融研究所研究员,中国社会科学院投融资研究中心副主任,中国社会科学院研究生院教授,中国金融期货交易所北京金融衍生品研究院特约研究员,中国保险行业协会互联网分会委员。主要研究方向为金融风险管理与度量、金融(衍生)产品设计与定价、普惠与互联网金融的创新和评价以及科技金融政策和理论研究。

唐 军 团贷网创始人、派生集团董事长。2006年就读于北京航空航天大学北海学院,2009年创立东莞市俊特信贷咨询有限公司,2011年创办东莞市俊特金融投资有限公司(后变更为广东俊特团贷网络信息服务股份有限公司),2012年率领团队成立团贷网并上线运营,致力于建设民营互联网金融第一品牌。

主编单位简介

国家金融与发展实验室 国家金融与发展实验室系中央批准设立的首批国家级高端智库。遵循科学性、建设性、独立性和开放性原则，主要集中于国内外货币金融政策、金融改革与发展、金融创新与监管、金融安全与风险管理、全球治理与政策协调等领域，展开高质量、专业性、系统化、前瞻性研究，为提高我国经济和金融综合研判、战略谋划和风险管理能力服务，为国家制定货币金融政策和宏观经济政策服务，为各地区金融发展服务，为推动国内外金融学术交流和政策对话服务，为国内外科研组织、金融机构和工商企业提供应用性研究成果和咨询服务。

支持单位简介

派生科技集团股份有限公司（团贷网） 团贷网集团（工商登记主体为派生科技集团股份有限公司）于 2011 年在东莞成立，注册资本 10 亿元。团贷网集团依托"世界制造工厂"深厚的产业基础和科技发展规划，聚焦实业、科技、金融三大战略投资方向，致力于成为一家以大数据、人工智能、互联网科技等技术力量驱动产融结合、提升产业运营效率的投资服务集团。集团旗下品牌"团贷网"（www.tdw.cn）是国内领先的综合性金融科技服务平台。截至 2017 年 8 月，平台累计交易金额达到 1047.3 亿元，累计注册投资用户超过 633 万，帮助近百万家企业及个人完成融资，处于行业领先地位。

团贷网在互联网金融、信息服务以及大数据风控方面具有丰富的经验和雄厚的实力。2013 年以来，团贷网投入研发资金累计超过 5000 万元，立项并转化了科研项目 32 个，科技成果转化率 100%。截至目前，团贷网拥有软件著作版权 32 项、软件产品称号 8 项、高新技术产品 10 件，拥有行业领先的核心系统 4 套，先后被认定为国家高新技术企业、广东省经信委"互联网＋金融"试点项目、工业和信息化领域电子商务试点单位、东莞"倍增计划"南城试点企业、东莞市成长型企业、电子商务创新示范企业等。团贷网不断加强对技术的投入，积极推进大数据、人工智能等科技与金融创新的融合，让金融更简单。

摘　要

金融科技与互联网金融是对传统金融的有益补充，其不仅提高了金融的效率和创新能力，同时也为普惠金融、民主金融以及金融扶贫提供了强有力的技术支撑。广东省作为我国金融科技与互联网金融发展主要聚集地，形成了由 P2P 网贷平台、众筹融资、互联网支付、互联网保险、互联网理财以及大数据征信、金融云平台等业态组成的金融科技与互联网金融格局。金融科技与互联网金融是金融与科技深度融合的探索和创新实践，金融是金融科技和互联网金融的核心，而技术进步则是金融科技和互联网金融发展的重要保障。广东省金融科技和互联网金融创新发展的技术基础强，尤其是在一系列金融科技和互联网金融的关键核心技术发展方面，广东省实施的长期规划实现了较好的产出。

行业产业的发展成功不仅是从业机构、投资机构和地区政府等主体的共同努力，在很大程度上也是地区综合资源的优势所致。具有区位优势的地区发展特定行业产业可以充分综合地利用地区各项资源，借助地理位置的优势不仅有助于引进先进企业和先进技术服务行业创新，也有助于扩大服务市场实现行业规模的快速增长。广东省独特的区位优势为金融科技和互联网金融的国际国内交流提供了极大便利，同时也为金融创新领域机构提供了庞大的市场需求。目前，广东省金融科技与互联网金融行业已经诞生了一批知名企业和大型企业，并形成企业集聚。

广东省在鼓励互联网金融发展的过程中，特别重视互联网金融行业风险的防范，以规范各类互联网金融业态，净化金融生态环境，优化市场竞争秩序，扭转互联网金融某些业态偏离正确创新方向的局面，遏制互联网金融风险案件高发频发势头，建立和完善适应互联网金融发展特点的监管长效机制，实现规范与发展并举、创新与防范风险并存，促进广东省互联网金融健康可持续发展，有效维护经济金融秩序和社会稳定。

紧随全国范围内互联网金融风险专项整治工作的开展，广东省按照国家要求部署，迅速组织制定《广东省互联网金融风险专项整治工作实施方案》及各分领域相关专项整治方案，明确了互联网金融风险专项整治的工作目标、原则、重点整治问题、整治措施、职责分工和进度安排，要求采取"严格准入管理、坚持分类治理、强化资金监测、建立举报奖惩与黑名单制度、加大整治不正当竞争工作力度、加强内控管理、完善技术手段"等措施，集中力量对P2P网络借贷、股权众筹、互联网保险、第三方支付、通过互联网开展的资产管理及跨界从事金融业务、互联网金融领域广告等重点领域进行整治。同时，在及时总结经验的基础上，主动加强与国家有关部门的协调沟通，建立健全广东省互联网金融监管长效机制。

随着广东省互联网金融专项整治深入推进，行业加速进入"优胜劣汰"的洗牌期，行业竞争日益激烈，在整体风险趋于减缓的情况下，行业与平台分化却日趋明显。一方面，诸多行业领先企业和平台加快引进金融风险分析及决策管理技术，旨在加强风控能力，提升经营效率；另一方面，众多"草根"平台，由于缺乏专业的经营管理经验和必要的风险控制手段，正在加速离场。总体而言，广东金融科技与互联网金融行业发展，相较于北京、上海等地区，仍然表现出"多"而不"强"的特征。目前，广东社会信用和征信体系还有待进一步完善，金融科技与互联网金融生态环境有待进一步提升。

序　言

金融科技和互联网金融是基于大数据、云计算、人工智能、区块链等一系列技术创新，全面应用于支付清算、借贷融资、财富管理、零售银行、保险、交易结算等几大金融领域的金融创新，代表着金融业未来的主流趋势。金融科技拓展了金融服务的边界，不断构建新金融生态空间，演化出多层次金融服务体系，从而改变金融行业的生态格局，对促进普惠金融发展、更好服务实体经济具有重要意义。

我国金融科技最初是以互联网金融的形式出现的，互联网技术的发展与使用推动了互联网金融浪潮的兴起。2003年支付宝出现代表着我国金融科技与互联网金融的发展初露头角，2007年，拍拍贷、宜信等网络借贷企业兴起，金融科技与互联网金融开始为大众所识，2013年余额宝等产品出现把互联网金融推上了风口浪尖，标志着我国以互联网金融为中心的金融科技呈现爆发式发展态势。这些新兴金融模式对传统金融的商业模式产生了巨大的冲击，一方面补充了传统金融所不能覆盖的业务领域，另一方面，也与传统金融产生了较强的竞争关系，使传统金融不得不主动接触各项新兴技术并自主变革。

随着互联网和大数据等信息科技不断发展，金融与科技进一步深度融合，普惠金融逐步实现从传统普惠金融向数字普惠金融的跨越式发展。2016年的杭州G20峰会，中国参与制定了《G20数字普惠金融高级原则》，代表着中国普惠金融的成熟与进阶。数字化普惠金融，意味着金融机构能因客制宜、因时制宜、因地制宜地塑造实时化、智能化客户体验，提升普惠金融的普及性，并降低成本。其核心包括："因客而变"——是指重塑客户体验，"实时"——是指对客户需求的实时感知和响应，"智能"——是指对"感知和响应"的决策支持能力。当前金融消费生态化、场景化、个性化趋势下，信息技术、互联网、云计算以及大数据等金融科技为以"实时感知响应"和"智能分析"为特征的普惠金融数字化革新提供了解决方案。中国数字普惠金融迅速发展与成熟不仅为中国众多贫困人口与中小微企业提供了大力支持，也为国际普惠金融的发展提供了有借鉴意义的经验。

我国金融科技与互联网金融发展迅速，在与美国、英国、新加坡等国家角逐的过程中，无论是市场规模还是技术能力抑或业务形式都处于较为领先地位，然而，相应的监管体系和政策没有及时跟上，致使行业发展风险累积，呈现一定乱象。2015年7月，中国人民银行等十个部门联合发布《关于促进互联网金融健康发展的指导意见》，我国金融科技与互联网金融监管思路才正式成型。当前，随着互联网金融专项整治不断深入，我国金融科技与互联网金融逐渐走上规范化发展道路。同时，金融监管部门在监管手段上也不断创新和完善。

广东素来具有敢为人先、求实创新的锐气，这也是广东经济、社会和金融业长久保持生机和活力的关键所在。广东金融科技与互联网金融发展起步早、基础好、后劲足，在技术创新能力、业务研发水平、应用推广效果等方面都堪称全国标杆和典范，业务与技术深度融合，创新成果层出不穷，科技创新与金融创新的结合已成为推动广东金融业现代化发展的强大动力。近年来，广东把促进科技和金融结合作为深化科技体制改革、完善区域创新体系和创新创业环境、提升自主创新能力和国际竞争力的重要抓手，大胆探索，先行先试，在金融科技和互联网金融政策体系、工作机制、服务平台、区域试点示范等方面取得了重要进展，也获得了值得推广的经验模式。

中国社会科学院金融研究所研究员、中国社会科学院投融资研究中心副主任黄国平博士课题组编撰的《广东金融科技发展报告（2018）》对广东地区近年来的金融科技和互联网金融行业现状、发展环境、政策监管以及互联网金融领域的专项治理进行了系统的梳理和分析，旨在对广东金融科技和互联网金融发展前景以及如何更好地服务实体金融和促进普惠金融发展做出科学、合理预判。希望本书的出版有助于广东金融科技和互联网金融先进理念和经验模式的推广，为广东乃至全国金融科技和互联网金融行业规范、有序发展提供有益参考。

王立民

中国社会科学院金融研究所党委书记、教授

目 录

―――――― **总报告** ――――――

广东金融科技与互联网金融总体发展与环境分析
　　………………………黄国平　唐　军　胡志浩　方　龙　李　根
　　　　　　　　　　　　　宋　杨　梁振兴　潘瑾健 / 001
　　一　发展背景与历程 …………………………………………… / 002
　　二　广东金融科技与互联网金融环境 ………………………… / 005
　　三　广东省发展金融科技与互联网金融的优势 ……………… / 009
　　四　广东省互联网金融行业监管与整治 ……………………… / 013
　　五　广东金融科技与互联网金融未来发展与趋势 …………… / 018
　　六　结论及政策启示 …………………………………………… / 022

―――――― **行业发展篇** ――――――

广东网贷行业发展现状与态势 ……………………………… 方　龙 / 025

广东互联网金融车贷业务发展与创新 ……………………… 潘瑾健 / 052

广东互联网保险发展现状与态势 …………………… 李　根　黄志海 / 065

广东互联网支付发展现状与态势 …………………… 李　根　黄志海 / 074

广东互联网众筹行业现状与发展态势 ……………… 李　根　黄志海 / 083

001

互金生态及专项整治篇

广东金融科技发展环境分析　………………………………　华德莉／098
深圳金融科技与互联网金融发展态势及其整治　……　黄国平　李　凯／109
广州金融科技与互联网金融规范发展及风险防控　……　黄国平　黄志海／126
东莞金融科技与互联网金融生态环境与风险整治　……………　唐　军／141

专题报告篇

金融与科技融合发展：广东政策与实践　……　黄国平　李　根　王　平／151
广东金融科技促进普惠金融与金融扶贫政策与实践　…………　李　根／164
大数据环境下金融信息与互联网征信及其在广东实践
　　　　　　　　　　　　　　　　　　　　……　杨克泉　黄国平／182
促进金融科技创新发展体制与机制
　　——深圳政策与实践　………………………………　李　凯／202
财富管理中智能投顾及其在广东发展　……　李　根　梁振兴　宋　杨／217
金融云及广东金融业"云化"之路　………………………………　孙　健／233

应用案例篇

团贷网：以科技为驱动，推动创新金融发展　……………………　方　龙／249
小牛科技引领金融"犇跑"应用与实践　…………………………　孙　健／264
民投金服金融科技布局与发展　……………………………………　方　龙／274

总 报 告
General Report

广东金融科技与互联网金融总体发展与环境分析

黄国平　唐军　胡志浩　方龙　李根　宋杨　梁振兴　潘瑾健*

摘　要： 广东省以建设珠三角金融改革创新综合试验区为契机，谋划与港澳地区金融业的融合和发展，推动建设大珠三角金融圈，强化区域金融业的集聚和整合，利用港澳地区金融业的辐射带动作用，提升在国内外金融市场的竞争力。金融科技与互联网金融不仅是对传统金融的有益补充，更有可能是代表着金融业的未来发展方向。金融科技和互联网金融发展不仅提高了金融的效率和创新能力，同时也为普惠金融、民主金融以及金融扶贫提供了强有力的技术支撑。广东省作为我国金

---

* 黄国平，博士，中国社会科学院金融研究所研究员；唐军，东莞团贷网互联网科技服务有限公司CEO；胡志浩，博士，中国社会科学院金融研究所研究员；方龙，博士，中国社会科学院国家金融与发展实验室研究员；李根，中国社会科学院投融资研究中心研究员；宋杨，中国社会科学院投融资研究中心研究员；梁振兴，中国社会科学院投融资研究中心研究员；潘瑾健，网贷天眼副总裁，中国社会科学院国家金融与发展实验室研究员。

融科技与互联网金融发展主要聚集地，形成了由P2P网贷平台、众筹融资、互联网支付、互联网保险、互联网理财以及大数据征信、金融云平台等业态组成的金融科技与互联网金融格局。随着广东省互联网金融专项整治深入推进，行业加速进入"优胜劣汰"的洗牌期，行业竞争日益激烈，在整体风险趋于减缓的情况下，行业与平台分化却日趋明显。总体而言，广东金融科技与互联网金融行业的发展，相较于北京、上海等地区，仍然表现出"多"而不"强"的特征。目前，广东社会信用和征信体系还有待进一步完善，金融科技与互联网金融生态环境有待进一步提升。

关键词： 金融科技　互联网金融　金融监管　专项整治　金融生态

一　发展背景与历程

广东作为我国改革开放的前沿和排头兵，充分发挥与港澳地区地缘相近和人缘相亲的优势，不断深化与港澳地区金融关系，形成优势互补和相互依存的合作和发展格局。随着中国经济进入新常态，金融业发展步入全面深化改革阶段，国内区域金融发展竞争格局日益激烈。目前，广东省以建设珠三角金融改革创新综合试验区为契机，谋划与港澳地区金融业的融合与发展，推动建设大珠三角金融圈，强化区域金融业的集聚和整合，利用港澳地区金融业的辐射带动作用，提升在国内外金融市场的竞争力。

作为金融与科技有机融合的金融科技与互联网金融不仅是对传统金融的有益补充，更有可能是代表着金融业的未来发展方向。金融科技和互联网金融发展不仅提高了金融的效率和创新能力，同时也为普惠金融、民主金融以及金融扶贫提供了强有力的技术支撑。正是因为金融科技与互联网金融平台以更低的成本和便捷的模式让社会不同群体受益于金融服务，尤其是为个人和中小微企业融资难问题提供了有效的解决途径，所以国家一直在战略层面积极推动和支持金融科技与互联网金融健康发展。自2014年政府工作报告中首次提出发展互联网金融以来，2015年11月3日，中国共产党第十八届五中全会通过的《中共中央关于制定国民经济和社会发展第十三个五年规划的建议》中也提出规范发展互联网金融，这是"互联网金融"首次被写入中央五年规划中。2016年7月27日，中共中央办公厅、国务院办公厅印发的《国家信息化发展战略纲要》再次提到"引导和规范互联网金融发展，有效防范和化解金融风险"。2017年7月，中央金融工作会议再次提出"加强互联网金融监管"，充分显示中央引导和规范金融科技与互联网金融健康发展的意志和决心。

广东省作为我国金融科技与互联网金融发展主要聚集地，形成由P2P网贷平台、众筹融资、互联网支付、互联网保险、互联网理财以及大数据征信、金融云平台等业态组成的金融科技与互联网金融格局。综观广东金融科技与互联网金融的发展，大概可分为四个阶段，即萌芽孕育期、起步发展期、增长爆发期和规范成长期。

1. 萌芽孕育期（2007年以前）

这段时间，广东与中国其他地区一样，金融科技与互联网金融尚未形成新的业态，主要表现为银行等传统金融机构利用信息和互联网技术从事金融业务，提高金融效率，通常称之为"电子银行"或"网上银行"业务。这一时期广东依靠其优越的经济和金融背景对传统金融进行着技术优化和升级，金融科技和互联网金融主要依赖于传统金融行业，其中，典型代表包括招商银行和平安银行等主流金融机构。早在1995年7月，招商银行就推出了具有综合业务功能的银行卡"一卡通"，随后，在1999年9月，又率先启动中国首家网上银行"一网通"，成为众多企业和电子商务网站广泛使用的网上支付工具，促进了中国电子商务的发展。2007年8月，平安银行推出了集存取款、POS消费、代发工资、代缴费、网上支付、理财于一身的综合服务产品"吉祥"借记卡，2012年开始规划建设公司业务互联网升级平台"橙e网",探索"供应链金融+互联网金融"的融合发展路径。"橙e网"于2014年7月9日正式上线,如今已成为拥有206万注册用户、40万企业用户的互联网金融新锐平台。同期,以深圳市银联金融网络有限公司和广州银联网络支付有限公司为代表的第三方支付产业崭露头角,金融科技从后台支持位置走向前端,渗透到在当时看来传统金融非核心业务中,爆发出强大生命力。

2. 起步发展期（2007~2012年）

这期间,以团贷网、PPmoney、红岭创投等著名网络借贷平台成立和出现为标志,广东金融科技和互联网金融开始渗透到信贷、投融资等金融核心业务,形成对传统金融业务真正的挑战。截至2013年底,全国网络借贷正常运营平台200家左右,广东地区占比达1/4。同时,广东互联网支付乘势获得巨大发展,在全国270家第三方牌照支付公司中,广东有32家。此外,广东也逐渐形成了金融科技和互联网金融机构体系与生态系统,金融科技和互联网金融概念在广东已为人熟知。

3. 增长爆发期（2013~2014年）

这段时期,余额宝等互联网理财产品的出现给传统金融带来极大挑战。全国范围内各基金、保险公司纷纷展开大规模互联网化战略布局。金融科技与互联网金融企业凭借技术优势和敢为天下先的闯劲,地位得到空前提升。此间,腾讯的"理财通"、平安银行的"活钱宝"相继上线。以微信支付为代表的互联网支付获得进一步发展,同时,P2P网络借贷呈现爆炸式增长,截至2014年底,广东省正常运营的网贷平台达465家,占全国网贷行业的20.43%。2014年广东省全年网贷成交量达846.44亿元,占全国的33.48%。另外,微众银行（第一家民营互联网银行）、招联消费金融（第一家互联网消费金融公司）、中顺易金融（第一家互联网信托公司,由中信信托、顺丰、网易合资）、众惠财产相互保险（首批相互保险公司）、前海再保险（第一家民营资本主导的再保险公司）等涉及银行、保险、众筹和理财金融科技与互联网金融行业龙头企业相继产生,也激发了传统金融机构纷纷部署"互联网+"战略,广东金融科技和互联网金融行业呈现欣欣向荣的发展趋势。

4. 规范成长期（2015年至今）

2015年之前，我国对于金融科技和互联网金融的定义、准入、信息披露等都处于立法空白境地，监管主体也没有明确规定。随着互联网金融业务增长和平台数量剧增，金融风险也在不断积聚，互联网金融生态环境不断恶化。2015年新年伊始，中国银监会进行部门重组，将网贷监管正式纳入新创设的普惠金融工作部。2015年7月18日，央行等十部门联合印发《关于促进互联网金融健康发展的指导意见》，以"鼓励创新、防范风险、趋利避害、健康发展"为总要求，明确了包括股权众筹融资、网络借贷、互联网支付在内的多种互联网金融业态的职责边界。2016年3月，李克强总理在《政府工作报告》中指出，要加快改革完善现代金融监管体制，提高金融服务实体经济效率，实现金融风险监管的全覆盖，规范发展互联网金融。2016年10月13日，国务院办公厅正式印发《互联网金融风险专项整治工作实施方案的通知》，中国人民银行、中共中央宣传部、中国银监会等17个国家部门联合发出《通过互联网开展资产管理及跨界从事金融业务风险专项整治工作的实施方案》，也对应颁布了对互联网金融监管的配套文件。广东省、深圳市、广州市和东莞市等地方政府和金融监督管理部门按照中央统一部署，积极落实，有效地控制和化解了广东地区金融科技和互联网金融发展中的各种问题和风险。同时，广东互联网金融协会、深圳互联网金融协会、广州互联网金融协会和东莞互联网金融协会等行业自律组织在地方政府和监管部门支持、帮助下也逐步建立和完善，充分发挥行业自律和辅助监管作用。

随着金融科技与互联网金融领域的监管政策、法规制度的逐步完善以及互联网金融专项治理的全面展开，广东地区金融科技与互联网金融行业必将与全国其他地区一起正式告别"野蛮生长"的初生期进入理性规范发展的成长期。

二 广东金融科技与互联网金融环境

金融科技与互联网金融的生态环境很大程度上与金融业生态环境重叠，

但同时也与地区科技发展、创新创业环境有关。从金融业生态环境来看，根据《中国地区金融生态环境评价（2013~2014）》评估结果，广东省的综合得分紧随上海市、北京市和浙江省之后，排在全国31个省（自治区、直辖市）中的第4位①。2016年，广东省实现全省地区生产总值（GDP）79512.05亿元，较上年增长7.5%。广东省金融业增加值达到6502亿元，排名全国首位，同比增长11.3%，占GDP的8.2%，拉动经济增长约1个百分点。主要金融指标实现五个突破，全省金融机构总资产达到24.3万亿元，比2012年底的12.5万亿元增长了94%；本外币存款余额18万亿元，本外币贷款余额11万亿元，分别比2012年底增长95%和88%；新三板挂牌企业1618家，从2012年的全国第4名跃居全国首位。全省经济和金融业的快速发展为金融科技与互联网金融提供了良好的创新发展土壤，一方面为从业机构提供了较大的市场需求，较为突出的像广东省制造加工和贸易行业的繁荣催生了对供应链金融和贸易金融的极大需求；另一方面也有助于行业创业机构的融资，早期创业机构可以通过广东省内国际国内资金创设的创投机构获得资金，进驻孵化器获取运营、经营各项服务，在发展后期也能通过如区域股权交易中心、深圳证券交易所等融得大额资金支持企业经营。

总的来看，广东省金融科技与互联网金融发展环境表现出以下特点。

第一，广东省发展金融科技和互联网金融动力强、政策多、机制完善。广东的金融改革先试先行，在全国范围内不仅是改革项目最多，也是改革内容最丰富的。目前广东省已经获批建设了四个国家级区域金融改革项目，并且针对金融改革创新推出了一系列的政策，从完善多层次金融服务体系、建设金融创新试验区、鼓励创业创新等方面做出了政策支撑和保障。以广州市为例，2017年广州市金融局为加快金融科技发展拟推出三大举措：一是在2017年主办中国金融科技创业大赛，挖掘和培育优质金融科技项目；二是研究制定促进金融科技发展的相关扶持政策，为广州金融科技产业营造良好

---

① 具体参见王国刚、冯光华等主编《中国地区金融生态环境评价（2013~2014）》，社会科学文献出版社，2015。

的政策环境；三是推动广州金融科技产业园区的建设，为广州金融科技产业创新发展提供全方位服务，吸引更多金融科技企业和人才来穗发展。这些政策显示广东省对于金融创新的鼓励态度和较强的内在驱动力，并且在实施中也切实收获了相应发展成果，达到了既定发展目标。截至2017年6月底，金融高新区核心区共引进项目340个，总投资额超过656亿元，其中私募创投项目180个，募集资金规模超过326亿元，吸引金融白领人才达5万人，并建成佛山众创金融街、广东金融高新区股权交易中心、全景网（广东）路演中心等一批金融创新载体与产业平台。

第二，广东省金融科技和互联网金融创新发展的技术基础强。尤其是在一系列金融科技和互联网金融关键核心技术发展方面，广东省实施的长期规划实现了较好的产出。以人工智能为例，《2017中国人工智能产业报告》的数据显示，全国人工智能创业公司中，有42.9%位于北京，16.7%位于上海，深圳以15.5%的比例位列第三，广州的人工智能创业公司占全国总数的比重也达到7.7%，排第四位。目前，中国人工智能发展已形成以北、上、深、广四个城市为第一梯队的战略格局，在这一格局中广东省占据两席。技术创新的成效往往需要经历较长的周期，但是作为金融科技和互联网金融的重大基础保障和支撑，新兴科技的发展水平很大程度上决定了金融科技和互联网金融创新的未来空间和潜力。广东省良好的技术基础未来将会成为金融科技和互联网金融等金融深度融合科技创新的主要驱动力。

第三，广东省独特的区位优势为金融科技和互联网金融的国际国内交流提供了极大便利，同时也提供了金融创新领域机构的庞大市场需求。广东省位于南部沿海，毗邻港澳，不仅在国家发展规划中属于经济发展的核心，也是国际合作的重要中心。目前广东省内规划及全国规划的重点经济区包含珠江三角洲城市群、泛珠江三角洲经济区和粤港澳大湾区。多项规划中，广东不仅肩负对内合作、发挥辐射影响作用等带动区域经济发展的领头羊作用，还站在国际合作、经济发展、技术创新等的最前沿。这种独特的优势为广东省发展金融科技和互联网金融等金融创新带来极大的裨益，不仅可以通过国际合作引入先进金融、科技企业为省内发展提供支撑，在发挥其经济带头作用的同时也为省内企业创造了巨大的潜在市场。

第四，广东省金融科技和互联网金融行业已经诞生一批知名企业和大型企业，并形成企业集聚。由美国创投研究机构 CB Insights 发布的 2017 年全球金融科技 250 强榜单中，中国上榜的 28 家企业中就包括多家广东省的金融科技企业。其中包括为年轻人提供分期消费的金融服务平台分期乐、平安集团旗下互联网财富管理平台陆金所、住房金融服务平台大道金服、个人理财应用服务提供商随手科技、互联网保险经纪销售公司小雨伞保险。这些新兴机构和大型机构对于省内行业产业发展有强大的带动作用，同时也有助于产业链上下游诞生更多创新创业企业。广东省金融科技和互联网金融行业除诞生部分知名企业外，业已形成一定的产业行业集聚，截至 2016 年 3 月，前海蛇口、南沙、横琴新区片区已分别集聚了各类金融机构和创新型金融企业 39197 家、1090 家及 2557 家，总计 42844 家。这种企业集聚有助于金融科技和互联网金融行业在广东省的进一步发展，促进产业链的健全完善。

整体上，广东省发展金融科技和互联网金融在全国具有一定的比较优势，其中互联网金融的发展已经取得全国领先的阶段性成果。但是在开放与发展的过程中，广东省互联网金融行业不可避免地出现了一些问题和风险的累积。这一方面是由于行业监管认识不足、手段落后，对于金融科技和互联网金融的潜在风险没有充分理解导致了监督管理上的缺位和不足，行业高速发展导致机构数量、交易规模超出简单人工监督管理的能力范围造成行业监督管理的滞后，无法做到事前预警；另一方面也是由于广东省互联网金融行业在高速发展下，一些企业忽视经营能力和金融风险高风险经营，甚至为了发展铤而走险违法违规经营，造成风险的集中。当前，广东省金融监管主体在发展中不断形成金融科技和互联网金融发展的正确认识，已经着重开展行业风险专项整治工作，并积极引导行业向健康有序方向发展，规范企业守法合规经营。在行业新环境、新态势下，广东省金融科技和互联网金融行业已经出现整合、洗牌的局面，同时风险逐步缓释，部分机构选择停止经营并正常退出市场。

三 广东省发展金融科技与互联网金融的优势

（一）广东省发展金融科技与互联网金融的区位优势

行业产业的发展成功不仅是从业机构、投资机构和地区政府等主体的共同努力，在很大程度上也是地区综合资源的优势所致。具有区位优势的地区发展特定行业产业可以充分综合地利用地区各项资源，借助地理位置的优势不仅有助于引进先进企业和先进技术服务行业创新，也有助于扩大服务市场实现行业规模的快速增长。

广东省位于我国大陆南部沿海，与广西、湖南、江西及福建四省陆地相接，毗邻港澳，与海南隔海相望。广东特殊的区位使其在国家区域经济贸易规划中处于较为核心的地位。目前广东省内规划及全国规划的重点经济区包含珠江三角洲城市群、泛珠江三角洲经济区和粤港澳大湾区。多项规划中，广东不仅肩负对内合作、发挥辐射影响作用等带动区域经济发展的领头羊作用，还站在国际合作、经济发展、技术创新等的最前沿。

在发展省内金融科技和互联网金融行业产业方面，一系列对内规划合作加强了广东省与周边省份的交流沟通，尤其是为广东省的金融科技和互联网金融从业机构创造了更为庞大的潜在服务市场。通过区域省份经济发展合作，广东省金融科技和互联网金融企业可以更方便、有效地将业务拓展并深入合作省份，广东省金融科技和互联网金融企业的服务市场便可以极大地扩大。如泛珠三角区域合作包括了与珠江流域地域相邻、经贸关系密切的福建、江西、广西、海南、湖南、四川、云南、贵州和广东9个省份，以及香港、澳门两个特别行政区。"泛珠三角地区"的9个省份全部人口占全国的34.8%，GDP总值占全国的33.3%，不论是对于服务个人的借贷、众筹、支付企业还是服务于金融机构的金融科技企业，都意味着庞大的潜在市场。

在促进省内金融科技和互联网金融创业创新方面，通过对外合作有助于广东省引进先进的科学技术促进金融科技不断发展，引入各方面资金为创业机构建立融资保障。目前，泛珠三角洲合作和粤港澳大湾区规划均包括了广东省和港澳的合作规划，要深化广东省与港澳的全方位合作，以及创新与港澳在资讯科技、专业服务、金融及金融后台服务、科技研发及成果转化等领域的合作方式，需推进服务业执业资格互认，吸引专业人才落户。香港作为国际金融中心，其金融业发展国际领先，对于广东省的金融科技和互联网金融行业而言，深化合作不仅提供了学习交流先进经验的重要机会，更是广东省金融科技和互联网金融行业走出国门、走向国际的一个重要通道。并且，以合作为契机，引入先进科技及卓越人才，又进一步加强了广东省在金融科技和互联网金融方面的基础优势。目前，广州南沙新区已经开展深化粤港澳深度合作探索，定位于推动建设粤港澳专业服务集聚区、港澳科技成果产业化平台和人才合作示范区，引领区域开放合作模式创新与发展动能转换。

此外，广东省在自由贸易开放创新方面的优势也有助于金融科技和互联网金融发展，贸易不仅是货物的往来，更是信息流和资金流的流动，而金融科技和互联网金融正是整合了信息流与资金流。目前，广东省较早成立了自贸区，涵盖广州南沙新区片区、深圳前海蛇口片区和珠海横琴新区片区，与港澳率先实现服务贸易自由化，并积极打造广东省的"一带一路"枢纽、经贸合作中心和重要引擎地位。未来，广东省贸易总量的提升将带来金融科技和互联网金融市场需求的进一步提升，对于金融科技和互联网金融在供应链金融领域的发展与创新将起到重要的驱动作用。

（二）广东省发展金融科技与互联网金融的技术优势

金融科技与互联网金融是金融与科技深度融合的探索和创新实践，金融是金融科技和互联网金融的核心，而技术进步则是金融科技和互联网金融发展的重要保障。试想如果没有互联网、移动互联网、大数据和云计算等科学技术的研究突破与应用实现，也就不会有当前的金融科技和互联网金融等新金融模式和业态的出现。

从广东省科技发展整体情况来看，广东省科研机构数量多、科研人员队伍大、科研投入规模大。2016年末，广东省有县及县级以上国有研究与开发机构、科技情报和文献机构 365 个，规模以上工业企业拥有技术开发机构 5920 个。全省科学研究与试验发展（R&D）人员 51 万人（折合全时当量）。全省 R&D 经费支出约占 GDP 的 2.52%。全省拥有国家工程实验室 12 家，省级工程实验室 59 家，国家工程（技术）研究中心 23 家，国家地方联合创新平台 61 家。省内已建立省级工程研究中心 2651 家、国家认定企业技术中心 87 家、省级企业技术中心 831 家，建成广东省战略性新兴产业基地 42 家，认定技术创新专业镇 413 个。

在政府的坚定支持下，广东省的科研成果产出和转化都稳步增长，居于全国首位。2016 年，广东省全年产出科技成果 1963 项，其中，基础理论成果 140 项，应用技术成果 1805 项，软科学成果 18 项。全年专利申请受理总量 505667 件，同比增长 42.1%。其中，发明专利申请受理量 155581 件，占比超过 30%，同比增长 49.7%。全年专利授权总量 259032 件，同比增长 7.4%，居全国首位。其中，发明专利授权量 38626 件，占比超过一成，同比增长 15.4%。全年《专利合作条约》（PCT）国际专利申请受理量 23574 件，同比增长 55.2%，居全国首位。截至 2016 年底，广东省全省有效发明专利量 168480 件，居全国首位，合计每万人口发明专利拥有量 15.53 件。全年共有 39264 家企业申请专利 327325 件。

在各项新兴技术中与金融科技和互联网金融关系最为紧密的有信息技术、大数据和人工智能等，其中信息技术又包括互联网技术、移动互联网技术。互联网和移动互联网是目前金融科技和互联网金融发展的最为重要的基础设施之一，金融科技和互联网金融企业的业务几乎全部需要依靠互联网和移动互联网来实现，以 P2P 网络借贷为例，一方面借款人申请借款需要通过电脑上网或移动端手机 APP，另一方面，出借人出借资金同样需要使用登录网站或移动端手机 APP。大数据是金融科技和互联网金融企业应用最为广泛的技术之一，对于 P2P 网络借贷机构来说，其信用评估、反欺诈、精准营销等环节都需要通过大数据技术来实现。人工智能则是当前探索应用的前沿和热门，在财富管理领域的创新业务智能投顾就是以人工智能为凭依，通过互联网为客户提供资产配置、资产管理服务。在这些重要技术的发展方面，广东省一面仍在积极探索，一面已经取得一定的成果。

信息技术发展方面。《2016广东省"互联网+"现状与发展大数据分析报告》数据显示，广东省信息化发展水平处于全国领先位置，互联网基础设施建设成就显著。截至2016年底，广东省互联网普及率达68%，移动宽带普及率达98.3%，年末（固定）互联网宽带用户2851万户，同比增加8.4%。年末移动互联网用户11519万户，同比增长5.2%，4G用户数量达9085万户，全年净增3490万户，3G和4G用户合计10664万户，合计占移动电话用户比重达74.3%。2016年经地市推荐、专家评审、现场考察、网站公示等流程，共选出首批10个"互联网+"创建小镇，其中产业型小镇5个、应用型小镇5个，佛山市顺德区北滘镇被评为"互联网+"制造应用型创建小镇。目前全省有35家大企业参与众创平台建设，累计投资超过250亿元，孵化项目3500余个。全省正依托大企业推进"互联网+"小镇创建工作，打造互联网创新集聚区。

大数据技术发展方面。2015年广东数据存储量超2300EB，约占全国20%，居全国第一。以政府数据为例，广东省政务信息资源共享平台联通68个省级部门和21个地市及佛山顺德区，共享数据超50亿条。产业数据方面，广东电子信息产业总产值接近3万亿元，规模约占全国1/4，而云计算、物联网、大数据在制造业企业的应用率均超过20%，也沉淀了海量的产业数据资源。广东省以政府为表率，在数据开放方面的动作相对务实，政企良性互动，也更容易推动政府数据开放。广东省政府在积极开放共享数据、为大数据技术发展形成数据积累和应用基础的同时，也通过建立行业产业试验区促进行业集聚、优秀企业入驻、引进先进技术和助推技术成果转化和应用。2016年10月26日，在广州召开的大数据应用及产业发展大会上，广东宣布，经国家发改委、工信部和中央网信办等三部门批复同意，正式启动建设珠江三角洲国家大数据综合试验区，珠江三角洲是中央批复建设的第二批国家大数据综合试验区，属于跨区域类综合试验区。珠三角国家大数据综合试验区也是全国首批确定的跨区域类综合试验区，实施范围为5.6万平方公里，涵盖珠三角9市，功能上形成"一区两核三带"总体布局。

人工智能发展方面。广东省是国内最早开始人工智能研究的集聚地之一，产业基础雄厚、产业规划合理、产业人才密集、产业发展迅速。广东省发展人工智能等新兴技术的决心自上而下、一以贯之。2016年6月29日，广东省省长朱小丹在汕头会见李嘉诚基金会主席李嘉诚时，提出人工智能的应用前景非常广阔，并希望李嘉诚发挥与DeepMind有良好关系的优势，推动广东省与DeepMind公司在精准医疗等领域开展务实合作，使人工智能更好地造福广大人民群众。以广州市为例，2017年广州市提出了新兴产业"IAB"发展计划，即发展新一代信息技术（Information）、人工智能（Artificial）、生物科技（Biology）等战略性新兴产业，打造若干个千亿级产业集群，以科技产业创新和供给侧改革推动人才、技术、资本等高端要素的集聚。《2017中国人工智能产业报告》的数据显示，全国人工智能创业公司中，有42.9%位于北京，16.7%位于上海，深圳以15.5%的比例位列第三，广州的人工智能创业公司占全国总数的比重也达到7.7%，排第四位。目前，中国人工智能发展已形成以北、上、深、广四个城市为第一梯队的战略格局，在这一格局中广东省占据两席。

四 广东省互联网金融行业监管与整治

（一）广东省互联网金融监管与风险

广东省在大力鼓励发展互联网金融行业、推动金融开放创新的过程中，取得了一定成果。广东省互联网金融行业各业态活跃创新，倒逼传统金融机构转型创新，激活了广东省金融行业的一潭水。面对互联网金融的浪潮，广东省多家银行主动"触网"。2014年9月，广发银行宣布加速进军互联网金融，推出"慧理财"网销平台，提供在线金融产品信息发布与管理、交易资金结算等服务。也是在2014年，广东南粤银行新上线了直销银行"南粤e+"，这是一个建立在大数据和移动互联网之上的金融服务平台。利用互联网的合作特点，南粤银行将银行内部的产品与其他银行、基金、支付公司、社交平台、电商联结在一起，嵌入了非金融服务的应用，让传统银行成为服务网络银行的基站，银行整体服务效率和能力得到扩张。金融网销模式以网络为载体，打破了物理网点的边界，延伸了银行的服务内涵，客户可通过电脑、电邮、手机、电话等远程渠道获取银行产品和服务。

广东省在鼓励互联网金融发展过程中，对于创新可能产生的风险认识较早，特别重视互联网金融行业风险的防范，在探索互联网金融监管方面重点集中在行业自律监管和金融消费者权益保护两个方面。广东省较早开始推动行业自律监管，由广东省民政厅批准并在广东省金融办的指导下，广东省在2014年5月18日成立了广东省互联网金融协会。行业自律协会不仅在监督管理互联网金融机构方面发挥了一定功能，也通过加强机构间交流、机构与监管的交流，促进广东省互联网金融行业从业机构的经营管理水平提升，强化机构在创新过程中对于金融风险的认识和防范。正是基于这样一个理念，广东省互联网金融协会于2015年发布了《广东互联网金融行业准则（征求意见稿）》和《广东互联网金融协会个体网络借贷（P2P）平台信息披露指引（征求意见稿）》。行业准则涵盖了在广东省内从事互联网支付、网络借贷、众筹融资、互联网基金销售、保险、信托和消费金融等领域的机构，对行业道德、守则，消费者权益保护以及网络与信息安全做出具体细则要求。而披露指引则将P2P网贷机构的信息披露制度化、标准化、常态化，对促进广东的网贷企业加强行业自律和规范、机构依法合规经营，引导行业驶进良性发展轨道具有非常现实的意义。同年，在广东省人民政府金融工作办公室、中国人民银行广州分行指导下，广东省金融消费权益保护联合会、广东互联网金融协会联合主办了"3·15"《广东互联网金融企业保护消费者权益公约》签约仪式，全体与会互联网金融企业共同签订了《广东互联网金融企业保护消费者权益公约》，并由企业代表上台宣读致力于完善金融消费者权益保护的誓言。这是全国首个互联网金融行业的保护消费者权益公约，并已经报送至"一行三会"备案。

在鼓励和管制协调统一背景下，广东省互联网金融行业发展迅速，从P2P网贷行业来讲，就网贷平台数量和成交额而言，广东已成为全国P2P平台第一大省。盈灿咨询、网贷之家最新披露的月度数据显示，截至 2016 年 9 月底，北京、上海、广东网贷平台总计 905 家，其中，北京市正常运营的网贷平台共有 299 家，较上月增加 3 家；上海市正常运营的网贷平台共有 207 家，环比减少 1 家；广东省正常运营的网贷平台共有 399 家，较上月减少 5 家，仍位居全国第一。

对金融创新可能产生的风险认识较早并不说明认识充足，广东省互联网金融行业仍然出现风险累积，并且产生大量的风险事件，一方面固然是全国互联网金融行业风险水平整体较高，广东省也难独善其身，另一方面也反映出广东省在互联网金融风险方面认识不充分，风险防范不及时，造成监管滞后于行业发展。在广东省互联网金融行业风险事件中，影响较大的是 e 速贷平台非吸事件。e 速贷是成立于 2010 年 9 月的一家广东省惠州市 P2P 网贷平台，该平台曾是广东省互联网金融协会监事长单位，其公司创始人简慧星也是广东互联网金融协会会员。2016 年 5 月，e 速贷涉嫌非法吸收公众存款被查，当时平台总成交额已经超过 70 亿元。负责案件的惠州警方发布消息称，经提请惠州市惠城区检察院批准，汇融股份法人代表简慧星因涉嫌非法吸收公众存款罪，被依法执行逮捕。该公司除了非法吸存和放贷，基本没有合法营利收入的业务，处于长期亏损状态，公司主要依靠不停吸收新加入投资者本金的方式来维持公司运作。e 速贷事件反映出两个问题，一是广东省内对互联网金融行业的监管缺位严重，一个问题平台在经营 6 年之久才被发现和处理，并且是由公安部门而非金融监管部门首先发现，这种事前和事中监管严重不足导致广东省互联网金融行业很多潜在风险不能及时被发现并有效处理，而当风险事件发生时往往已经对投资者的权益造成严重损害，事后的补救收效很有限，对于金融消费者造成财务和精神上的损伤，而省内的互联网金融行业也不可避免地要承受行业声誉的损失，这于社会稳定和金融创新发展都不利。二是反映出广东省对于互联网金融行业监管的手段工具不足，发现风险需要依靠举报人举报，而处理方式则是在毫无征兆的前提下直接拘捕公司法人，这一方面同样导致监管主体对于行业风险难以有全面的认识和掌握，另一方面也容易造成严重的社会影响。e 速贷事件中很多投资者质疑警方的行动，甚至认为e速贷是因为得罪了警方而遭到报复，并不是违法犯罪而受到处理，这种处置方式也对创业创新产生了不利影响。2016年最高人民法院发布了《关于依法审理和执行民事商事案件保障民间投资健康发展的通知》，特别强调了严格把握财产保全、证据保全的适用条件，依法慎用拘留、查封、冻结等强制措施，尽量减少对企业正常生产经营活动可能造成的不当影响，维持非公有制经济主体的经营稳定。确需采取查封、扣押、冻结等强制措施的，要严格按照法定程序进行，尽可能为企业预留必要的流动资产和往来账户，最大限度降低对企业正常生产经营活动的不利影响。

（二）广东省互联网金融风险专项整治

2016年4月，互联网金融风险专项整治正式在全国范围内展开，该项工作旨在规范互联网金融各类业态，优化市场竞争环境，扭转互联网金融某些业态偏离正确创新方向的局面，遏制互联网金融风险案件高发频发势头。在全国整治开展半年后，国务院办公室正式公布了《互联网金融风险专项整治工作实施方案》。与此同时，包括中国人民银行、银监会、保监会、证监会、工商总局在内的多部门联手出台了多个文件，对互联网金融所涉及的网贷、互联网保险、股权众筹、非银支付等业务提出具体的专项整治方案。

紧随全国范围内互联网金融风险专项整治工作的开展，广东省委、省政府高度重视，按照国家的要求部署，迅速组织制定《广东省互联网金融风险专项整治工作实施方案》（以下简称《广东省实施方案》）及各分领域相关专项整治方案，召开全省部署动员电视电话会议，全面部署广东省互联网金融风险专项整治工作。

《广东省实施方案》根据国家《互联网金融风险专项整治工作实施方案》和广东省互联网金融发展实际制定，明确了互联网金融风险专项整治的工作目标、原则、重点整治问题、整治措施、职责分工和进度安排等。《广东省实施方案》要求采取"严格准入管理、坚持分类治理、强化资金监测、建立举报奖惩与黑名单制度、加大整治不正当竞争工作力度、加强内控管理、完善技术手段"等措施，集中力量对P2P网络借贷、股权众筹、互联网保险、第三方支付、通过互联网开展资产管理及跨界从事金融业务、互联网金融领域广告等重点领域进行整治。同时，在及时总结经验的基础上，主动加强与国家有关部门的协调沟通，建立健全广东省互联网金融监管长效机制。

广东省此次专项整治的规划和部署，旨在规范各类互联网金融业态，净化金融生态环境，优化市场竞争秩序，扭转互联网金融某些业态偏离正确创新方向的局面，遏制互联网金融风险案件高发频发势头，建立和完善适应互联网金融发展特点的监管长效机制，实现规范与发展并举、创新与防范风险并存，促进广东省互联网金融健康可持续发展，有效维护经济金融秩序和社会稳定。

广东省专项整治开展以来，通过多种手段摸清了行业情况，并突出广州、深圳等重点地区、P2P等重点领域和重点机构，进行现场检查与分类处置。截至2017年上半年，全省互联网金融机构1743家，其中P2P机构1251家，主要集中在广州、深圳。其中，专项整治突出广州和深圳等重点地区、P2P网贷等重点领域以及139家重点机构（其中P2P机构81家）。目前广东省互联网金融领域的风险隐患主要集中在P2P网络借贷、股权众筹、互联网保险、第三方支付、通过互联网开展资产管理及跨界从事金融业务、互联网金融领域广告等领域，专项整治坚持问题导向，集中力量对这几个重点领域进行整治。

在专项整治期间，广东省初步遏制了行业发展乱象，尤其是在重大风险事件的处理上，能够做到反应及时、处理快速、结果有效。如2016年底广东省发生的在广东金融高新区股权交易中心（粤股交）备案发行的惠州侨兴集团"私募债"违约事件，省政府对此高度重视，经过各方共同努力，在2017年春节前由浙商财险完成了理赔工作，最大限度地保障了投资者利益。在积极协调处理的同时，广东省专门部署了针对粤股交的检查，经过检查发现，粤股交存在过于依赖外部征信手段、尽职调查不到位的问题，存在私募变相突破200人限制的违规行为。粤股交现已严格按照国家整改要求，全面停止了与互联网金融平台的合作，对存量业务进行了风险排查，对交易模式、交易品种进行了规范整改。

此外，广东省已经逐步建立起互联网金融监管和风险防范的长效机制。一是制定P2P网贷管理细则，计划2017年下半年实施。二是加快建设地方金融风险监测预警平台，设立P2P非现场监管子系统。依托广州商品清算中心，广州市金融局在广州试点建设了广东省地方金融风险监测防控平台。该平台已于2017年6月底挂牌成立，利用大数据技术和登记清算手段实现对地方金融业态的全面监管。目前，该平台已开发出非法集资风险监测防控、网络舆情监测、第三方电子合同存证及网络借贷信息中介机构非现场监管四大监管防控子系统，具有综合信息登记管理、资金和账户监控、信息交叉匹配验真、固化存证、动态监测、联动预警等核心功能。未来，广东金融风控平台将是一个覆盖珠三角、覆盖全省的金融风险监测、预警防控体系。目前，已有1200多家互联网金融公司纳入广东省地方金融风险监测防控平台，有效防范和打击非法集资，化解区域性金融风险，推动广东地方金融规范有序发展。

目前，根据国家专项整治最新安排，专项整治延长至2018年6月底，按照时间服从质量原则，广东省相应调整专项整治期限至2018年6月底。鉴于互联网金融行业的特性以及前期积聚的风险尚未完全释放等多种因素，不排除会有个别机构恶性退出市场。为避免处置时诱发个别机构"跑路"的风险，广东省暂未公布整治结果，未来将选择合适的时机公布。

五 广东金融科技与互联网金融未来发展与趋势

广东素来有敢为人先、求实创新的锐气，这也是广东经济、社会和金融业长久保持生机和活力的关键所在。广东金融科技与互联网金融发展起步早、基础好、后劲足，在技术创新能力、业务研发水平、应用推广效果等方面都堪称全国的标杆和典范，业务与技术深度融合，创新成果层出不穷，科技创新与金融创新的结合已成为推动广东金融业现代化发展的强大动力。当前广东正处于经济社会转型升级的关键时期，以全国新一轮的全面深化改革为契机，进一步加快金融、科技、产业三融合，必将为广东做大做强实体经济、加快产业转型升级、增强经济综合实力和产业竞争力做出新贡献。党的十八大以来，广东坚持推动金融、科技、产业融合创新发展，建立以创新驱动为主推动经济增长的新发展模式，转变经济发展方式以促进广东产业转型升级。广东在金融、科技、产业三融合的统筹规划、制度建设、产品创新等方面取得了重要突破，也获得了值得推广的经验模式。

一是加强顶层设计、构建完善的金融、科技和产业"三融合"政策体系。近年来，广东省委、省政府高度重视金融强省建设，切实加强对金融工作的领导，把金融与科技的有机融合作为促进产业裂变的核动力和促进科技成果转化、培育战略性新兴产业、加快产业转型升级的重要举措。例如，广东在全国率先出台的地方性法规《广东省自主创新促进条例》中，明确以法规的形式确定金融、科技和产业"三融合"及其扶持政策。随后，广东省政府在出台的《广东省人民政府办公厅关于促进科技和金融结合的实施意见》中，明确提出推动科技创新链条与金融创新链条有机结合，促进科技成果转化和全省科技创新综合能力全面提升。

二是设立金融、科技、产业融合创新综合试验区，构建金融、科技和产业创新融合的产业生态。2011年10月，广东"广佛莞"地区、深圳市被国家确定为首批促进科技和金融结合试点地区。2014年1月，经广东省政府批准，佛山南海区正式挂牌全省首个金融科技产业融合创新综合试验区，为促进珠三角产业转型升级探索新路径。通过设立引导基金，以期带动社会资本投入金融、科技、产业创新项目；建设创新特区，打造国家级产业金融试验区；创建服务平台，推进金融、科技和产业创新融合，培育金融、科技、产业创新融合主体，优化金融科技和互联网金融发展生态环境。2017年4月，深圳出台了全国地方政府首个金融科技专项政策《关于促进金融科技快速健康创新发展的若干意见》，提出将在金融科技方面推出若干创新举措，力争5年内将福田打造成为有国际影响力的金融科技中心。

三是实施培养、引进和留住高端金融人才的激励政策，夯实金融科技产业融合发展的人才基础。广东省历来重视培养和储备金融高端人才，制订与建设金融、科技、产业三融合相配套的金融人才发展规划，探索建立多样化社保年金制，提高生活和工作待遇，解决其家属入户、子女教育、住房保障等问题。

金融科技和互联网金融基于大数据、云计算、人工智能、区块链等一系列技术创新，全面应用于支付清算、借贷融资、财富管理、零售银行、保险、交易结算等几大金融领域，是金融业未来的主流趋势。金融科技拓展金融服务的边界，不断构建新金融生态空间，演化出多层次金融服务体系，从而改变金融行业的生态格局。随着互联网金融专项整治工作顺利完成，行业领域的长效机制逐步建立，广东省金融科技和互联网金融行业将会与全国其他地区一起，进一步朝着健康稳定、竞争有序的规范化和阳光化方向发展，实现真正腾飞。

其一，在行业发展态势方面，广东金融科技与互联网金融发展会进一步呈现服务实体经济、实现产业融合的特征。目前，广东"三融合"政策体系建设、统筹规划和产品创新方面实现重大突破，珠三角地区形成了"广、佛、莞、深"等一批"三融合"集聚区，这为广东金融科技和互联网金融快速发展、领先全国提供了坚实的经济基础和良好的金融政策和生态环境。

其二，在政策和监管方面，随着专项整治工作的深入推进和长效机制建立，广东在金融科技和互联网金融领域会进一步加强对包括准入机制、监管底线、行业联盟等方面的监管、指导和规范。目前，除P2P、第三方支付、互联网保险等有相对明确的管理办法外，众筹（含公益众筹、实物众筹、股权众筹）、互联网财富管理（含互联网信托、互联网基金销售）、金融科技、金融互助社区、线下财富管理、股权投资机构等类金融机构均没有明确的划分类别，也没有制定相应的准入门槛和监管部门，仍然存在较大的风险隐患。预计有关金融监管部门会尽快梳理，分门别类，制定准入门槛，明确监管职责，建立健全互联网金融监管体系，为后续日常监管和长效机制建立奠定坚实基础。

其三，在业务发展方面，将向多样化、细分化、专业化和规模化方向发展。近年来，广东地区以网络借贷为代表的互联网金融快速发展，资产端从最初的信用债权，演变到担保债权。随后，出现了融资租赁、票据、保理业务、私募债、信托等资产。传统单一业务的互联网金融平台在"分类监管、持牌经营"的监管原则下，有逐渐发展成为在线金融资产交易平台的趋势，不仅能满足资产端分散化需求，也能扩大互联网金融行业整体体量。在可预见的未来，广东互联网金融行业将延续这一发展趋势，针对人群、行业和地域差异化定位发展的互联网金融平台将陆续登场。同时，投资端服务将向专业化和规模化方向发展，优质的投资端服务不仅能够过滤风险，提高投资人资金安全，而且有利于降低投资人的时间成本和风险系数。

其四，在技术发展发面，传统金融机构利用区块链、大数据和云计算等技术手段进行业务创新和流程改造；新兴互联网金融平台则利用各类金融科技理念和手段提升服务质量和效率，扩大服务范围和规模；信息与互联网科技巨头则利用自己的技术和平台、信息和数据优势为金融行业和机构提供诸如支付通道、征信评分、公共云计算等基础性金融设施和服务。例如，中国平安以核心金融业务互联网化和互联网金融业务两条线并重发展为目标，通过了解用户的各种消费需求场景，从"管理财富、管理健康、管理生活"三个维度切入，以"一扇门""两个聚焦""四个市场"为互联网金融战略体系，搭建其互联网金融平台；① 基于腾讯多年的云服务经验，腾讯金融云为金融及泛金融行业提供深度的解决方案，在合规性、安全性和创新性等方面亮点频频；团贷网以互联网技术、平台和思维模式不断开拓业务，构建完善风控体系，扩大服务范围，提升服务质量。

其五，在征信建设和信息披露方面，广东省将进一步健全和提升互联网金融信息管理和征信服务机制。充分运用互联网技术和金融科技的最新成果，通过建立以客户体验为导向、以数据技术为驱动、以互联网低成本扩张

---

① "一扇门"指平安"任意门"，让平安"医、食、住、行、玩"生活应用场景衔接起来。"两个聚焦"是资产管理和健康管理，资产管理以"一账通"账户平台为核心，健康管理以"电子健康档案"和"平安好医生"移动平台为核心，推动对资产及健康管理大数据的挖掘、分析及应用。"四个市场"是指资产交易市场——陆金所、积分交易市场——万里通、汽车交易市场——平安好车以及房产金融市场——平安好房。

为手段的业务模式来打破传统征信行业垄断局面，覆盖被银行等传统金融忽视的"草根"客户。同时，结合《社会信用体系建设规划纲要（2014～2020年）》目标任务，推进互联网金融征信平台与传统征信系统的对接和融合，增强互联网金融平台防范信贷风险的能力。

六 结论及政策启示

2017年7月14～15日，五年一度的全国金融工作会议在北京召开，中共中央总书记、国家主席、中央军委主席习近平发表重要讲话。本次会议主要明确了三项重点任务："围绕服务实体经济、防控金融风险、深化金融改革。"这意味着金融风险的防范已经成为国家层面的重大任务，并且是金融改革有序进行的重要保障。

广东省要有效控制、监管、促进互联网金融发展，应从监管层面、行业层面、企业层面这三个层面全方位进行管理。监管层面主要为互联网金融和金融科技的健康发展搭建良好的环境和平台；行业层面要从行业发展与自律角度加强风险管理；企业层面主要是微观层次上的风险防范和控制，实行严格的操作规程和内部管理制度，加强人才培养，提升企业内部自身技术防护水平。在提升认识和改善手段的基础上，综合协调风险防范和行业发展，为互联网金融和金融科技的发展规划一个健康、有序的路径。

在广东省未来对金融科技和互联网金融的监管方面，广东省在专项整治过程中所形成的经验值得借鉴。

其一，不断提高金融创新的认识，加强社会和行业的风险防范意识。一方面，互联网金融的重要服务主体还是社会大众，尤其是在服务我国普惠金融主要目标群体的过程中，这部分群体缺少相应的金融知识，容易成为不法行为的受害者，其维权和自我保护的能力较弱，加强金融消费者权益保护，尤其针对这部分群体，重点工作之一应当是提升其金融知识水平，通过提升其自我风险防范意识来降低金融违法犯罪行为的发生，而行政和司法手段应当作为金融消费者权益的最后保护网；另一方面，互联网金融行业作为传统金融的补充，其服务客户多为风险较高的群体，如果机构缺乏风险防范的意识，容易成为骗贷等违法犯罪的受害者，加强机构的风险防范意识，同时也是在保护其平台投资者的权益。

其二，严厉打击金融诈骗和非法集资，消除行业累积风险。金融诈骗和非法集资是行业发展的毒瘤，不仅导致行业声誉败坏，也严重损害投资人的权益。中国P2P网络借贷行业在多年发展过程中，因为快速增长而吸引了少数不法分子试图借此获取非法所得。维护行业声誉、拨乱反正需要通过强力措施清除行业毒瘤，通过互联网金融专项整治活动，多部门联动实现最广泛最深入的彻查和清理，切实做到严厉打击金融诈骗和非法集资，从根本上消除违法犯罪扎根的土壤。同时，在多年的发展中，行业泡沫在资本的狂热和市场的浮躁中形成并逐渐扩大，P2P网络借贷行业机构水平参差不齐，在一定程度上加剧了行业风险，消除行业风险，就是要让不具备能力和实力的机构尽快退出。应通过鼓励行业内机构并购收购，实现优势互补和规模发展。建立机构退出机制，推动P2P网络借贷机构破产清算流程的建立，鼓励达不到准入门槛的机构主动倒闭，保障投资人债权债务关系的存续并能得到应有的服务，平滑过渡机构退出的过程。

其三，明确监管主体和监管内容，加强监管能力建设。中国的P2P网络借贷市场发展领先世界，建立与之相适应的监管已经是迫切的客观要求。为P2P网贷行业发展搭建全面、规范和适度宽松的发展环境，一方面要充分发挥规则监管的作用，通过设立合适的市场准入条件，严卡死守行业机构整体水平，确保行业从业机构的运营管理能力、风险管理水平、从业道德水准符合要求；另一方面通过原则性监管和审慎性监管，为机构的业务交易加上"紧箍咒"，明确监管红线和法律底线，强化风险预防。具体而言：①建立严格的银行资金存管制度，要求从业机构必须执行资金存管，彻底隔离机构与客户资金，杜绝挪用客户资金的违法行为；②强制信息披露，建立信息披露的规范标准，对机构的董监高、运营情况、风险水平等全面披露，为监管部门提供日常监测的便利和社会大众了解从业机构的窗口；③建立和实施负面清单，通过明确判定从业机构违法违规的重要原则，确立P2P网络借贷机构不得从事的业务和交易，为监管部门提供执法依据，为行业机构提供创新的边界，为社会大众提供合法合规机构的判断准则。另外，建设激励性监管方法，对合法守规的机构进行激励，鼓励优秀机构向行业分享经验，鼓励行业从业机构向优秀机构学习，形成先进带动后进、优秀帮扶落后的行业健康发展风气，引导行业走健康良性的发展道路。

其四，大力建设行业基础设施，完善监管手段。行业发展和监管需要与之配套的基础设施建设，一是要建设发展征信系统，增加拥有征信信息人口的比例，将更多信息纳入个人和企业信用范畴，通过技术手段消除信息不对称；二是建立P2P网络借贷行业网络安全标准，对机构从事网上交易和金融行为有相应的技术保障。建立以日常监管为主、事件驱动监管为辅的灵活机动监管策略，实现风险的防治结合，既保证风险在积累阶段能及时得到化解，同时确保风险爆发时清楚了解风险产生的原因，快速准确地处理和消除爆发的风险。此外，需要完善赏罚分明的监管手段，对不同程度的违规给予相应的处罚，对坚持合法守规的优秀企业适时地给予一定的奖励。

行业发展篇

Industry Development

广东网贷行业发展现状与态势

方 龙*

摘　要： 网络借贷以其便利性、普惠性和网络性优势，为未能享受传统金融服务的个人和企业提供合理可行的融资解决方案，同时，也为分散的个人投资者提供了一种高收益投资理财服务。广东网络借贷行业经过近八年的发展，从无序发展的野蛮成长期逐步迈入有序发展的成熟期，行业加速洗牌并向良性方向发展。综观2017年广东P2P网络借贷发展，随着全国及地方网贷行业监管政策措施的逐步完善及落地，日常式监管或成常态，而行业洗牌过程仍将持续。

关键词： 网络借贷　互联网金融　普惠性　风险管理　金融监管

---

* 方龙，经济学博士，中国社会科学院国家金融与发展实验室研究员。

一 网贷平台运营现状

截至2017年5月底,全国正常运营的P2P网贷平台有2148家,比2016年同期的3165家大幅减少约32.1%,且自2016年初以来基本上每个月平台数量均在依次递减(见图1)。可以看出,2016年以来随着P2P网贷行业监管进一步趋严,全行业资源整合速度加快,平台数量加速减少;与此同时,整个网贷行业竞争格局亦出现明显分化,处于一线城市(如北、上、广)、资金成交规模大、合规性安全性高的平台行业垄断集中度有所加强,而一些不符合监管要求的地方城市中小平台则开始加速撤离。统计显示,2017年5月底,仅北京、上海、广东、浙江四个省份的网贷贷款余额占全国比重就高达89%,较上年同期大幅上升6个百分点,且其占比基本呈现逐月递增态势。

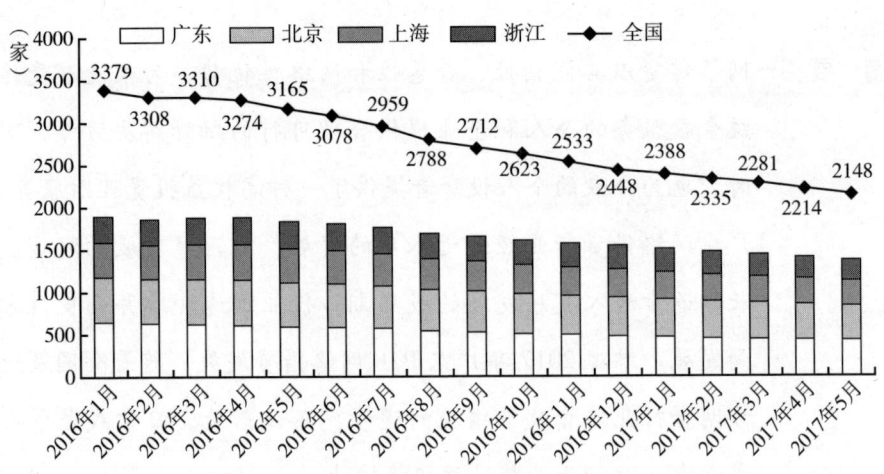

图1 P2P网贷运营平台数量年度发展趋势

资料来源:网贷之家,网贷天眼。

2016年,处于创新型发展改革前沿的广东出台了全国首套省级网贷行业监管细则及备案文件,率先打出网贷行业监管组合拳,对本省网贷中介机构开展了专项整治。受此影响,广东网贷行业开始加速整合与分化。2017年5月底,广东网贷平台数量较上年同期大幅减少28.0%,且平台数量亦呈现逐月递减态势。2017年以来,随着专项整治接近尾声,日常监管正式启动,广东网贷行业野蛮生长的时代一去不复返,网贷行业亦逐步迈向良性发展新阶段。部分网贷平台开始回归小额分散定位,整个行业在探索发掘业务新增长点的同时将有望进一步获得社会更多的认可。

(一)运营平台数量及分布

截至2017年5月底,广东网络借贷运营平台达475家,仅比2016年净增5家。从年度平台数量来看,2013年行业增长明显起步,新上线平台达51家。2014年、2015年行业步入野蛮生长期,年度新上线平台分别高达168家、188家。2016年,随着全国及地方网贷行业监管力度加强,行业竞争格局加剧分化,平台增长速度明显放缓,年度仅新上线48家平台。截至2017年5月底,统计显示,平台增速延续放缓态势,新上线家数进一步缩减,如图2所示。

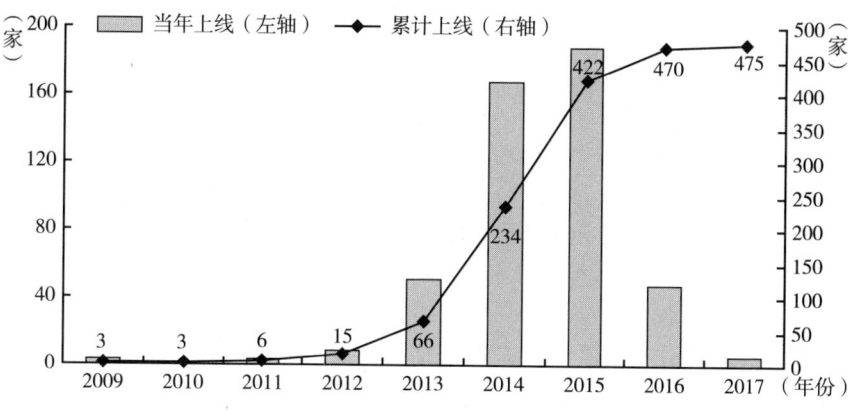

图2 广东网贷平台数量年度发展趋势(截至2017年5月底)

资料来源:网贷之家,网贷天眼。

从注册资金规模来看,广东网贷行业中等规模平台(介于1000万~5000万元)较为集中,占比达40%,其次为中等偏上型平台(介于5000

万~1亿元），其数量占比达29.9%，而大型网贷平台亦紧跟其后，其数量占比达25.7%。小微型平台数量相对较少，小于500万元、介于500万~1000万元的平台数量占比分别为1.7%、2.7%，如图3所示。进一步，分不同注册年份来看，2015年、2016年大型、中等偏上型平台新增数量占比出现明显上升，2017年新增平台的注册资金规模均超过了5000万元，行业规模集中度显著提高（见图4）。由于注册资金一定程度上代表着平台真实的资本实力，大型平台数量占比的提升反映出网贷行业监管加强背景下行业准入门槛提高及平台之间竞争加剧分化。

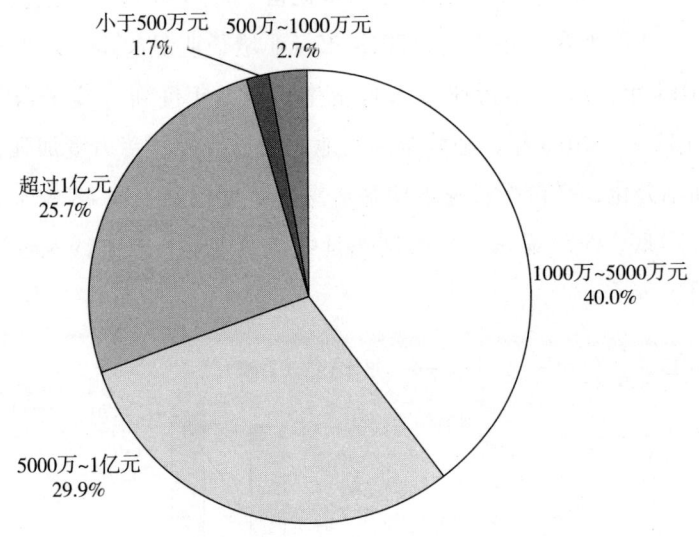

图3　广东网贷平台各注册资金区间累计数量占比

资料来源：网贷之家，网贷天眼。

从平台地域分布来看，广东网贷平台主要分布于经济较发达或民间借贷活跃的地区。其中，处于改革开放前沿的深圳市因金融、IT产业发达，市场竞争及创新精神活跃，其网贷平台数量遥遥领先，为360家，占比高达76%；其次为省会城市广州，其网贷平台数量占比达15%；最后，东莞、佛山、惠州等地网贷平台数量则相对较少，占比分别为4%、2%、1%，如图5所示。

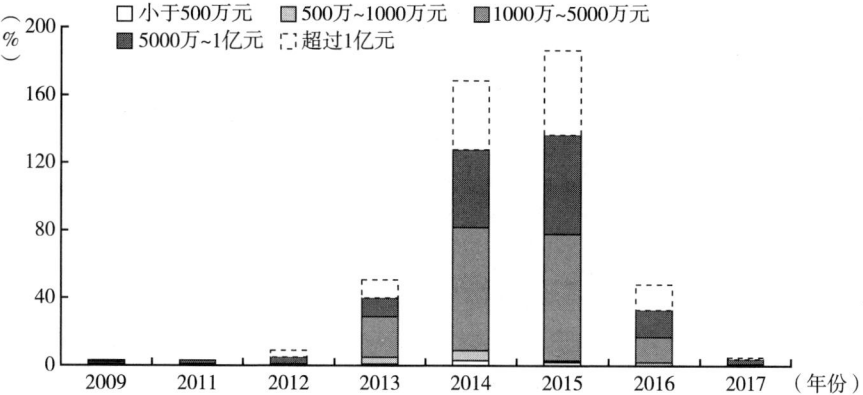

图4 广东网贷平台各注册资金区间年度数量占比（截至2017年5月底）

资料来源：网贷之家，网贷天眼。

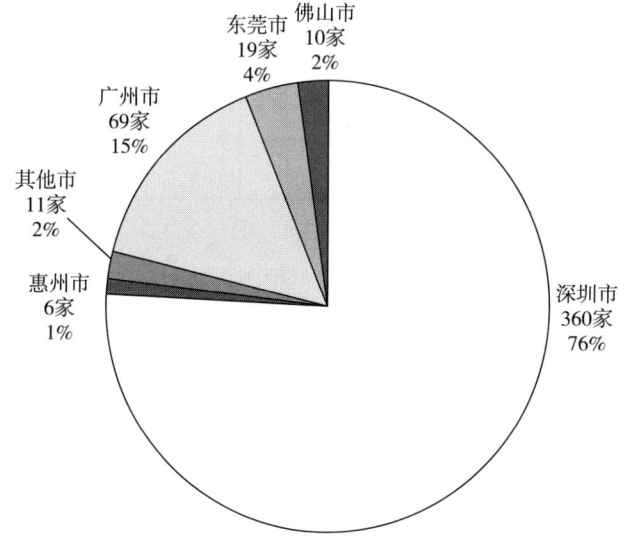

图5 广东网贷平台区域分布情况

资料来源：网贷之家，网贷天眼。

（二）成交额及贷款余额

成交金额方面。截至2017年5月底，广东网贷行业年度累计成交额为

2683亿元，占全国网贷行业成交规模11498亿元比重的23.3%，较2016年同期2003亿元大幅上涨33.9%。分月度统计来看，2016年以来全国网贷行业成交额基本呈现震荡性上涨态势，月均增长率达4.3%。其中，广东、北京的月成交额较为平稳且居于前列，月均增长率分别为2.6%、2.7%，略低于全国平均水平。上海、浙江的月成交额呈现明显的逐月递增趋势，月均增长率分别为10.1%、6.5%，大幅高于全国平均水平；同时其成交占比亦出现显著上升，较2016年同期分别上升9.4%、4.1%（见图6）。

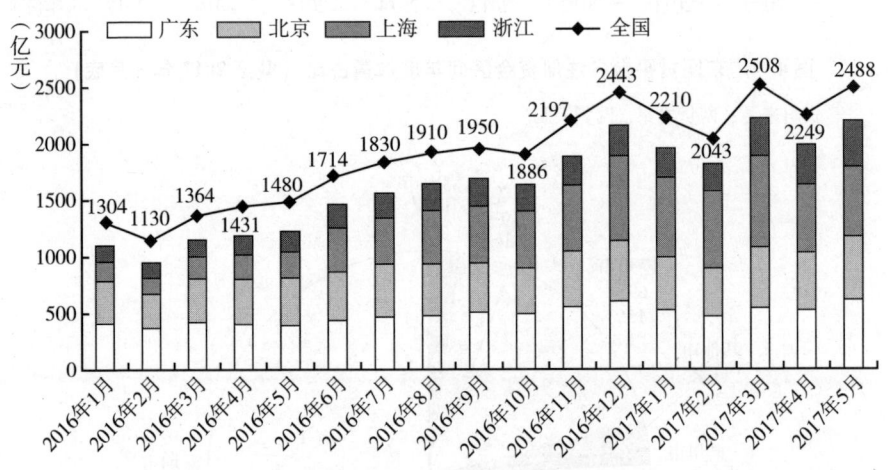

图6 P2P网贷平台月度成交金额统计

资料来源：网贷之家，网贷天眼。

贷款余额方面。截至2017年5月底，广东网贷行业贷款余额为1897亿元，占全国网贷行业贷款余额总量9966亿元的19.0%，较上年同期1039亿元大幅上涨82.6%。分月度统计来看，2016年以来全国网贷行业贷款余额呈现一路上涨态势，月均增长率达5.4%。其中，上海网贷行业贷款余额增长最为显著，月均增长率达7.8%；其后为广东、浙江，贷款余额增长接近于全国平均水平，月均增长率分别为5.6%、5.4%；北京网贷行业增长幅度最小，月均增长率仅为4.0%，略低于全国平均水平（见图7）。

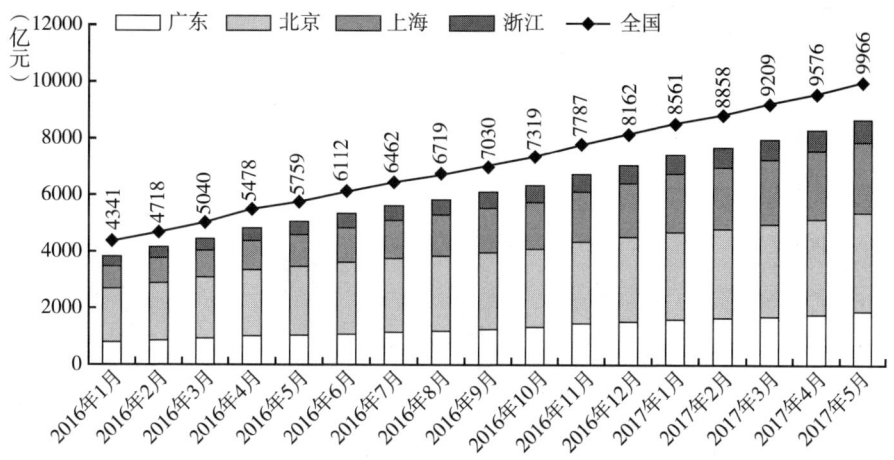

图 7　P2P 网贷平台月贷款余额统计

资料来源：网贷之家，网贷天眼。

（三）交易人数及活跃程度

P2P 网络借贷因为其与生俱来的"草根性"，从产生之日起就具有很高的人气。2016 年以来，我国网络借贷随着社会关注度的提高和参与人数的不断增加，行业发展平稳，平台活跃度趋升。截至 2017 年 5 月底，广东网贷行业年度累计投资人数与借款人数分别达 514 万和 235 万，分别占全国投资人数（2017 万）与借款人数（1199 万）的 25.5%、19.6%，较上年同期分别增长 30%、348%（见图 8）。

从月度统计数据来看，2016 年 11 月前，广东网贷行业借款人数基本保持平稳水平。其后借款人数出现爆发性增长，至 2017 年 5 月底达 62 万人之多，较上年同期大幅增长 4.6 倍。对比来看，上海、北京网贷借款人数明显较多，而广东、浙江则居于其次。从整体看，全国网贷借款人数呈明显震荡性上升趋势，月均增长率达 9.5%。广东网贷借款人数月均增长率大幅高于全国平均水平，高达 22.6%，其后依次为上海、北京、浙江，分别为 10.3%、8.5%、7.0%。投资人数方面，全国网贷投资人数增长较为平稳，月均增长率为 2.2%，广东、北京网贷投资人数增长较缓，月均增长率分别为 1.7%、

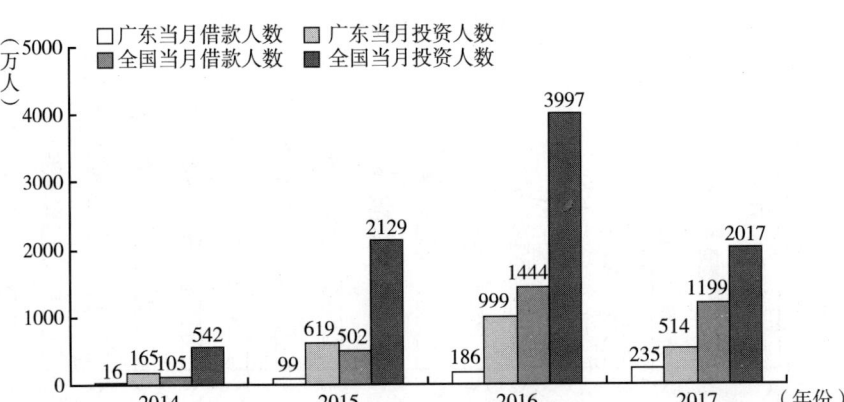

图 8　广东及全国 P2P 网贷平台参与人数年度统计（截至 2017 年 5 月底）

资料来源：网贷之家，网贷天眼。

0.5%，略低于全国平均水平。上海、浙江网贷投资人数增长明显，月均增长率分别达 4.0%、6.5%，二者显著高于全国平均水平（见图 9、图 10）。

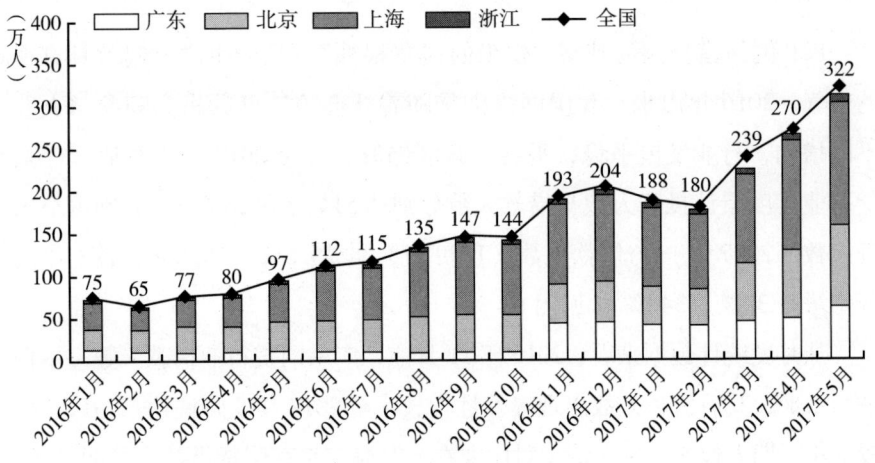

图 9　P2P 网贷平台借款人数量月度统计

资料来源：网贷之家，网贷天眼。

（四）收益率水平及期限

自 2014 年起，全国网贷综合收益率水平呈现趋势性下降，从最初高达

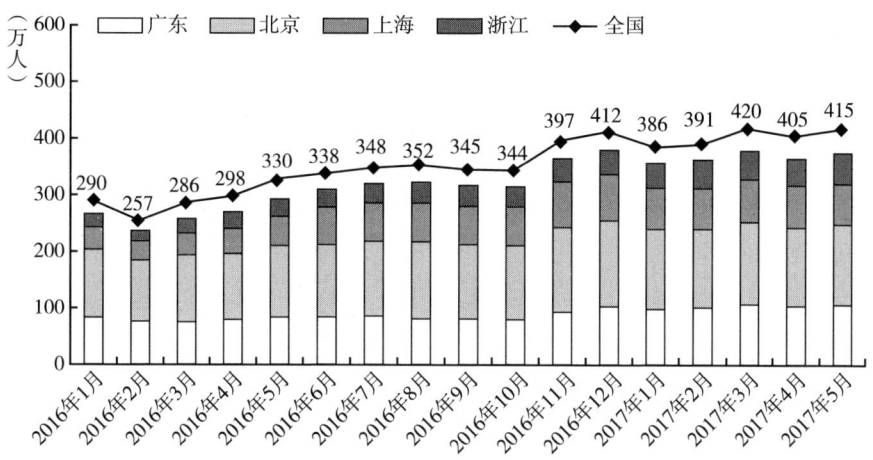

图 10　P2P 网贷平台投资人数量月度统计

资料来源：网贷之家，网贷天眼。

18.5%的水平一路下跌至9.4%。同期平均借款期限则呈现明显上升趋势，从最初平均5.9个月延长至9.2个月。与此同时，广东网贷综合收益率水平亦从2014年的17.2%大幅下降至2017年的10.0%，而平均借款期限从2014年的3.5个月小幅上涨至2017年的4.6个月。这表明，随着行业监管方面的规范化指引，在降低社会融资成本成为行业政策主基调基础上，我国网络借贷行业正在逐步走向理性化常态化发展阶段。同时，问题平台的曝光增多，投资者在追求收益率的同时愈加倾向于将资金投至安全性高但收益率相对较低的平台，亦促使行业综合收益水平下降。此外，从网贷平台自身发展来看，随着行业竞争加剧，降低运营成本、开发优质借款人、扩大业务量成为保证安全稳定经营的关键，而高息已不是吸引投资人的最佳策略，这也将导致平台下调其综合收益率水平（见图11）。

分月度统计数据来看，近一年来全国综合参考利率基本呈逐月下降态势。其中，广东、北京网贷综合利率水平大部分时间要高于全国平均水平，尤其2016年11月"债灾"以来，市场利率不断回升，其间北京、上海、广东网贷综合利率亦出现明显抬升。其后，随着资金面回复平稳状态，除上海网贷综合利率维持低位震荡外，广东、北京、浙江网贷综合利率仍延续此前下跌态势。截至2017年5月底，广东、北京网贷综合利率仍小幅高于全国平均水平，

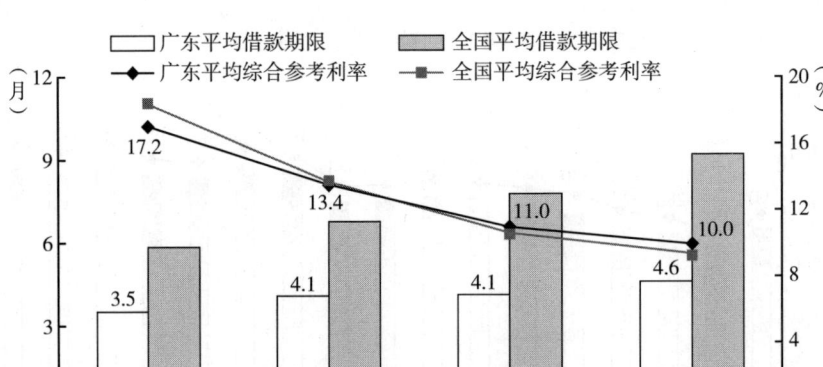

图 11　P2P 网贷年度借款期限及综合收益率年度统计（截至 2017 年 5 月底）

资料来源：网贷之家，网贷天眼。

分别为 9.5%、9.6%；而浙江、上海则显著低于全国平均水平，分别为 8.7%、8.3%。平均借款期限方面，全国网贷平均借款期限保持平稳增长，月均增长率为 1.5%，广东、北京、上海网贷平均借款期限均增长较缓，月均增长率分别为 1.0%、1.7%、0.5%；而浙江网贷平均借款期限则出现明显下降，月均增长率为 -0.7%，显著低于全国平均水平（见图 12、图 13）。

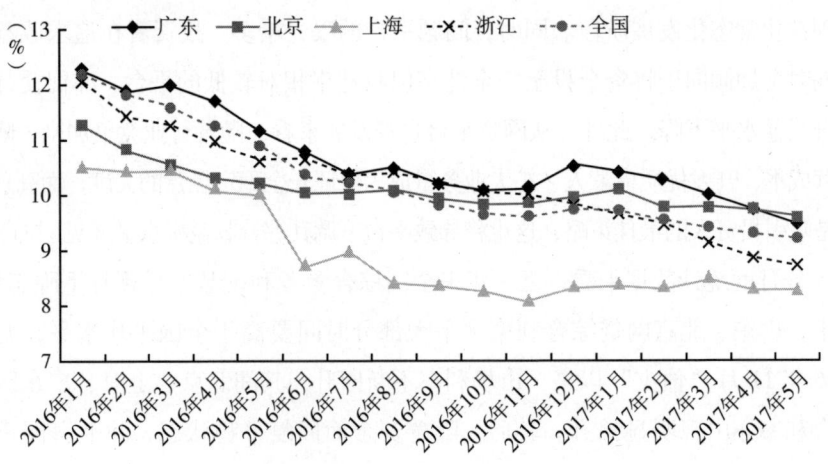

图 12　P2P 网贷综合收益率月度统计

资料来源：网贷之家，网贷天眼。

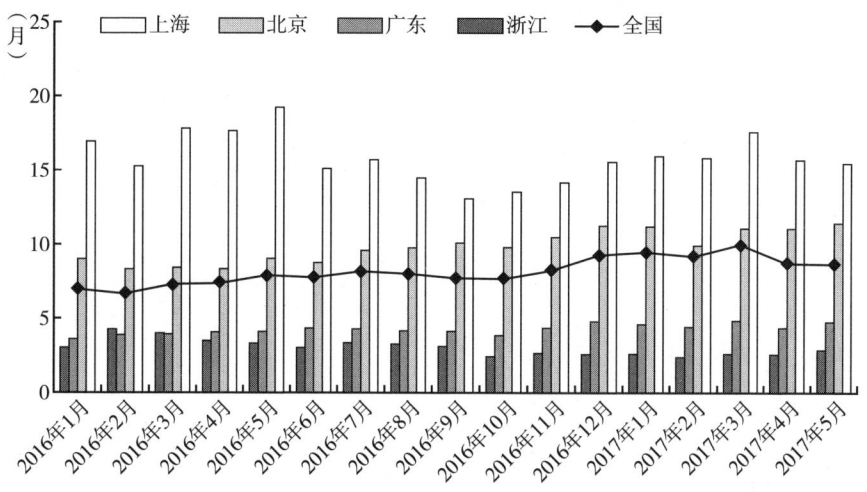

图 13　P2P 网贷平均借款期限月度统计

资料来源：网贷之家，网贷天眼。

（五）问题平台及风险

自 2016 年以来，随着国家网贷行业监管不断趋严，行业规范化发展明显加强。与此同时，问题平台数量亦呈现稳步增多态势，直接表现是平台失联、提现困难、终止运营、平台跑路等现象频发。截至 2017 年 5 月底，全国累计停业及问题平台数量高达 3748 家，其中，尤以广东网贷问题平台最多，达 636 家，占比 16.97%。其次北京、上海、浙江的问题平台亦出现明显逐月上涨态势，其累计问题平台数量分别占比为 9.4%、9.8%、9.5%。相较而言，全国其他地区网贷问题平台数量占比亦有明显上升（见图 14）。

分月度统计数据来看，近一年来，全国当月停业及问题平台数量呈现明显的先升后降的态势，网贷问题平台发生率由前期的集中普遍爆发到后期逐步走向稳定低发，表明整个网贷行业经过"大浪淘沙"般优胜劣汰竞争之后，行业逐渐步入良性平稳发展阶段。2017 年以来，广东、上海当月问题平台数量基本延续下跌趋势，而北京、浙江的问题平台发生率则有所

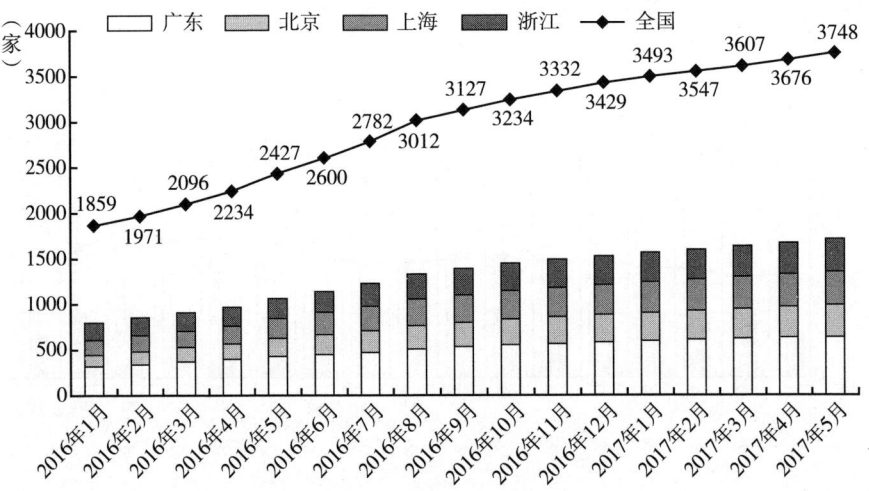

图 14　P2P 网贷累计停业及问题平台数量统计

资料来源：网贷之家，网贷天眼。

抬头，反映出各地区网贷行业生态环境存在差异，行业竞争分化格局仍将持续（见图15）。

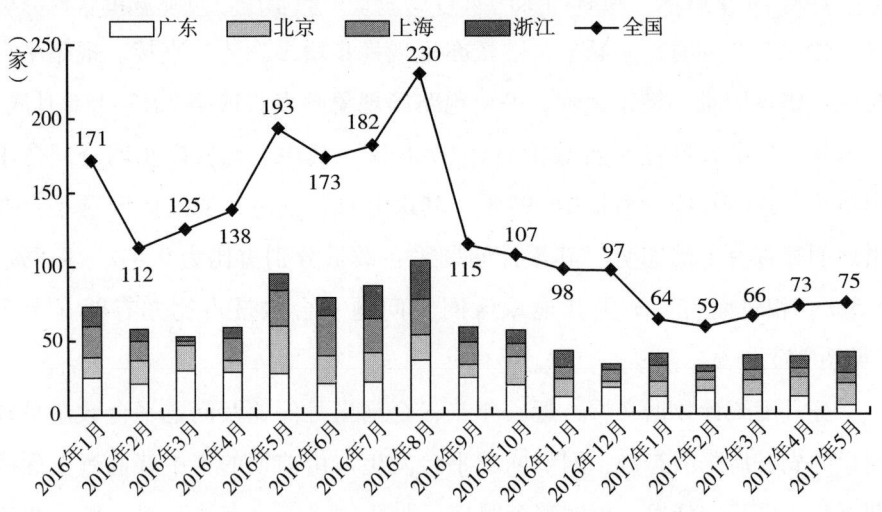

图 15　P2P 网贷当月停业及问题平台数量统计

资料来源：网贷之家，网贷天眼。

分注册资金规模来看，广东 P2P 网贷问题平台数量最多的仍是介于 1000 万~5000 万元的中等规模平台，占比高达 52%；其次为中等偏上型平台，问题平台数量占比 22.6%；再次，超过 1 亿元的大型问题平台数量占比亦较高，达 13.2%；最后，小微型问题平台数量占比较低，分别为 6.2%、6.0%。可以看出，问题平台数量占比基本与运营平台数量分布情况一致，注册资金区间的平台数量越多，出现问题平台的数量也越多。进一步，分不同年度来看，自 2013 年以来，广东网贷问题平台数量呈现逐年大幅飙升态势，2016 年发生问题的平台数量超过 200 家，达纪录高点，2017 年问题平台数量仍保持高位。其中，中小平台在前期问题发生率较高被大幅整合淘汰之后，后期问题平台数量占比有所降低，而对应的大型问题平台数量占比则表现出上升态势（见图 16、图 17）。

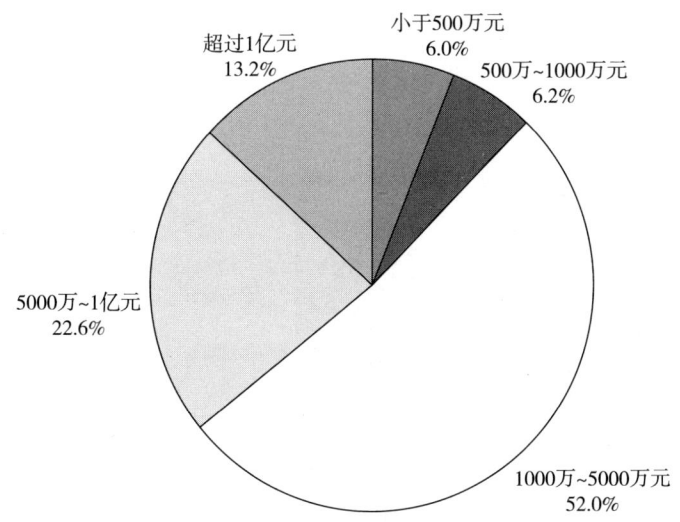

图 16　广东 P2P 网贷问题平台各注册资金区间数量统计

资料来源：网贷之家，网贷天眼。

分不同区域来看，广东 P2P 网贷问题平台以深圳市为最多，达 398 家，数量占比为 78%；其次为广州市问题平台数量 50 家，占比达 10%；东莞、佛山、惠州市问题平台数量占比分别为 3%、3%、2%。问题平台区域数量

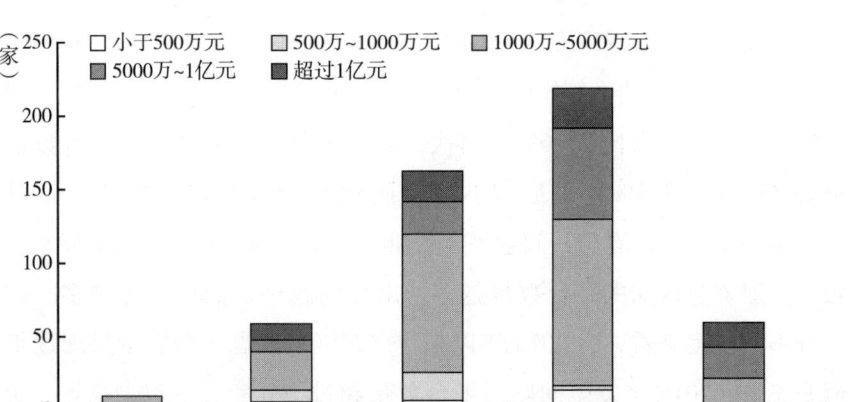

图 17　广东 P2P 网贷问题平台各注册资金区间年度数量统计（截至 2017 年 5 月底）

资料来源：网贷之家，网贷天眼。

分布基本与运营平台区域分布保持一致，即 P2P 网贷平台数量较多的区域一般问题平台数量也较多（见图 18）。

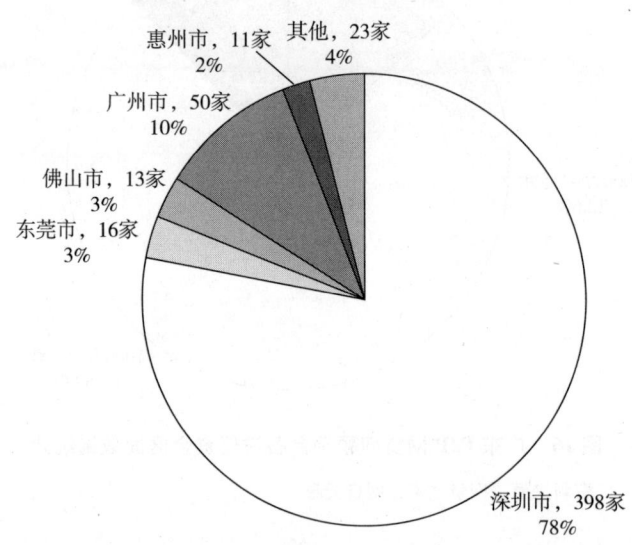

图 18　广东 P2P 网贷问题平台分区域数量统计

资料来源：网贷之家，网贷天眼。

从网贷平台问题发生的不同类型来看，平台失联、提现困难、终止运营的数量占比居前，分别达61%、19%、9%；其次，平台诈骗、平台跑路、警方介入的数量占比分别为4%、3%、3%；而平台停业、良性退出的数量占比极少，均不超过1%。进一步，分不同年度来看，随着网贷行业监管力度的加强，2016年、2017年平台诈骗、平台跑路的数量占比明显减少，而终止运营平台数量则明显增加，反映出此前网贷行业无序经营、野蛮发展的局面得到改善，行业正朝着有序发展、良性退出的成熟阶段迈进（见图19、图20）。

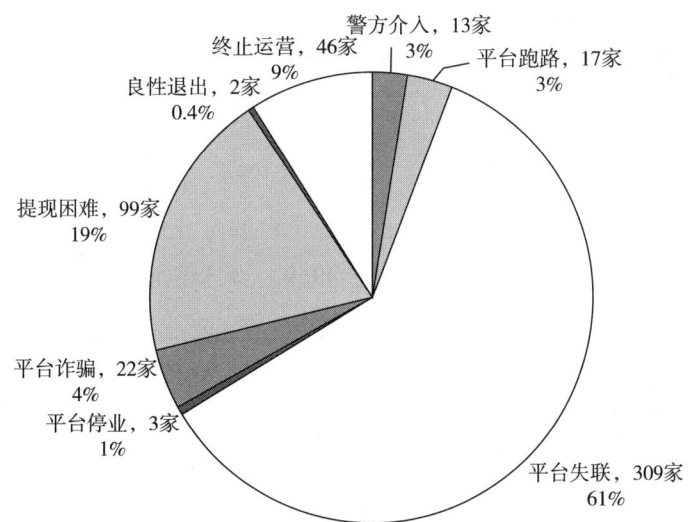

图19　广东P2P网贷问题平台分类型数量统计

资料来源：网贷之家，网贷天眼。

二　不同背景网贷平台运营状况

平台资本背景方面，广东网贷行业中银行、国资、民营、上市公司、风投资本加速布局网络借贷行业。截至2017年5月底，民营系网贷平台数量达786家，占比最大，同时问题平台发生率亦最高，达64.8%；其次为风

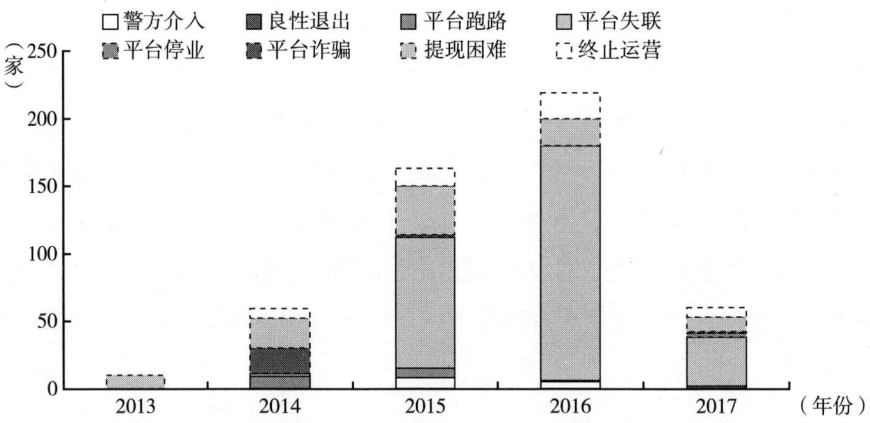

图20　广东P2P网贷问题平台分类型年度数量统计（截至2017年5月底）

资料来源：网贷之家，网贷天眼。

投系网贷平台，数量为40家，仅1家发生问题平台；上市公司系、国资系背景平台分别为30家、26家，发生问题平台数量分别仅为1家、3家；银行系背景平台仅为1家，尚无问题平台出现。具体情况见图21。

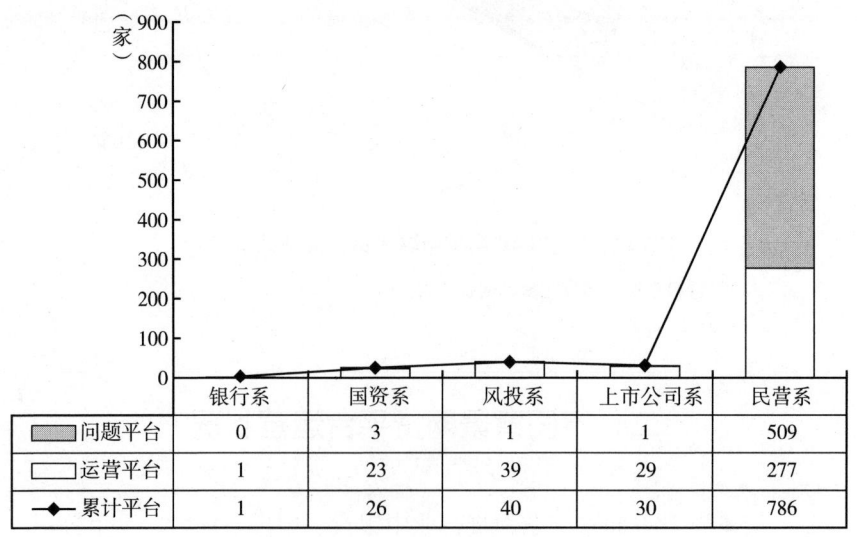

	银行系	国资系	风投系	上市公司系	民营系
问题平台	0	3	1	1	509
运营平台	1	23	39	29	277
累计平台	1	26	40	30	786

图21　广东不同背景P2P网贷平台数量统计

资料来源：网贷之家，网贷天眼。

成交金额及贷款余额方面。2016年1月至2017年5月，广东网贷行业中民营系成交最为活跃，累计成交额高达4855亿元，占比60.2%；其次上市公司系、风投系成交活跃度次之，成交额占比分别为18.5%、14.0%；而国资系、银行系成交额则相对较低，占比分别仅为5.7%、1.6%。贷款余额方面，以民营系网贷平台为最多，截至5月底，其贷款余额为1119亿元，占比达48.6%；其次为上市公司系、风投系网贷平台，其贷款余额占比分别为23.5%、21.4%；而国资系、银行系贷款余额最低，占比分别仅为4.0%、2.5%。具体情况见图22。

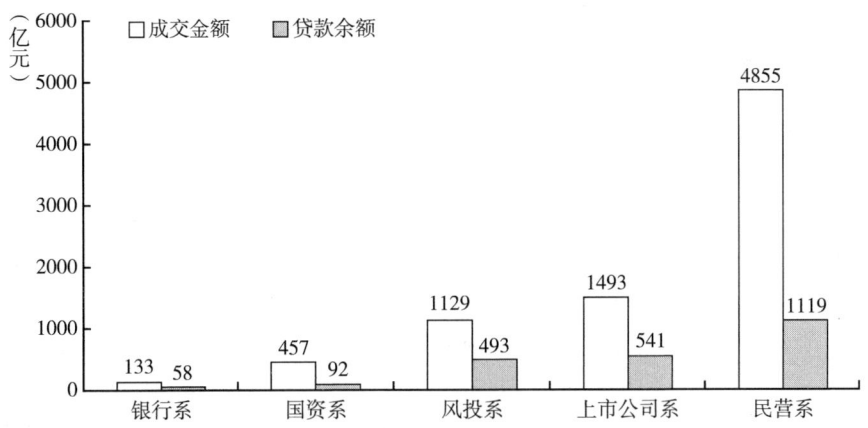

图22 广东不同背景P2P网贷平台成交额及贷款余额统计

资料来源：网贷之家，网贷天眼。

收益率水平及期限方面。2016年1月至2017年5月，广东网贷行业中民营系平台综合收益率水平最高，为11.3%，而其平均借款期限最短，为6.4个月，原因在于民营系网贷平台因行业竞争较为激烈普遍利用短期高息产品来吸引投资者；其次风投系网贷平台综合收益率为9.8%，平均借款期限为13.6个月；国资系、上市公司系网贷平台综合收益率水平较为接近，分别为8.8%、8.3%，但是对应平均借款期限则差异较大，分别为5.9个月、12.2个月；最后，银行系网贷平台综合收益率最低，仅为6.8%，而其平均借款期限则最长为20.4个月，反映出银行系网贷平台因其高安全性而有着较强的议价能力。具体情况见图23。

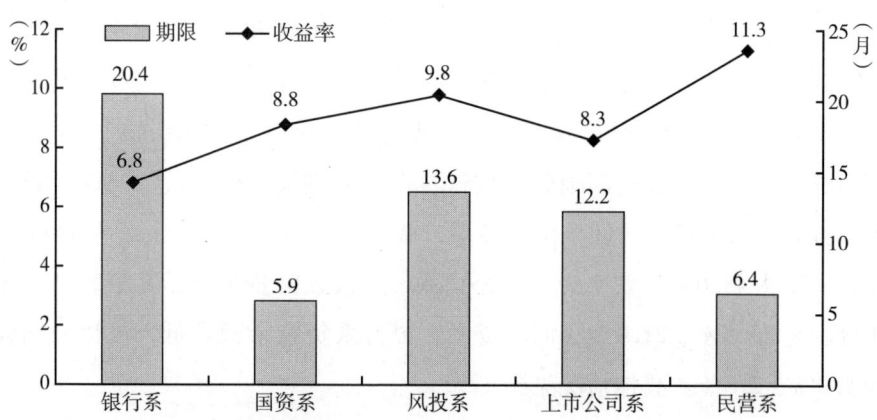

图 23 广东不同背景 P2P 网贷平台综合收益率及借款期限统计

资料来源：网贷之家，网贷天眼。

投资人数及借款人数方面。2016 年 1 月至 2017 年 5 月，广东网贷行业中风投系、上市公司系网贷平台吸引投资者较多，投资人数均超过 400 万，分别占比 28.6%、27.4%；其次民营系、国资系、银行系网贷平台投资者人数分别为 301 万、265 万、169 万，分别占比 18.0%、15.8%、10.1%。借款人数方面，仍以风投系、上市公司系网贷平台居多，分别为 133 万、128 万；其次为民营系、国资系网贷平台，借款人数分别达 84 万、74 万；最后，银行系网贷平台借款人数最少，为 47 万。具体情况见图 24。

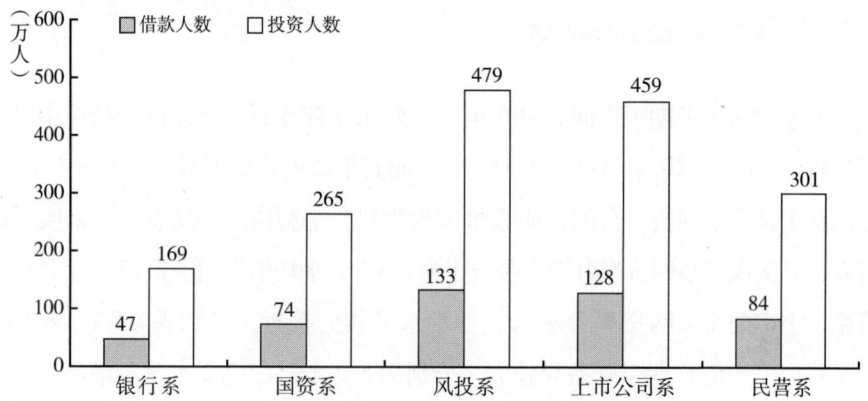

图 24 广东不同背景 P2P 网贷平台投资人数及借款人数统计

资料来源：网贷之家，网贷天眼。

三 不同区域网贷平台运营状况

从平台区域分布来看,广东网贷平台主要分布于深圳(占比76%)、广州(占比15%)、东莞(占比4%)。而从历年成交额统计来看,2015年、2016年广东全省网贷平台成交额出现大幅度飙升,分别高达3154亿元、5212亿元;而2017年至5月底,累计成交额已达2691亿元,全年度成交额或将再创新高。分不同区域来看,深圳市网贷平台成交量一直稳居第一位,其占比基本维持在60%左右;其次为广州市,其网贷平台成交额占比保持在30%的水平;而东莞市网贷平台成交额占比基本不超过10%,且近几年出现小幅下降(见图25)。

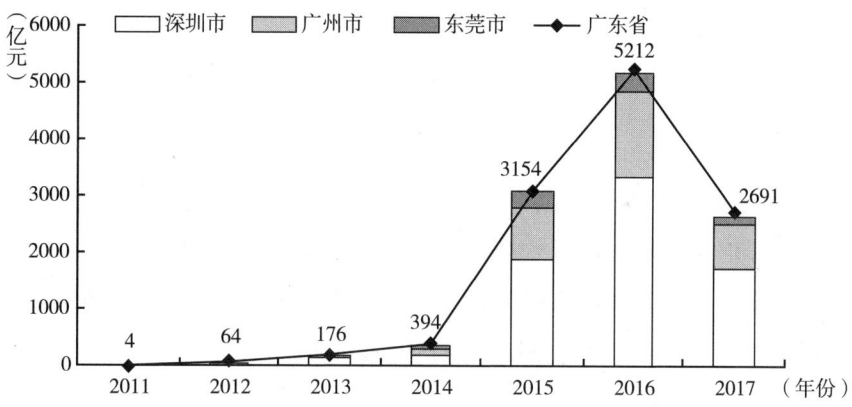

图25 广东不同地区P2P网贷平台成交额统计(截至2017年5月底)

资料来源:网贷之家,网贷天眼。

(一)深圳市网贷平台运营状况

平台数量方面。2016年以来深圳市网贷运营平台数量呈现先降后升再降的震荡性下跌趋势,其月平均增长率为-1.9%;而累计问题平台数量则呈现一路上涨的态势,但增速逐渐放缓;从当月问题平台数量来看,2017年月均问题平台数量较上年有明显下降,这也反映出深圳市网贷行业在经历加速整合后问题平台数量正趋于稳定,而行业也逐步迈向良性发展新阶段(见图26)。

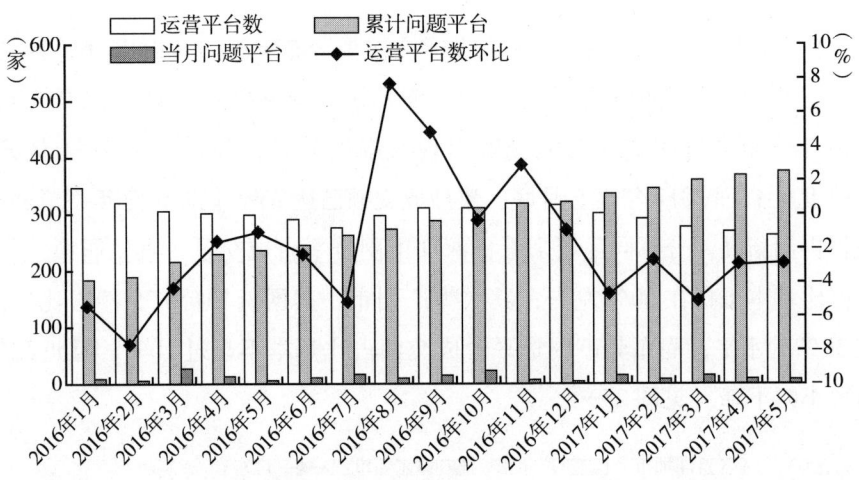

图26 深圳市P2P网贷运营平台及问题平台情况统计

资料来源:网贷天眼。

成交额及贷款余额方面。2016年以来,深圳市网贷运营平台成交额整体保持稳步增长态势,其月均成交额为299亿元,月平均增长率为1.8%;而贷款余额方面,从最初的979亿元一路上升至2017年5月的1606亿元,大幅增加64%。可以看出,2017年月均贷款余额较上年有明显上升,反映出深圳市企业网贷融资需求有显著上涨(见图27)。

收益率及期限方面。2016年以来,深圳市网贷运营平台综合收益率基本呈现震荡性下跌态势,尤其2017年至今下降更为明显。其月平均收益率水平为11.2%;而平均借款期限方面,大致呈平稳上涨态势,从最初的3.68个月震荡上涨至2017年5月的5.06个月,大幅增加37.5%。可以看出,尽管平均借款期限有所延长,但行业发展在规范化指引及降低企业融资成本政策基调下开始回归理性,平台综合收益率仍呈现逐步下跌态势(见图28)。

投资人数及借款人数方面。2016年以来,深圳市网贷运营平台投资人

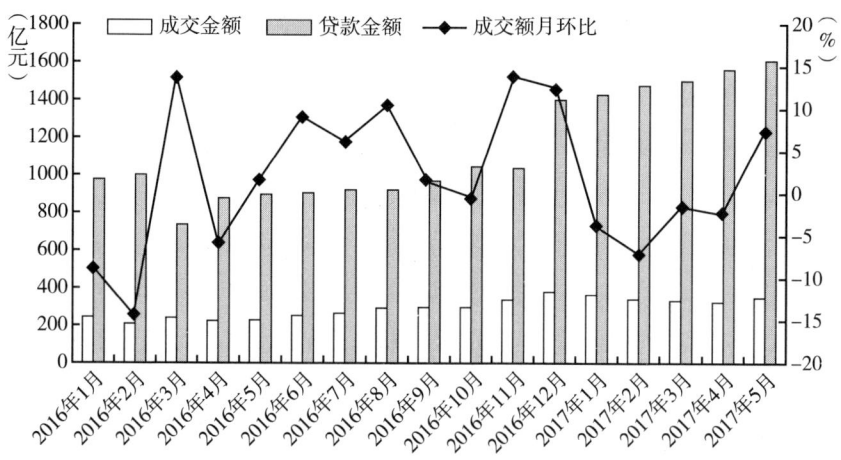

图 27　深圳市 P2P 网贷平台成交额、贷款余额及环比增幅统计

资料来源：网贷天眼。

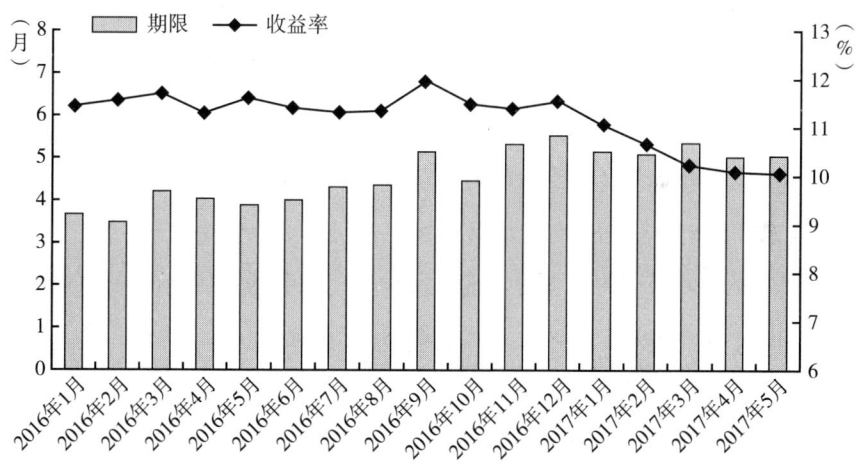

图 28　深圳市 P2P 网贷平台综合收益率及借款期限统计

资料来源：网贷天眼。

数基本维持在60万上下，月均投资人数为63.3万。而借款人数方面则波动较大，但整体呈上升态势，2016年从最初的8.5万震荡上涨至年底的10.1万阶段高点后出现明显下降，至2017年5月又大幅上升至20.3万，是上年年初的2.39倍（见图29）。

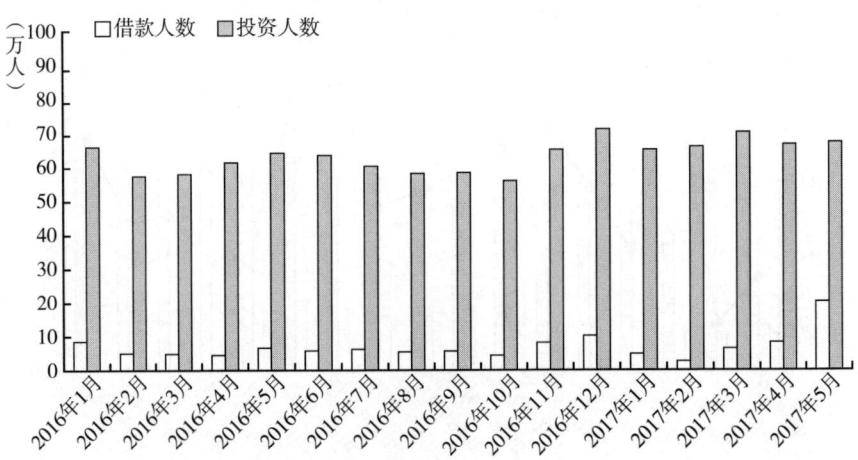

图 29　深圳市 P2P 网贷平台投资人数与借款人数统计

资料来源：网贷天眼。

（二）广州市网贷平台运营状况

平台数量方面。2016 年以来广州市网贷运营平台数量基本呈现先降后升再降的震荡性下跌趋势，其月均增长率为 -2.0%；而累计问题平台数量则大致呈现一路上涨的态势，但增速有所放缓；从当月问题平台数量来看，2017 年月均问题平台数量较上年有明显下降，这也反映出广州市网贷行业在经历前期整合分化后问题平台数量趋于稳定，行业开始向良性发展阶段迈进（见图 30）。

成交额及贷款余额方面。2016 年以来，广州市网贷运营平台成交额整体保持稳步增长态势，其月均成交额为 137 亿元，月平均增长率为 2.7%；而贷款余额方面，从最初的 149 亿元一路上升至 2017 年 5 月的 305 亿元，大幅增加 1.05 倍（见图 31）。对比来看，2017 年广州市网贷平台贷款余额较上年同期有大幅上升，反映出广州市企业网贷融资需求较同期有明显上涨。

收益率及期限方面。2016 年以来，广州市网贷运营平台综合收益率呈现先上升后下降的"过山车"式走势，整体表现为下跌态势，其综合收益率最高水平为 2016 年 9 月的 9.3%，其后一路下跌至 2017 年 5 月的最低位 7.1%，月平均收益率水平为 8.2%；而平均借款期限方面，大致呈震荡性上涨态势，从最初的

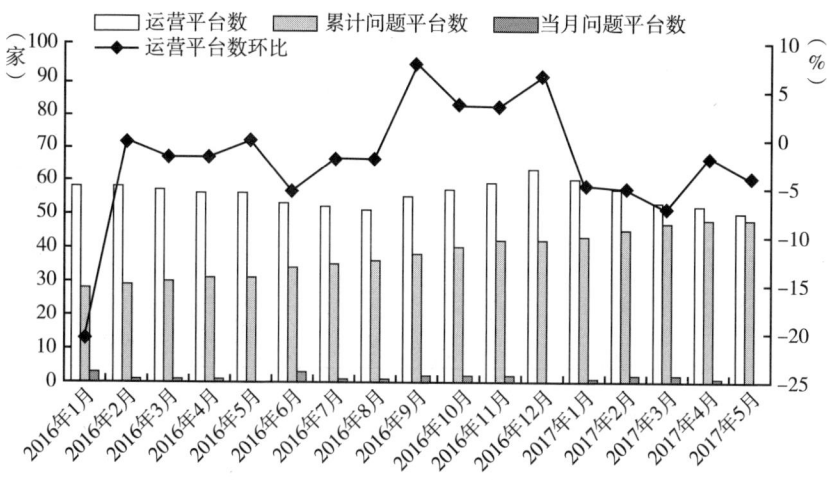

图 30　广州市 P2P 网贷平台数量统计

资料来源：网贷天眼。

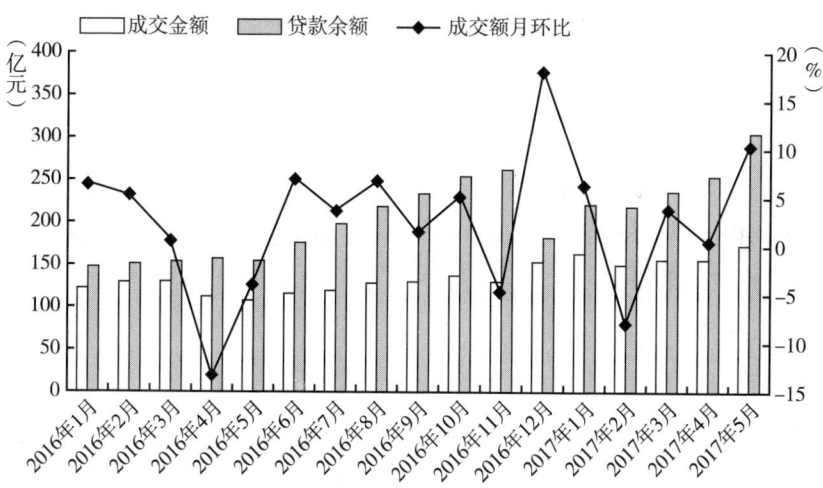

图 31　广州市 P2P 网贷平台成交额、贷款余额及环比增幅统计

资料来源：网贷天眼。

1.65 个月震荡上涨至 2017 年 5 月的 3.41 个月，大幅增加 1.1 倍。可以看出，前期随着平均借款期限的上升，平台综合收益率亦随之一路上行；但后期在行业发展规范化指引及降低企业融资成本政策主基调下，网贷行业逐渐回归理性，尽管平均借款期限仍有所延长，平台综合收益率却一路下跌（见图 32）。

047

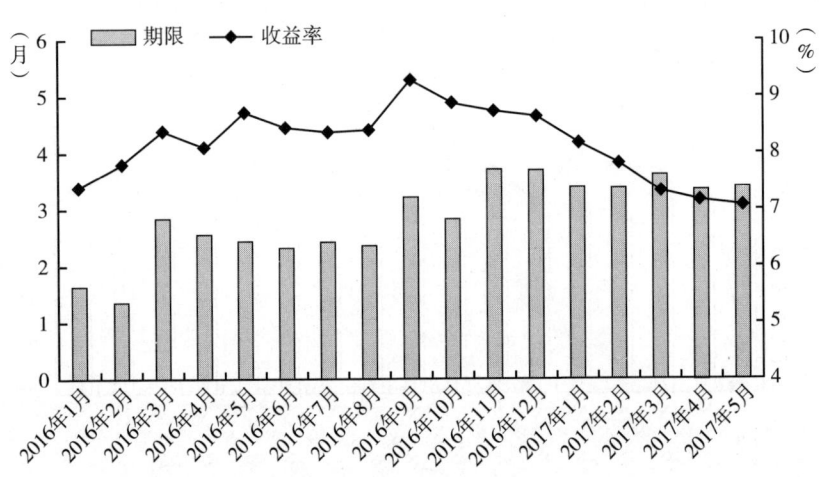

图32 广州市P2P网贷平台借款期限及综合收益率统计

资料来源：网贷天眼。

投资人数及借款人数方面。2016年以来，广州市网贷运营平台投资人数表现出一路上涨态势，从最初的13.7万大幅扩张至2017年5月的34.7万，涨幅高达153%。而借款人数方面，2016年11月前借款人数基本维持在3万~4万，而其后借款人数因业务模式改变出现大幅提升；至2017年5月底，广州市网贷运营平台借款人数达40.1万，显著超过其投资人数（见图33）。

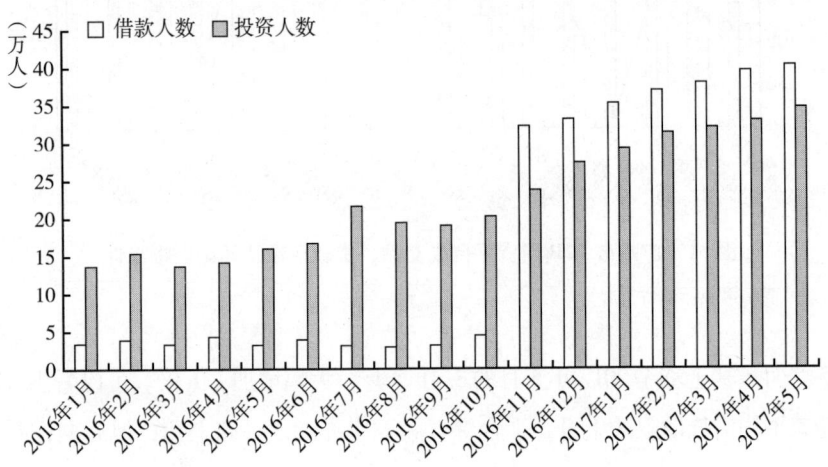

图33 广州市P2P网贷平台投资人数与借款人数统计

资料来源：网贷天眼。

四　未来发展与趋势

P2P借贷以其便利性、普惠性和网络性优势，为未能享受传统金融服务的个人和企业提供合理可行的融资解决方案，同时，也为分散的个人投资者提供了一种高收益投资理财服务。广东P2P网络借贷行业从数年前星星之火，经过近八年的发展，从无序发展的野蛮成长期逐步迈入有序发展的成熟期，行业加速洗牌并向良性方向发展。综观2017年广东P2P网络借贷发展，随着全国及地方网贷行业监管政策措施的逐步完善及落地，日常式监管或成常态，而行业洗牌过程仍将持续。部分网贷平台开始回归小额分散定位，整个行业在探索发掘业务新增长点，同时将有望进一步获得社会更多的认可。

其一，平台数量有序减少，行业洗牌或将持续。2016年以来，P2P网贷行业监管力度进一步趋严，地方性监管细则及措施陆续出台，网贷行业平台整合速度加快，平台数量持续减少；同时，整个网贷行业竞争分化格局加剧，一线城市（如北、上、广）、规模型、合规型平台在行业垄断集中度方面有所加强，而不符合监管要求的多数地方中小平台开始加速撤离。2017年，北京、上海、广东、浙江四个省份的网贷贷款余额占全国比重达89%，较上年同期大幅上升6个百分点，且基本呈逐月递增态势，反映出行业资源逐渐向一线城市及金融发达、IT产业先进的二线城市转移。广东网络借贷行业增长亦出现一定程度放缓，新上线运营平台从2014年、2015年野蛮生长期至2016年、2017年新上线平台家数持续缩减，随着地方网贷行业监管政策措施不断落地，行业资源整合仍将继续，规模型平台在市场准入门槛提高及行业竞争加剧情况下将占有一定的比较优势。

从发生问题平台方面来看，2016年以来中国网贷行业监管不断趋严，行业规范化发展得到加强，网贷问题平台数量呈稳步增多态势，平台失联、提现困难、终止运营等现象频发。2017年5月底，全国累计停业及问题平台数量高达3748家，其中以广东网贷问题平台居多，占比达16.9%。中小平台在前期"大浪淘沙"阶段被大量整合之后，后期大型问题平台数量占比有所上升。2016年、2017年平台诈骗、平台跑路的数量占比明显减少，而终止运营平台数量则明显增加，反映此前网贷行业无序经营、野蛮发展的局面得到改善，行业正朝着有序发展、良性退出的成熟阶段迈进。随着网贷行业监管力度的加强，地方性监管政策措施的逐步跟进，广东网贷行业增长放缓态势或将延续，行业资源整合及分化过程将进一步加深，行业洗牌将逐渐步入有序退出、良性洗牌新阶段。

其二，监管体制逐步完善，行业发展迎来新契机。2016年8月17日，中国银监会、工业和信息化部、公安部、国家互联网信息办公室联合制定发布了《网络借贷信息中介机构业务活动管理暂行办法》。2017年2月14日，为建立健全广东省网络借贷信息中介机构备案登记管理制度，根据《网络借贷信息中介机构业务活动管理暂行办法》《网络借贷信息中介机构备案登记管理指引》等规定，广东省政府金融办结合本省实际研究起草了《广东省网络借贷信息中介机构备案登记管理实施细则（征求意见稿）》（简称《网贷监管细则（征求意见稿）》），并向社会公开征求意见。这是继厦门出台备案登记管理暂行办法后，全国第二个区域性网贷机构管理办法细则的雏形，也是首个地方省级网络借贷信息中介机构业务活动管理暂行办法征求意见稿出台。

随着全国及地方性网贷中介机构监管细则及备案文件等陆续出台落实，网贷行业监管体制与顶层设计将进一步完善，网贷平台在发展的合规性方面也有了权威性参照。特别地，广东省《网贷监管细则（征求意见稿）》中提出，"征信管理部门应当将网络借贷信息中介机构的有关信息纳入征信管理系统"，这对于推动网贷平台纳入包括央行征信在内的征信服务机构系统，加强网贷机构与征信服务机构合作有着重要意义，同时也有助于最大限度实现信息共享、降低借款人风险，从而引导行业实现包容性的健康发展。另外，征求意见稿也指出，网贷平台在执行备案制管理的同时要打破刚性兑付，不能再承诺"兜底"，这一定程度上有利于网贷行业在规范化合规性经营的同时避免承诺刚性兑付、高息收益等造成的过度无序竞争，促使网贷平台回归信息中介本质，也有助于网贷行业朝着良性发展新阶段迈进。

其三，平台亟待业务转型，综合化、专业化成主调。2016年，处于创新型发展改革前沿的广东出台了全国首套省级网贷行业监管细则及备案文件，率先打出网贷行业监管组合拳，对本省网贷中介机构开展了专项整治。2017年，随着专项整治接近尾声，日常监管正式启动，广东网贷行业从此告别野蛮生长时代。行业竞争格局日益强化背景下，平台业务转型迫在眉睫，这决定了其在未来监管常态化环境中能否持续生存。因此，部分网贷平台开始回归小额分散的客户定位和市场定位，加强利用技术手段提高效率、降低交易成本，在资产端和投资端合理定价，这意味着信息科学技术在网贷业务中发挥的驱动作用将越来越明显。而随着信息技术驱动增强、综合金融服务多元化需求增加，那些股东实力强、具备资金优势的大型网贷平台向互联网综合理财平台发展的趋势将更明显。

另外，2016年以来部分网贷平台开始逐步关注并介入各类细分垂直领域的消费金融业，如汽车金融、医美金融、农村金融、消费信贷等各类场景的分期业务。而由于缺少生态场景支撑，大多数平台主要是从细分垂直产业领域切入，如米么金服、么么贷专做医美行业；麦子金服旗下的大房东专注房贷抵押市场。2017年，网贷行业监管将大概率保持常态化，行业资源整合与竞争格局分化料将持续，这对于网贷平台业务综合化、专业化发展要求也越来越高。而在整个行业不断探索发掘业务新增长点的同时，网贷行业将有望获得社会更多的认可。

广东互联网金融车贷业务发展与创新

潘瑾健*

摘　要： 相对于传统金融，互联网汽车金融具有审核速度快、办理门槛相对较低的特点。当前，受合规监管限额影响，网贷平台纷纷转战小额分散的车贷业务，车贷市场将进一步拓展。车贷业务具有项目金额小、有担保、市场空间大的特点，随着中国汽车市场进入存量时期，汽车金融作为汽车后市场的重要部分，其产业链的上下游颇具发展空间。作为全国经济领先省份，广东地区居民消费习惯正逐渐向发达国家靠拢，对于房屋、车子等资产，即使在资金充足的情况下，也更倾向于通过借贷的方式购买，这也助推了车贷行业成交量的一路增长。目前，广东车贷业务在网贷业务中的占比正在不断升高，在大市场环境利好的情况下，未来广东地区车贷业务将不断攀登高峰。

关键词： 汽车金融　车贷业务　汽车后市场

一　前言

2015年3月，第十二届全国人民代表大会第三次会议上李克强总理提出制定"互联网+"行动计划，同年7月18日，中国人民银行等十部门发

---

* 潘瑾健，网贷天眼副总裁，国家金融与发展实验室高级研究员。

布《关于促进互联网金融健康发展的指导意见》，对互联网金融进行了规范及引导。2016年8月24日，银监会等在《网络借贷信息中介机构业务活动管理暂行办法》中首度对P2P平台借款业务额度做出了限制，广东省积极响应。2017年2月13日，广东省金融办发布了《广东省〈网络借贷信息中介机构业务活动管理暂行办法〉实施细则》，强调注册地在外省的网络借贷信息中介机构，其公司总部办公所在地不得在广东省设立（法律法规另有规定的除外）。广东省金融办要求，网络借贷信息中介机构的审计年度报告应当在本年度结束后4个月内进行披露。次日，广东省金融办又发布了《广东省网络借贷信息中介机构备案登记管理实施细则（征求意见稿）》面向社会公开征求意见。这意味着全国首个地方性网贷监管细则征求意见稿在广东正式面世，广东对网贷政策响应迅速，行业监管趋紧。而这一新政的出台被业内认为是对小微业务领域的重大利好，车贷行业因此受到各路资本的热捧，同时，车贷业务自身作为垂直细分领域的资产业务类型，可复制能力强、标准化程度高，对平台的初期发展十分有利。2017年广东地区网贷行业累计成交额突破万亿，在车贷业务占比逐渐增高的情况下，广东地区互联网金融呈现持续健康发展的良好态势。

二 P2P车贷行业发展态势——基于广东与全国数据分析

根据天眼研究院统计，截止到2017年6月底，国内共有1109家在运营平台涉及车贷业务，占全国平台数量的52.4%。车贷平台集中的地区通常也是汽车保有量巨大的地区，诸如广东、北京、上海、浙江、山东等地区，其中，广东地区平台数量超过200家。

2016年车贷行业成交额4003.5亿元，占行业总体成交额的21.39%。车贷成交额的占比一直呈上升的趋势，广东地区进入2017年后，车贷总体成交额呈现波动性上涨趋势，月成交额始终保持在500亿元以上的水平，车贷业务占比也在逐步升高。相较其他业务，车贷业务成交额已经攀升至第一位，占广东网贷行业整体成交额的30%以上。具体成交额见图1。

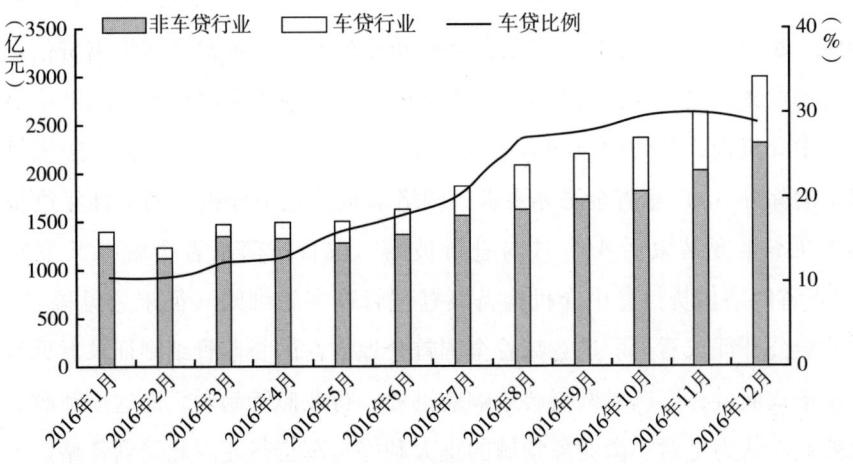

图1　2016年P2P车贷市场成交额及所占比例

2016年8月，监管政策出现了个人借款限额20万元的规定，车贷资产因为具有额度小、期限短等优点，更加符合监管的要求，各大平台纷纷增加车贷资产的开发，由于车贷资产运作较为成熟，易复制，一些未做车贷的平台也开始尝试涉足这个领域，同时资本市场也开始注意这块优质资产，加速了车贷行业的发展壮大。

车贷资产之所以有这样的发展机会，来源于以下几点：首先，车贷主要用于资金的紧急快速周转，拥有抵押物，风险较低；其次，车贷金额比较低，有利于平台分散风险，更加合规。而作为额度同样不高的信用贷，通常依托大数据做线上审核，征信信息不足，缺乏抵押物，风险较高。

P2P车贷行业的利率一直高于行业整体水平，但是，差距在逐步缩小。2016年底，P2P车贷行业的利率已经达到10.89%。目前，行业利率已跌至10%以下。广东地区行业利率与全国利率相比略微低0.3~0.5个百分点。截至2017年6月，广东地区网贷行业利率为8.95%，跌破9%大关，车贷行业利率略微高一些，在9%左右。具体利率水平见图2。

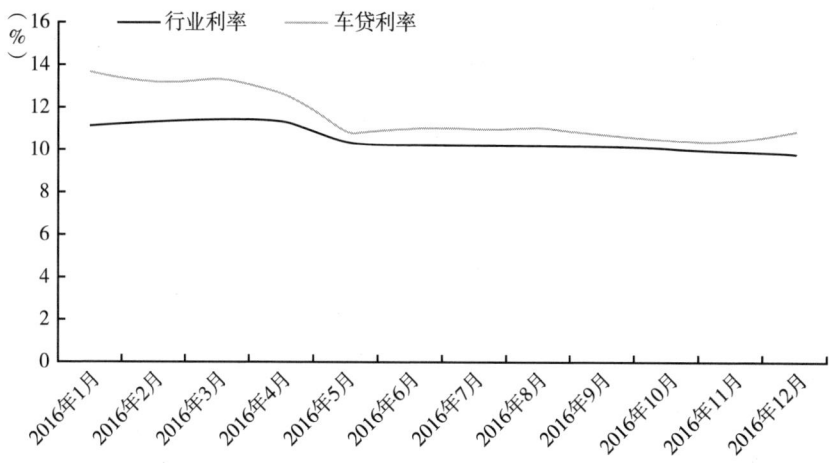

图 2　2016 年车贷利率变化

由于车贷主要用于快速资金周转，借款人通常愿意付出较高的利率迅速获得资金。虽然 P2P 行业整体利率下滑迅速，但由于线下小贷公司车贷仍保持较高的利率，P2P 车贷利率始终保持较高水平。

车贷有资金周转快的优点，但是，汽车属于高价值消费品，贬值比较快。车辆抵押借款模式，借款人可以继续使用车辆，也存在车辆发生事故的风险，尽管平台审批的金额一般只有车辆估值的 70% 左右，但是，为了降低风险，车贷的期限通常会比较短。车贷期限变化见图 3。

通过图 3 可以发现，2016 年 P2P 行业和 P2P 车贷期限一直比较稳定，没有较大的波动，车贷的用途是资金的快速周转，期限比较短，只有 3~4 个月，约为 P2P 行业平均期限的一半。广东地区的借款期限相比全国则更短一些，截至 2017 年 6 月，广东地区网贷行业平均借款期限为 4.71 个月，全国平均借款期限则为 8.77 个月。

2016 年，P2P 车贷市场共计帮助约 397.54 万人次完成融资，平均每人次融资 10.07 万元，低于 P2P 行业的平均水平。同济大学、众调科技、海略咨询与中关村大数据产业联盟定期联合发布的《中国二手车残值指数》显示，由于全国环保限制迁入政策并没有实际开放，二手车交易主要集中在

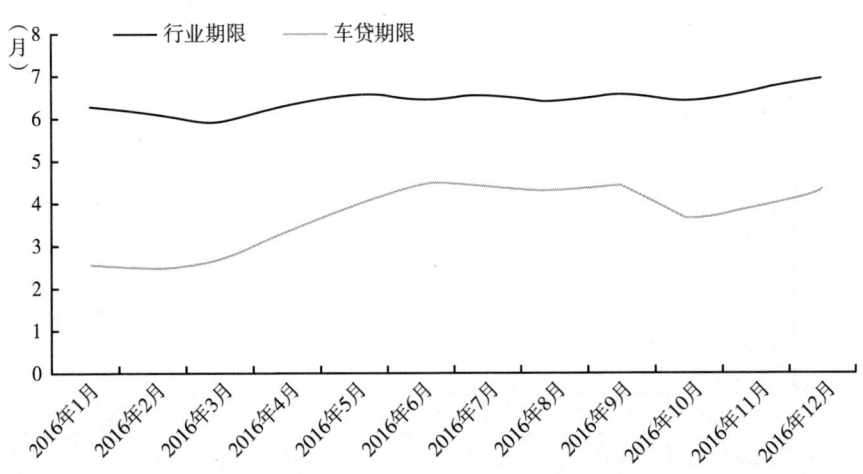

图 3　2016 年车贷期限变化

2010 年之后的国四、国五排放车型。未来 8 年以上的老旧车交易受政策影响将进一步加剧,全国二手车交易车型档次和价格都在明显提升,二手车平均成交价格逐渐接近 8 万元档次,中低端老旧车逐步进入强制报废的可能性增加。网贷平台考虑到安全性与流动性,一般对进行抵押贷款的车的质量、行驶年限都要求较高,品质高于行业交易的二手车平均水平。

三　广东 P2P 车贷行业发展潜力及其特点

中国汽车工业协会公布的汽车产销量数据表明,近十年中国汽车产销增长逐渐放缓,汽车市场由"增量时代"逐步进入"存量时代"。截至 2016 年底,中国机动车保有量为 2.9 亿辆,其中乘用车(私家车)保有量 1.94 亿辆(见图 4)。根据增长趋势,未来汽车保有量还将继续增加。稳步增长的汽车保有量为汽车后市场发展提供了巨大的市场空间,汽车后市场成为汽车产业主要发力点。

据统计,2016 年汽车金融市场规模达到 6700 亿元。与此同时,国内的汽车金融渗透率仍不足 20%,远低于发达国家 70%~80% 的水平(见

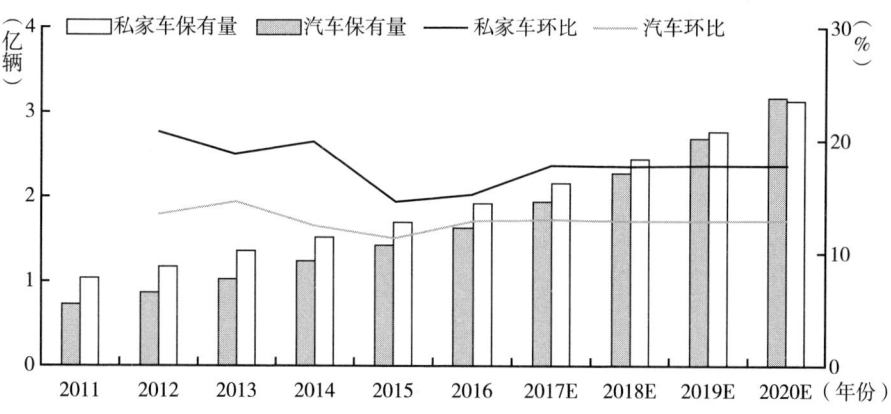

图 4　汽车保有量与私家车保有量对比

图 5）。随着人口峰值逐渐从 20 岁向 30 岁靠近，80 后、90 后正逐渐进入事业高峰期，成为汽车的主要消费群体，他们对信贷消费和财务杠杆的接受度较高，也更愿意通过贷款、租赁等方式来进行汽车消费。调查发现，汽车消费应该是目前我国唯一尚未大规模使用金融杠杆的大宗个人消费，预计 2020 年汽车金融的渗透率将提升至 45%。

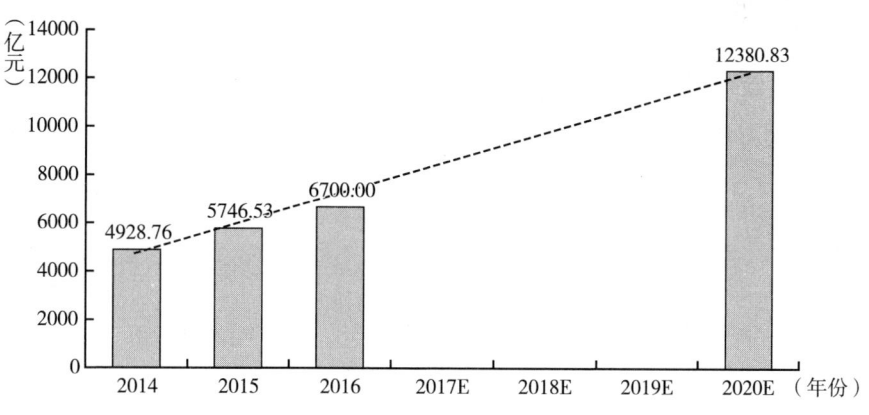

图 5　车贷行业市场规模变化及预测

随着中国汽车保有量的持续增长、消费需求的增加，汽车后市场服务业存在巨大的发展潜力。而汽车金融的深化，将有利于汽车后市场业务利润占比的进一步提升，消除工业发展与服务增值的不对称，推动中国汽车行业的转型升级。

就汽车金融的细分市场——车贷来看，2016年车贷成交总额达1725亿元。相关资料显示，平均每台二手车的价格为11.7万元，2016年P2P车贷市场抵押汽车共计210.6万辆，相比乘用车的1.94亿辆，市场潜力仍然巨大。全国市场保有量如此巨大，而广东作为车贷市场最先发展起来且发展最好的地方之一，其发展潜力更不容小觑。

网贷天眼研究院根据深圳市交管局的统计结果，对深圳地区车贷行业发展进行分析，2016年深圳市机动车保有量增加3.24万辆，注册机动车达到322.58万辆；机动车驾驶人增加26.36万人，驾驶人总量达到362.68万人。另外，网贷天眼研究院结合国内汽车金融渗透率数据预计，汽车金融的渗透率将以每年5%的增速提升。为此，网贷天眼研究院预测2020年深圳车贷行业规模可达千亿以上，从全国来看，则可达到1.2万亿元。

2016年以来，我国开始出台多项政策，逐步取消二手车"限迁"政策。在此利好驱动下，2017年我国二手车市场将开始进入快速增长期。中国汽车流通协会的统计数据显示，2016年我国二手车交易量首次突破千万辆大关，达到1039万辆（见图6）。2017年1~4月，全国二手车累计交易量达到380.99万辆，同比增速高达21.11%。根据汽车流通协会的预计，2017年我国二手车交易量有望突破1200万辆，到2020年二手车交易规模有望超过2000万辆，年均增速超过18%。

近年，广东省二手车市场表现同样抢眼，2016年全国二手车交易量达到1039万辆，仅广东便有98.6万辆的交易量，占全国的9.5%。2017年第一季度广东省二手机动车累计交易量为21.3万辆，同比增长7.4%；二手车交易总金额为118.1亿元，同比增长12.9%。根据近几年数据进行预测，预计2017年广东地区二手车市场交易量将再次突破100万辆。因此，未来几年广东二手车市场将迎来发展的黄金时期（见图7）。

广东作为网贷业务发展较快的地区，车贷业务发展亦遥遥领先于其他地

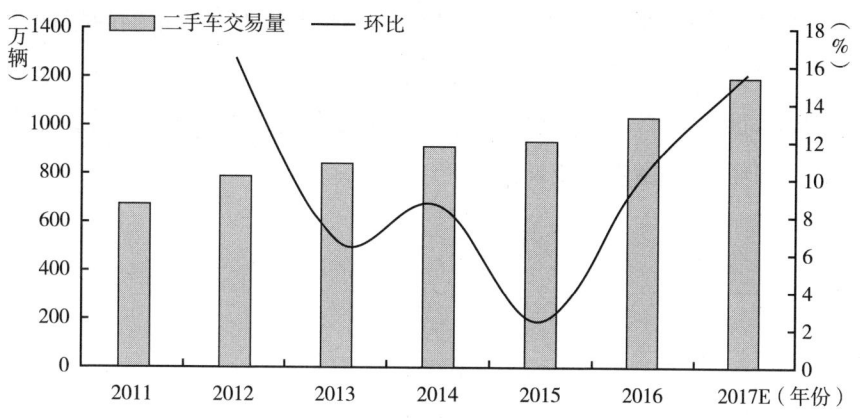

图6 全国二手车交易量及环比增幅

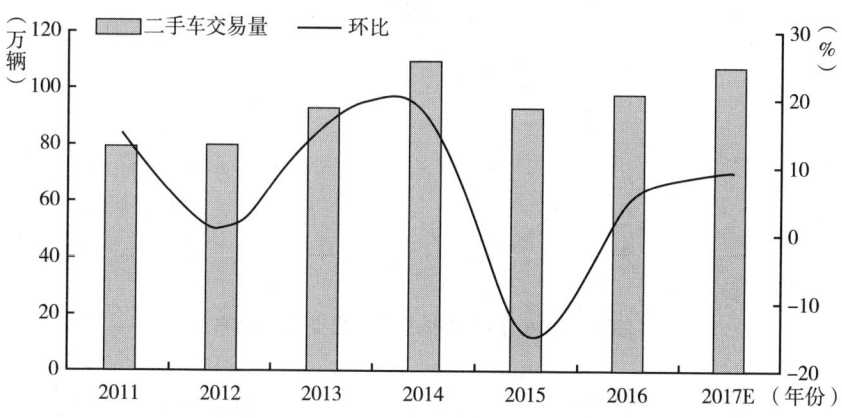

图7 广东省二手车交易量及环比增幅

区。目前广东地区车贷已经有了较为成熟的业务模式,因此被越来越多的投资人看好,车贷平台的融资优势源于两方面:一是车贷有抵押物,相对于信用贷款,万一出现坏账,有资产可以处置,能够一定程度保证投资人资金安全;二是车贷的借贷项目金额一般不大,单笔坏账的出现并不会对平台造成太大的资金运营压力。

2016年中国二手车成交价位低于10万元的占比为68.73%,广东地区成交价位低于10万元的占比为69.59%,而P2P车贷的审批金额通常只有车辆审批价格的70%，所以目前P2P网贷平台上绝大多数车辆的抵押标的额度并不高，一般在5万~10万元的范围。这种小额的标的，投资起来较为灵活，同时，分散了资金也相当于分散了投资人的风险，单个借款坏账或逾期对平台的影响微乎其微（见图8）。

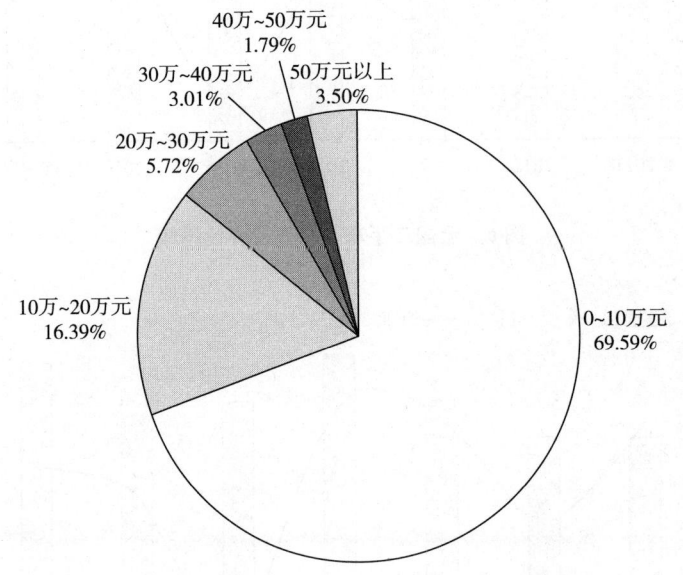

图8　2016年广东省二手车成交价格分布

汽车属于高价值消费品，贬值非常严重，加之抵押车辆还继续由借款人使用，不确定因素非常大，所以车贷产品的借款期限不适合太长，其借款期限一般为1~3个月。短期融资恰好迎合了网贷投资人的理财偏好，在资金端有一定的融资优势。由于借款端办理车辆抵（质）押贷款的主要用途是未来资金的快速周转，而为了快速获得资金就必须付出较高的成本，加之线下小贷公司的车贷利率也位于比较高的水平，对P2P车贷的利率也会有一定的影响，P2P平台开展车贷业务在盈利方面有较大的想象空间。

得益于情况良好的二手车交易市场，广东P2P平台开展车辆贷款，一旦借款人不能按时还款，抵（质）押车辆可以很快地在二手车市场交易，而其他抵押物（例如房子、企业商品）处置都需要较长的不确定周期。标的坏账、抵押物不能迅速变现，影响投资人提现，将对平台运营造成巨大影响。

四　车贷业务发展与创新

（一）"限迁"政策逐步解禁，车贷市场持续利好

2011年，二手车"限迁"政策开始逐步推进，全国各地纷纷出台相关政策，限制排放标准过低的二手车迁入本地。"限迁"政策的推行严重阻碍了二手车在全国范围内的自由流通，不利于二手车市场的快速发展。为此，2016年以来，我国政府开始出台多项政策，逐步取消二手车"限迁"政策。具体政策及其核心内容如下。

2016年3月25日，国务院办公厅发布了《关于促进二手车便利交易的若干意见》，要求各地人民政府不得制定实施限制二手车迁入政策，营造二手车自由流通的市场环境。该意见还要求，已经实施限制二手车迁入政策的地方，要在2016年5月底前予以取消。

2016年12月29日，环保部与商务部联合发布了《关于加强二手车环保达标监管工作的通知》，提出要加强二手车环保达标监管，对符合转入地在用车排放标准要求的车辆，各地不得设定其他限制措施（国家明确的大气污染防治重点区域和国家要求淘汰的车辆除外）。

相关促进二手车发展的政策出台后，广东、四川、湖南、黑龙江、新疆等7个省份完全取消了对外地二手车迁入的限制，二手车"限迁"政策壁垒正逐步打破，二手车市场迎来新的发展契机。

目前专注二手车消费的金融机构凤毛麟角，这对P2P行业无疑是巨大的机会。二手车消费金融领域具有市场规模大、竞争压力小、资产比较优质的特点，可以很好地推动P2P行业的发展。随着我国汽车市场的逐渐完善，我国政府对二手车行业的积极规范和引导的力度加大，二手车企业自身完善

的进程加快，我国国内二手车市场也将逐渐被消费者信任并接受，未来发展前景被业内人士广泛看好。

（二）汽车后市场正在兴起，汽车金融前景广阔

通常来说，新车完成交付后的一系列服务就属于汽车后市场，汽车后市场包括汽车维修、保养、美容、车险、配件销售和二手车金融市场等领域。

（1）美容保养维修类。由于使用频次相对较高，这个是目前最活跃的市场。这块分为三大阵营：一是"四位一体"，即4S店阵营，其特点是投资规模大，服务专业完善，但数量少、覆盖率有限，成本过高；二是"全国连锁经营"加盟阵营，由强势品牌发起，众多中小店主加盟；三是"独立品牌"直营阵营，作为一种重要的补充形式，将在部分地区长期存在，其特点是服务内容单一，但非常专业，多为国际巨头及知名品牌自设。

（2）用品配件改装类。由于网络的便捷性和选择的多样性，装饰类用品目前逐步网络化的趋势非常明显，很多依托用品的企业逐步走向下坡路。用品分为直接DIY的商品（装饰类，及部分插拔式电子类）和必须依托门店服务的商品（电子加装、保养、贴膜类等），前者直接就是电商的运营体系，后者最终依托O2O模式解决用户体验，其中商业模式开发的机会点在于网络销售渠道的搭建和用品产品的创新开发及全网分销。

（3）保险车务市场类。保险市场也是竞争非常激烈，由几大巨头占据，中小保险较难分得一杯羹。车务相关服务一般作为保险、理赔、办证等补充服务存在。

（4）二手车市场。第一代购车人群都存在换车需求，国内二手车市场潜力非常巨大，但由于认证标准的不统一和国人消费习惯不同，这块市场活力迟迟没有爆发，但已经有非常多的大型企业在努力突破。

相关数据显示，2016年汽车后市场规模达到9350亿元（不包含汽车金融），同比增长约21.4%。预计到2019年汽车后市场规模将突破1.2万亿元。目前汽车保有量稳步增长，汽车后市场成为竞争的主战场。随着汽车后市场规模不断发展，汽车金融也将顺势拥有更广阔的发展空间。

（三）家用汽车逐渐普及，衍生汽车消费信贷

随着人们生活水平的提高，汽车逐步成为每家每户的代步工具，辅以信用制度的逐渐普及，汽车消费贷款越来越多地引起人们的关注。

汽车消费贷款是银行对在其特约经销商处购买汽车的购车者发放的人民币担保贷款的一种新的贷款方式。汽车消费贷款利率就是指银行向消费者也就是借款人发放的用于购买自用汽车［不以营利为目的的家用轿车或7座（含）以下商务车］的贷款数额与本金的比例。利率越高，那么消费者还款的金额就越大。

目前，普遍适用的汽车消费贷款申请流程分为5步。

（1）客户申请。客户向银行提出申请，书面填写申请表，同时提交相关资料。

（2）签订合同。银行审核通过借款人提交的申请资料后，双方签订借款合同、担保合同，视情况办理相关公证、抵押登记手续等。

（3）发放贷款。经银行审批同意发放的贷款，办妥所有手续后，银行按合同约定以转账方式直接划入汽车经销商的账户。

（4）按期还款。借款人按借款合同约定的还款计划、还款方式偿还贷款本息。

（5）贷款结清。贷款结清包括正常结清和提前结清两种。①正常结清：在贷款到期日（一次性还本付息类）或贷款最后一期（分期偿还类）结清贷款；②提前结清：在贷款到期日前，借款人如提前部分或全部结清贷款，须按借款合同约定，提前向银行提出申请，由银行审批后到指定会计柜台进行还款。

申请手续较为简单，对于购车一族来说，非常方便。并且随着消费观念的改变、超前消费的逐渐普及，越来越多的人选择通过贷款购买代步车。虽然传统贷款买车的渠道主要还只是银行贷款、信用卡分期和汽车金融公司贷款三类，但从事车贷业务的P2P平台如果能够通过运营新的场景，融入新车、二手车消费贷款领域，将迎来新的发展契机。

五 结语

　　传统汽车金融在依托互联网进行革新之后，不断加速发展，相对于传统金融机构，互联网汽车金融具有审核速度快、办理门槛相对较低的特点，预计未来车贷行业成交额仍会有所上涨。当前受合规监管限额影响，网贷平台纷纷转战小额分散的车贷业务，车贷市场将被进一步拓展。车贷业务因其具有项目金额小、有担保、市场空间大的特点，随着中国汽车市场进入存量时期，汽车金融作为汽车后市场的重要部分，其产业链上下游颇具发展空间。作为全国经济领先省份，广东地区居民消费习惯正逐渐向发达国家靠拢，对于房屋、车子等资产，即使在资金充足的情况下，也更倾向于通过借贷的方式购买，这也助推了车贷行业成交情况的一路增长。根据近一年广东地区网贷行业成交额情况可以看出，成交额呈现波动性上涨的趋势，其中，车贷业务占比在网贷业务中的占比正在不断升高，在大市场环境利好的情况下，未来广东地区车贷业务将不断攀登高峰。

广东互联网保险发展现状与态势

李 根 黄志海*

摘 要： 随着广东经济的发展，人民生活水平提高，可支配收入增多，保险意识进一步提升，对保险的需求也将进一步扩大。随着互联网科技和电子商务平台的发展，互联网保险的发展将更有技术保障，客户的隐私将能得到更好的保护。未来，广东互联网保险市场将继续扩大，互联网保险保单的渗透率将不断提高。

关键词： 互联网保险 互联网金融 风险管理

一 前言

互联网保险指保险公司或保险中介机构利用互联网平台为客户提供保险产品的在线销售和服务的一种经济活动。在此基础上，互联网保险广义上还包括保险公司利用互联网进行内部经营管理，比如内部控制系统、客户管理系统等，以及保险公司的企业内外部交易和沟通活动。互联网保险的市场参与主体主要有两个，一个是承保人，另外一个是投保人。承保人为经营互联网保险业务的公司，其运营模式可以分为五种类型，包括自建官方网站的传统保险企业、综合性电商平台、兼业代理机构、专业中介代理机构以及专业互联网保险公司。投保人指与互联网保险公司签订保险合同，按合同规定需

---

* 李根，中国社会科学院投融资研究中心研究员；黄志海，广州互联网金融协会秘书长。

支付一定保险费用的人。互联网保险的投保人主要为互联网网民,其保险需求既包括传统的人身险和财险,也包括场景化和个性化创新型保险,如碎屏险、个性化旅游险等。随着金融经济的发展和社会分工的细化,互联网保险投保人的保险需求将更多样化、更人性化。

二 广东互联网保险发展历程

2000年5月15日,中国人保广州分公司与建行广东省分行携手推出互联网保险业务。这是广州乃至广东保险最初涉足互联网领域的一次有益尝试。随后,广东地区的部分保险公司开始尝试利用互联网进行保险产品的营销,而一些传统的保险公司选择紧跟潮流,通过建立官方网站销售保险产品。然而,当时互联网保险业务在广东地区的发展还只是简单地停留在互联网销售渠道表面,没有特别地注重提供创新型的产品和优质化的服务。

广东互联网保险的发展在很大程度上得益于国家政策的大力支持和广东省政府的积极响应。2006年,国务院发布《国务院关于保险业改革发展的若干意见》,有力地推进了保险业的发展。对我国保险业起步晚、基础薄弱等与市场经济发展不相适应的地方进行调整和指导。"国十条"鼓励自主创新,提升服务水平,大力发展互联网保险。在此之后,广东的保险体系逐步完善,从业人员和保险机构的数量迅速增加,业务规模也不断扩大。随着广东省互联网科技和电子商务平台的高速发展,越来越多的保险机构谋求转型以顺应时代潮流,使广东的互联网保险企业数量迅速增加。同时,越来越多的资本进入互联网保险领域,这在一定程度上冲击了传统保险行业。"十一五"期间,国家大力支持互联网金融的发展,随着广东经济高速发展,广东省的保险事业得到进一步发展,而广州互联网保险也在广东经济和互联网金融发展的双刺激下得以快速发展。

2015年后,互联网保险进入了快速发展期。《2015互联网金融消费白皮书》显示,2015年前三季度我国互联网保险原保费总收入超过1700亿元,而广东省占比达到43%,列全国首位,可见广东互联网保险发展走在全国的前列。而且，互联网保险越来越受到广东地区人民的重视，互联网保险在广东的发展也是一片欣欣向荣。随着广州互联网保险正进入加速发展时期，互联网保险产品和模式将不断创新，迸发出新活力，同时，随着国家和政府的政策支持，广东与其他地区越来越多的资本也将注入互联网保险领域，互联网保险市场暗流涌动。

快速发展的互联网保险也暴露了很多问题，如为吸引客户而虚假宣传、非法集资等。广州市人民政府为促进广州互联网保险的良好发展，规范互联网保险市场秩序，采取了一系列整顿措施。2015年7月保监会发布《互联网保险业务监管暂行办法》，广州市政府积极响应国家号召，严把互联网保险机构准入标准，要求广州互联网企业明确经营范围，加强信息披露力度，不做虚假宣传，并加大对违法乱纪的互联网企业的惩处力度。2016年4月，广东保监局出台《2016年广东财产保险监管工作要点》，突出财产保险的监管工作重点，对广东互联网保险企业经营保险业务起到积极指导作用。2016年6月，广东省政府加紧了对互联网保险专项整顿工作，互联网保险整治通过提高行业机构的准入门槛、加强对保险资金运用的监督、完善举报奖惩制度等方式来规范互联网保险行业的发展。广东互联网保险发展历程见图1。

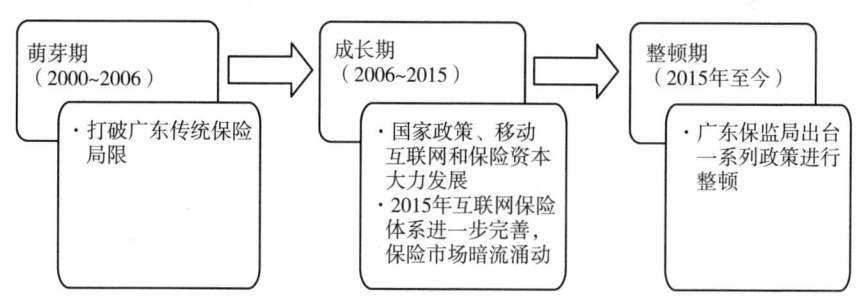

图1　广东互联网保险发展历程

2016年，广东省深入贯彻保险业"新国十条"和"省九条"，取得了良好的效果，保险行业（含深圳）全年原保费收入达到3820.5亿元，增长约35.7%，全年保费收入占全国保费收入超过12.3%（见图2）。

广东省保险行业有良好的发展基础，不论保险密度还是保险深度都长期

图2　全国及广东省（含深圳）保费收入规模

资料来源：中国保险监督管理委员会、中国保监会广东监管局、中国保监会深圳监管局。

高于全国平均水平。其中2016年广东省（含深圳）保险密度约为3537.5元/人，比全国保险密度高出1298.4元/人；2016年广东省（含深圳）保险深度为4.8%，比全国保险深度高出0.6个百分点（见图3）。分城市来看，广州市、深圳市、东莞市、佛山市是广东省全省内保费收入规模较高的城市。

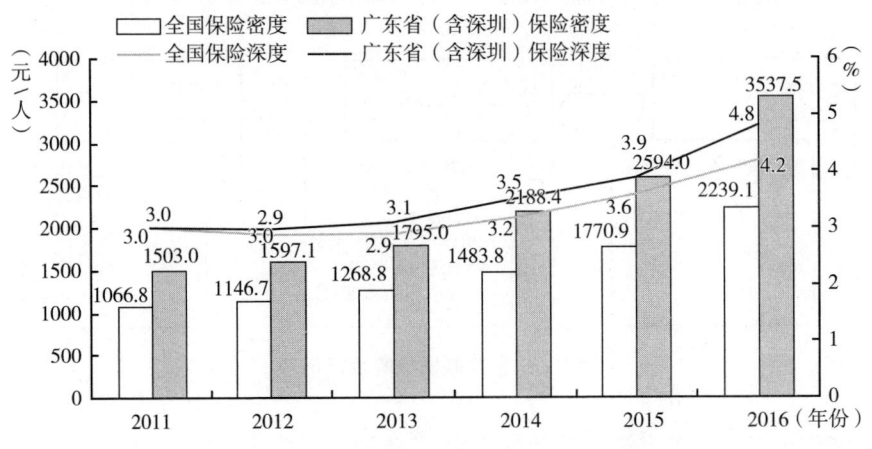

图3　全国及广东省（含深圳）保险覆盖情况

注：广东省2016年保险密度、保险深度经计算得到，保险密度＝保费收入/地区常住人口，保险深度＝保费收入/地区GDP。

资料来源：中国保险监督管理委员会、中国保监会广东监管局、中国保监会深圳监管局。

根据北京大学互联网金融研究中心发布的互联网保险发展指数来看,广东省(含深圳)的互联网保险发展水平优于全国平均水平(见图4)。保险行业总保费收入最高的广州市互联网保险保费收入自2012年呈现快速增长趋势,2016年达到49.3亿元,比2015年增长约29.6%。尽管互联网保险保费收入持续增长,互联网渗透率增长的幅度却不大,仅在2015年达到最高的比重5.4%,2016年又降至与2012年水平接近(见图5)。

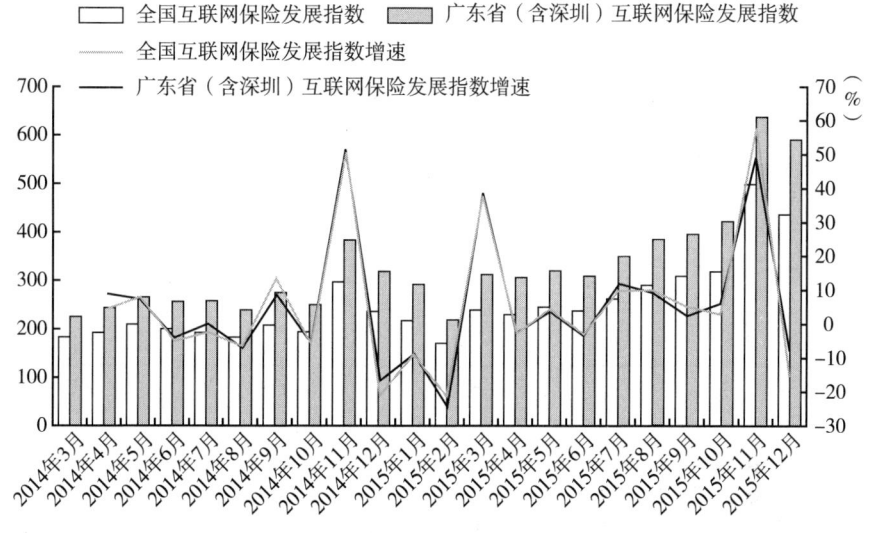

图4　互联网保险发展指数(全国和广东省)

资料来源:北京大学互联网金融研究中心。

保险行业协会信息披露平台显示,[①] 截至2017年7月,全国经营互联网保险的131家保险机构中,注册在广东省(含深圳市)的保险公司有17家(见表1),占比约为13%(见图6)。其中,注册资本比较高的有中国平安人寿保险股份有限公司、富德生命人寿保险股份有限公司和中国平安财产保险股份有限公司。

---

① http://icid.iachina.cn/ICID/,目前已披露的人身险公司和财险公司总计131家,除易安财险未在保险行业协会信息披露平台披露信息外,其他130家均在保险行业协会信息披露平台发布了信息。

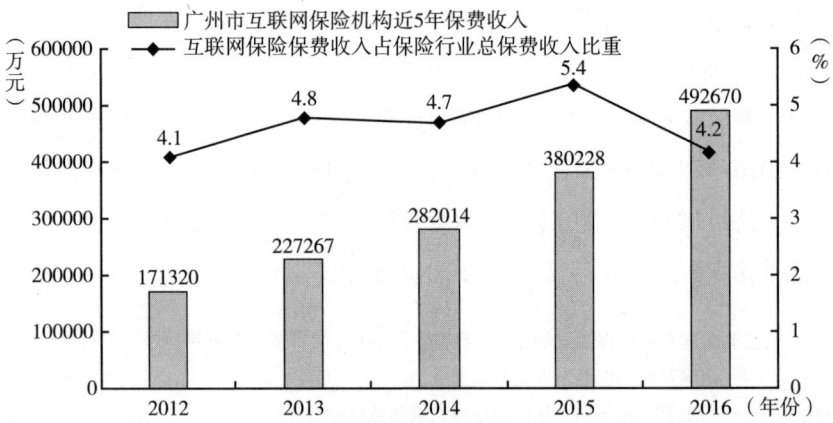

图 5　广州市互联网保险机构近 5 年保费收入及占比情况

资料来源：广州互联网金融协会、广东金融学院互联网金融研究中心，《2016 广州互联网金融发展报告》。

表 1　广东省（含深圳）开展互联网保险业务的保险公司

单位：亿元

保险公司名称	注册地	注册资本	成立日期
人身险公司			
中国平安人寿保险股份有限公司	广东省深圳市	182.80	1988 年 3 月 21 日
富德生命人寿保险股份有限公司	广东省深圳市	117.52	2002 年 3 月 4 日
招商信诺人寿保险有限公司	广东省深圳市	28.00	2003 年 8 月 4 日
前海人寿保险股份有限公司	广东省深圳市	85.00	2012 年 2 月 8 日
珠江人寿保险股份有限公司	广东省广州市	67.00	2012 年 9 月 26 日
横琴人寿保险有限公司	广东省珠海市	20.00	2016 年 12 月 28 日
复星联合健康保险股份有限公司	广东省广州市	5.00	2017 年 1 月 23 日
财产险公司			
中国平安财产保险股份有限公司	广东省深圳市	210.00	2002 年 12 月 24 日
华安财产保险股份有限公司	广东省深圳市	21.00	1996 年 12 月 3 日
太平财产保险有限公司	广东省深圳市	50.70	1982 年 2 月 13 日
亚太财产保险有限公司	广东省深圳市	40.01	2005 年 1 月 10 日
鼎和财产保险股份有限公司	广东省深圳市	30.18	2008 年 5 月 22 日
众诚汽车保险股份有限公司	广东省广州市	15.00	2011 年 6 月 8 日
富德财产保险股份有限公司	广东省深圳市	35.00	2012 年 5 月 7 日
久隆财产保险有限公司	广东省珠海市	10.00	2016 年 3 月 17 日
众惠财产相互保险社	广东省深圳市	10.00	2017 年 2 月 14 日
易安财产保险股份有限公司	广东省深圳市	10.00	2016 年 2 月 6 日

资料来源：整理自中国保险行业协会。

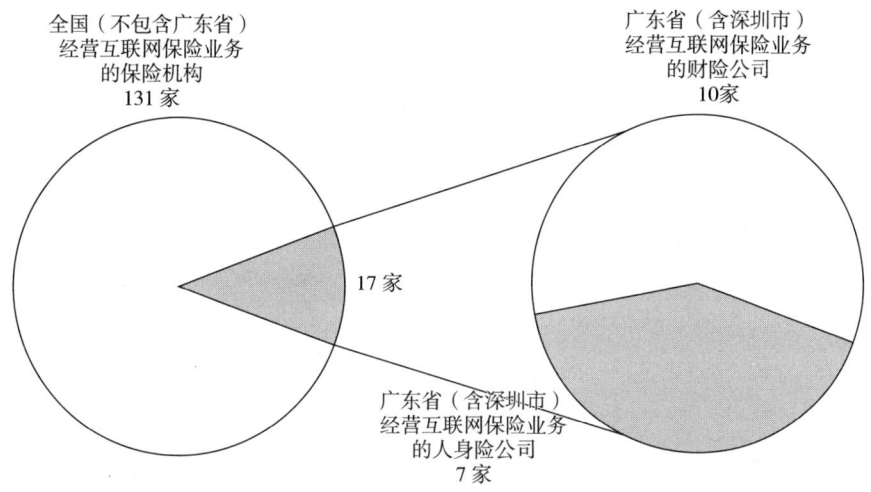

图 6　全国及广东省（含深圳）经营互联网保险业务机构数

资料来源：中国保险行业协会。

广东省对于互联网保险的发展营造了相对宽松的政策环境，不仅在全省层面发布"省九条"大力推进全省保险行业的信息化、技术化，鼓励保险机构应用云计算、大数据、移动互联网等新技术。深圳市、广州市也在全市层面发布相应政策促进互联网保险行业的发展。值得注意的是，为落实全国互联网金融行业风险整治，广东省金融办联合17个部门于2016年10月发布了《广东省互联网保险风险专项整治工作实施方案》，目前广东省互联网保险行业步入行业整顿阶段（见表2）。

表2　广东省（含深圳市）互联网保险行业政策法规

发布部门	发布时间	监管法规	相关内容
深圳市人民政府	2006年8月	《关于加快保险业改革发展建设全国保险创新发展试验区的若干意见》（深府〔2006〕154号）	鼓励保险企业开展服务、营销模式创新，提高服务水平。利用现代技术发展成果，提高保险产品技术含量，发展网上保险等新的保险服务和营销方式；提高保险精算水平，增强产品定价、开发能力；加强保险营销员培训，全面提升保险营销服务水平

续表

发布部门	发布时间	监管法规	相关内容
广东省人民政府	2014年12月	《广东省人民政府关于加快发展现代保险服务业的实施意见》（粤府〔2014〕75号）	推进保险业改革创新。强化云计算、大数据、移动互联网等新技术的应用，开展销售渠道和服务模式创新
广州市人民政府办公厅	2015年3月	《关于贯彻落实国务院加快发展现代保险服务业若干意见的实施方案》（穗府办〔2015〕10号）	鼓励保险机构创新产品服务。支持保险公司积极运用网络、云计算、大数据、移动互联网等新技术促进保险业销售渠道和服务模式创新
广东省金融办等17个部门	2016年10月	《广东省互联网保险风险专项整治工作实施方案》	规范广东省互联网保险经营，优化市场发展环境，实现业务创新与风险防范并重，促进互联网保险健康可持续发展，切实发挥互联网保险在促进普惠金融发展、服务广东经济社会方面的独特优势

三 广东互联网保险发展趋势

随着广东经济的发展，人民生活水平提高，可支配收入增多，保险意识进一步提升，对保险的需求也将进一步扩大。中国产业信息网发布的《2016年中国互联网网民规模与网民结构情况分析》显示，40岁以上的互联网用户比例较2015年有所增加，这意味着广东互联网保险消费的潜在客户群比例有所提高。另外，随着互联网科技和电子商务平台的发展，互联网保险的发展将更有技术保障，客户的隐私将能得到更好的保护。未来，广东互联网保险的市场将继续扩大，而互联网保险保单的渗透率将不断提高。

与传统保险不同，互联网保险更具个性化和多样化。比如个性化出行旅游险就是针对高风险的户外运动、客户的高档物品和客户其他特殊要求而设计的一种人性化旅游保险。今后，广东互联网保险将更加注重产品创新力度，避免产品之间严重的同质化问题，互联网保险要更加注重客户日渐多样化的需求，以客户为中心，为客户制定更具针对性的产品。

随着互联网科技的发展，人们的生活习惯已经明显发生改变，时间变得更加碎片化，互联网保险也将紧随着这种趋势，提供更加碎片化的产品，以满足客户的需求。而场景化保险也是未来发展的趋势，广东每年流动人口基数大，各种各样新的场景接踵而来，场景化互联网保险的发展将越来越受到消费者的青睐。现阶段，在广东设有运营地的大型保险公司，很少有专属于广东省的保险销售网站，大多数销售网站都是全国统一，针对广东互联网保险的发展具体情况，各保险公司有必要开拓更多具有针对性的互联网保险销售网站，提高网络销售的服务水平。另外，针对广东保险资金运用出现的信用风险、流动性风险以及资金安全风险等问题，互联网保险公司要重新升级自己的信息评估系统，运用更加先进的数据分析系统评估市场和项目的风险指数，以谋求有利于保险公司发展的环境。

广东互联网支付发展现状与态势

李 根　黄志海*

摘　要： 互联网技术的飞速发展给我们的日常生活带来了极大的便利，结合了互联网技术的支付方式更是为人们免去了诸如转账、提现、刷卡等麻烦，成为当前最重要的支付方式。广东作为全国互联网支付的重要地区，在发展中也呈现相同的趋势。目前，全国248家已获许可的非银支付机构中，注册地在广东省的非银支付机构共有30家。广东省多数商家都已全面支持各支付服务提供商的条码支付应用，条码支付成为最常使用的方式，移动支付软件也成为互联网支付用户最常使用的工具。

关键词： 第三方支付　互联网支付　非银支付机构

一　前言

互联网技术的飞速发展给我们的日常生活带来了极大的便利，结合了互联网技术的支付方式更是为人们免去了诸如转账、提现、刷卡等麻烦，成为当前最重要的支付方式之一。区别于传统支付，互联网支付是电子交易当事人运用电子支付方式和互联网实现的货币支付和资金流转方式。目前，互联网支付主要由网银、第三方支付和移动支付三大部分组成。银行

---

* 李根，中国社会科学院投融资研究中心研究员；黄志海，广州互联网金融协会秘书长。

推出了网银，民营企业根据互联网时代的发展趋势推出了第三方支付平台，互联网支付终端也从电脑扩展到移动和电视等多种形式的支付终端。具体按支付方式分类，互联网支付可以分为：网络银行直接支付、第三方辅助支付（CHINAPAY、超级网银）和第三方支付平台（支付宝、财付通、汇付天下）。按支付工具分类，又可分为电子信用卡网络支付、智能卡支付、数字支付和虚拟货币支付，还有网银支付、电子支票网络支付等。如果按支付终端分类，可分为移动支付、互联网电视支付和电脑支付。

二 广东互联网支付行业现状

截至 2017 年 7 月，全国 248 家已获许可的非银支付机构中，注册地在广东省的非银支付机构共有 30 家（见表 1）。其中，注册地在深圳市有 18 家，注册地在广州市有 9 家，注册地在珠海市有 2 家，注册地在佛山市有 1 家。从业务类型来看，互联网支付共有 18 家，移动电话支付共有 11 家（见图 1 和图 2）。

表 1　广东省非银支付机构发展情况（2017 年 7 月）

机构名称	发证日期	业务覆盖范围	注册地	业务类型
财付通支付科技有限公司	2016 年 5 月 3 日	全国	深圳市	互联网支付、移动电话支付、银行卡收单
深圳市快付通金融网络科技服务有限公司	2016 年 5 月 3 日	全国、广东省	深圳市	互联网支付（全国）、预付卡发行与受理（广东省）
广州银联网络支付有限公司	2017 年 5 月 15 日	全国、广东省	广州市	互联网支付（全国）、预付卡受理（全国）、银行卡收单（广东省）
银盛支付服务股份有限公司	2016 年 5 月 3 日	全国	深圳市	互联网支付、移动电话支付、银行卡收单
平安付科技服务有限公司	2016 年 5 月 3 日	全国	深圳市	互联网支付、移动电话支付、预付卡发行与受理

续表

机构名称	发证日期	业务覆盖范围	注册地	业务类型
证联支付有限责任公司	2017年5月15日	全国	珠海市	互联网支付
广东银结通电子支付结算有限公司	2016年12月22日	广东省	广州市	银行卡收单
易联支付有限公司	2016年12月22日	全国、广东省	佛山市	互联网支付(全国)、移动电话支付(全国)、预付卡发行与受理(广东)
深圳市腾付通电子支付科技有限公司	2016年12月22日	全国	深圳市	互联网支付、移动电话支付、银行卡收单
易票联支付有限公司	2016年12月22日	全国、广东省	广州市	互联网支付(全国)、银行卡收单(广东省)
深圳市深银联易办事金融服务有限公司	2016年12月22日	广东省	深圳市	银行卡收单
深圳市银联金融网络有限公司	2016年12月22日	广东省	深圳市	银行卡收单
深圳市美的支付科技有限公司	2017年6月27日	全国	深圳市	互联网支付、移动电话支付
嘉联支付有限公司	2017年6月27日	全国	深圳市	银行卡收单
智付电子支付有限公司	2017年6月27日	全国	深圳市	互联网支付
汇通宝支付有限责任公司	2017年6月27日	上海市、广东省、福建省	广州市	预付卡发行与受理
中付支付科技有限公司	2017年6月27日	全国	深圳市	互联网支付、银行卡收单
深圳市商连商用电子技术有限公司	2017年6月27日	广东省	深圳市	预付卡发行与受理
广东汇卡商务服务有限公司	2013年1月6日	广东省	广州市	银行卡收单
广东信汇电子商务有限公司	2013年7月6日	广东省	珠海市	银行卡收单
捷易付科技有限公司	2017年6月23日	广东省、北京市、上海市	深圳市	预付卡发行与受理
深圳瑞银信信息技术有限公司	2016年8月5日	全国	深圳市	移动电话支付、银行卡收单

续表

机构名称	发证日期	业务覆盖范围	注册地	业务类型
天下支付科技有限公司	2017年3月10日	全国	深圳市	互联网支付、移动电话支付、固定电话支付
广州商物通网络科技有限公司	2014年7月10日	全国	广州市	互联网支付
广州市汇聚支付电子科技有限公司	2014年7月10日	全国	广州市	互联网支付
广州合利宝支付科技有限公司	2014年7月10日	全国	广州市	互联网支付、移动电话支付、银行卡收单
乐刷科技有限公司	2015年4月30日	全国	深圳市	移动电话支付、银行卡收单
深圳市讯联智付网络有限公司	2016年12月16日	全国	深圳市	互联网支付、移动电话支付、数字电视支付
广东盛迪嘉电子商务股份有限公司	2014年7月10日	北京市、上海市、广东省、海南省、广西壮族自治区	深圳市	互联网支付、银行卡收单（北京市、上海市、广东省、海南省、广西壮族自治区）
广东广物电子商务有限公司	2015年3月26日	广东省	广州市	预付卡发行与受理

资料来源：整理自中国人民银行行政审批公示。

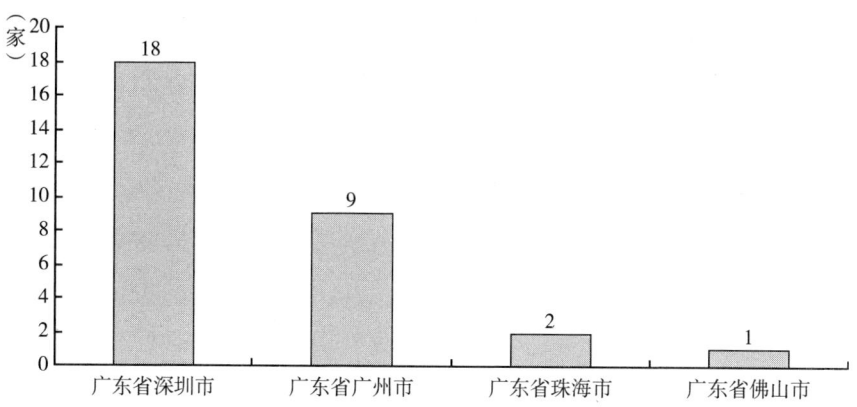

图1 广东省非银支付机构注册地分布

资料来源：整理自中国人民银行行政审批公示。

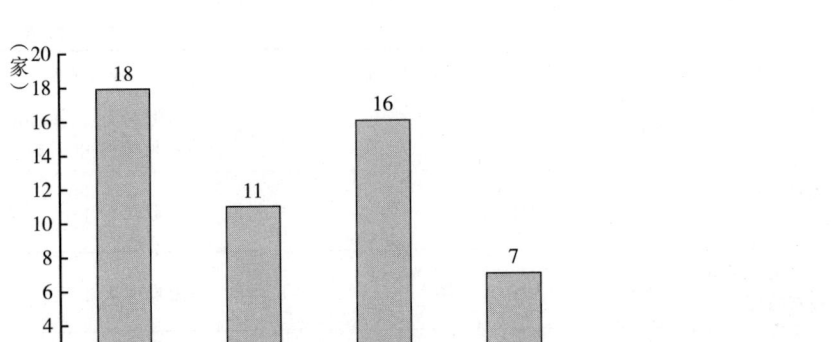

图2 广东省非银支付机构业务类型分布

资料来源：整理自中国人民银行行政审批公示。

注：由于存在同一非银支付机构获许可经营多类业务的情况，故各分项总和大于非银支付机构总数。

支付宝公布的2015年全民账单数据显示，[①] 2015年广东总支付金额居于全国首位，总支付金额占全国总支付金额的比重达到16.43%，同时广东省人均支付金额为51760元。广东省内，2015年人均支付金额排名前五的城市依次为广州市、深圳市、汕头市、珠海市和中山市，分别为67000元、62874元、47884元、47115元和45611元。2016年支付宝全民账单数据，广东省用户总支付金额依然居全国首位（见表2），人均支付金额增长至96739.6元，其中，广州市的总支付金额排名全国第三、全省首位。广东省内，2016年人均支付金额排名前五的城市依次为汕头市、广州市、深圳市、揭阳市和潮州市，分别为125795.6元、122390.6元、115805.2元、106633元和104818.5元。另外，根据支付宝2014年发布的十年全民账单数据，广东省2004年至2014年十年间总支付金额仍然是全国第一，占全国总支付金额的比重达到15.5%（见图3）。

---

① 支付宝全民账单数据整理自新闻。

表2 支付宝广东省用户总支付金额排名及人均支付金额（2016年）

单位：元

城市	2016年总支付金额全国排名	2016年总支付金额全省排名	2016年人均支付金额	2016年人均购物支付金额
广东省汇总	1		96739.6	8590.9
广州市	3	1	122390.6	9972.3
深圳市	4	2	115805.2	11046.7
东莞市	13	3	74523.4	6342.7
佛山市	19	4	86131.3	7788.7
汕头市	30	5	125795.6	8372.4
惠州市	39	6	79069.1	6731.9
中山市	41	7	79175.1	6731.9
揭阳市	47	8	106633	8049.5
珠海市	53	9	83863.5	9734.4
江门市	65	10	61846.2	7022.1
湛江市	76	11	61500.1	5741.5
潮州市	77	12	104818.5	7393.8
肇庆市	112	13	58251.7	6138.5
梅州市	118	14	63893.9	6662.9
茂名市	121	15	49209.9	5235.5
清远市	124	16	58279.9	6241
汕尾市	131	17	74991.1	6629.2
河源市	144	18	72369.5	6886.1
韶关市	157	19	55869.9	6839.7
阳江市	165	20	57963.3	6205.1
云浮市	205	21	49936.9	5883

资料来源：支付宝2016年全民账单数据。

注：支付金额包括支付和转账金额，不包含个人同卡转入金额。

关于广东互联网支付，微信支付是典型代表。目前，微信、支付宝和银联占据中国支付市场绝大部分份额（见图4）。微信支付是由腾讯公司开发的网络支付功能，该功能嵌入在腾讯公司旗下的智能手机即时通信应用微信中，并于2013年8月5日正式上线。尽管微信支付诞生在近些年，但是腾讯公司早于2005年就涉足第三方支付业务，成立了深圳市财付通科技有限公司，并经中国人民银行审批获得支付业务许可证。腾讯推出的财付通在线支付平台专门提供网络支付服务，并为后来由腾讯推出的支付服务微信支付和QQ钱包提供后台支付清算支持。

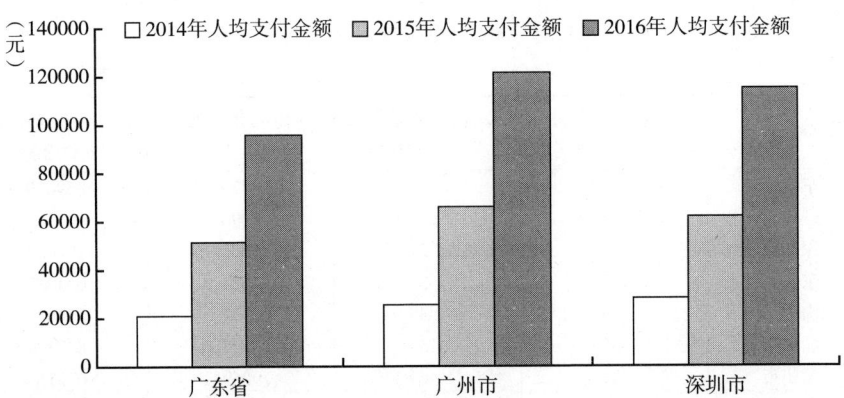

图3　2014～2016年支付宝广东省、广州市、深圳市人均支付金额

注：支付金额包括支付和转账金额，不包含个人同卡转入金额。

资料来源：支付宝全民账单数据。

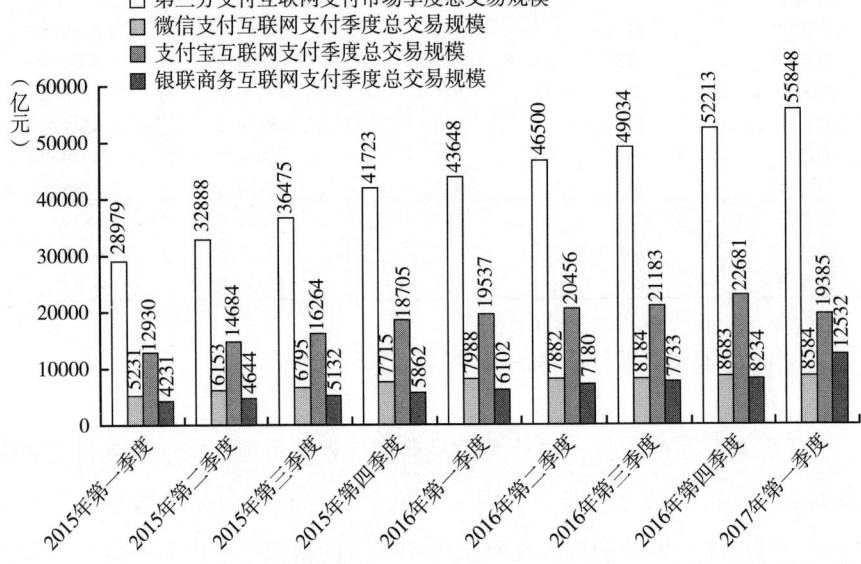

图4　2015年第一季度至2017年第一季度互联网支付业务市场份额

注：支付金额包括支付和转账金额，不包含个人同卡转入金额。

资料来源：支付宝2016年全民账单数据。

微信支付推出后主要有四种支付方式，分别是公众号支付、微信好友转账、二维码支付和应用内支付。公众号支付主要服务于微信推出的公众号内容付费打赏和微信的购物商城等功能和业务；二维码支付则主要服务于线下的个人（往往是非微信好友）之间转账、线下购物等场合；微信好友转账是在微信中直接向好友进行资金划转，其后来发展出的发红包功能成为微信的重要核心业务之一；应用内支付是微信提供API接口供网站或手机应用开发者嵌入其平台，从而在用户支付时直接调用微信支付服务来完成支付的过程。

腾讯控股2016年年报显示，截至2016年12月，腾讯公司移动支付业务的月活跃账户数超过6亿个，同时日均支付交易笔数也超过6亿笔。2016年腾讯公司的支付相关服务带来的收入增长促使公司收入项下其他业务收入实现同比增长289%，至2016年第四季度的63.85亿元人民币。目前，含微信支付在内的腾讯移动支付月活跃用户超过6亿人，线下接入门店超过100万家。[1]

三 广东互联网支付发展趋势

2015年4月第八批第三方支付牌照发放以来，央行没有发放新的支付牌照。在坚持"总量控制、结构优化、提高质量、有序发展"的原则下，中国人民银行预计也不再批设新机构。同时，对于长期未实质开展支付业务的支付机构，将依法采取取消相关业务种类、注销"支付业务许可证"等监管措施。

2015年12月，《非银行支付机构网络支付业务管理办法》中对支付账户余额付款规定了限额，对账户实名制提出强制性措施。2016年4月，《互联网金融风险专项整治工作实施方案》中强调非银行支付机构不得连接多家银行系统，变相开展跨行清算业务。2017年1月，《中国人民银行办公厅关于实施支付机构客户备付金集中存管有关事项的通知》中规定支付机构

---

[1] 数据引用自《微信经济社会影响力研究》，该报告由中国信息通信研究院产业与规划研究所发布。

应将客户备付金按照一定比例交存至指定机构专用存款账户,且该资金暂不计付利息。由此可见,支付牌照的审批与监管逐步收紧后,从2016年开始,"监管"将成为第三方支付行业的关键词。

根据艾瑞咨询统计数据,2016年中国第三方移动支付交易规模预计达到38.5万亿元,2015年交易规模仅为12.2万亿元,2016年同比增长215.4%,同比增速较2015年的103.5%有大幅提升。并且,2016年全国移动支付的用户规模预计将占到互联网支付用户规模的47.31%,移动支付成为互联网支付的重中之重。广东作为全国互联网支付的重要地区,在发展中也呈现相同的趋势。

一方面,移动支付应用如支付宝、微信支付、银联钱包等经过多年的发展,应用更为稳定成熟,功能日趋完善,用户担心的安全性问题已经得到了较好的解决。在多家厂商的通力合作下,移动支付厂商构建了广阔的应用场景,渗透到衣食住行的方方面面,用户对移动支付的习惯性也越来越强。移动支付应用在用户中的高使用率,为互联网支付导入了强大的用户流量,传统的线下商家也纷纷借力移动支付的发展,在技术标准、使用体验、应用场景上狠下功夫、激烈竞争,呈现移动支付的飞速发展态势。另一方面,移动支付技术和形式不断创新,使用场景不断丰富,时间、地点、条件等约束越来越少,用户学习成本很低,更易被广大用户所接受。条码支付凭借其操作简单便捷、搭建和使用成本低廉等特点,在衣食住行各领域迅速普及,大街小巷随处可见。目前,广东省多数商家都已全面支持各支付服务提供商的条码支付应用,条码支付成为最常使用的方式,移动支付软件也成为互联网支付用户最常使用的工具。

广东互联网众筹行业现状与发展态势

李 根 黄志海*

摘 要： 众筹行业在快速发展的同时，也存在乱象频发问题。随着众筹市场不断升温，政府为进一步促进众筹行业健康发展，加大其服务实体经济的能力，必然要引导其向规范化方向发展，提升行业的整体稳健度。近年来，广州地区众筹行业发展迅猛，平台数量快速增长，但平台品牌度不高，难以形成核心的竞争力。广州地区应着力发展具有广泛影响力的众筹平台，整合更多优质资源，打造良好的生态圈。

关键词： 股权众筹 债权众筹 公益众筹 行业规范 金融监管

一 前言

在国家政策的指导和"大众创业、万众创新"社会浪潮的推动下，广东大力开展众筹业务，加大对众筹的政策扶持力度，同时，严格规范众筹行业秩序。2015年7月，广东省金融办制定了《广东省开展互联网股权众筹融资试点工作方案》，率先开展众筹融资试点工作，推动众筹行业发展。该方案提出了包括科技众筹模式、纯互联网运营模式、一站式创业综合服务模式等9种众筹创新模式。2016年7月，广东省人民政府发布《关于进一步支持异地务工人员等人员返乡创业的通知》，提出利用具有农村传统特色的

---

* 李根，中国社会科学院投融资研究中心研究员；黄志海，广东互联网金融协会秘书长。

地区开展股权众筹融资试点，鼓励返乡创业，提高互联网金融在"三农"发展的服务功能，发展农村普惠金融。至此，广州市众筹从城市逐渐普及到农村。2016年10月，由中央牵头，全国各地开始针对众筹乱象进行整顿规范。广东针对众筹行业，提出对股权众筹平台存在的发布虚假信息、变相乱集资、误导性宣传等行为进行整治，应区别对待、分类处理众筹行业中违法违规行为。

二 互联网众筹平台发展态势

截至2017年第一季度末，广东省互联网众筹平台累计上线数量达到106家，占全国数量超过1/4。其中，互联网商品众筹平台累计上线数量达到34家，互联网股权众筹平台累计上线数量达到69家，分别占互联网众筹平台整体比重的32.1%和65.1%。与全国行业增长趋缓一致，2016年广东省互联网众筹平台新增数量降至7家，平台累计上线数量同比增长仅为7.1%。新增平台全部为股权众筹类平台，商品众筹平台没有新平台成立。至于公益众筹平台，自2014年始便一直维持为3家（见图1）。

截至2017年第一季度末，广东省互联网众筹平台累计正常运营数量仅45家，占全国数量接近1/4。目前，广东省累计上线106家平台中仅余不足半数仍维持正常运营。其中，广东省互联网商品众筹平台正常运营数量为6家，广东省互联网股权众筹平台正常运营数量为37家，分别占正常运营平台13.3%和82.2%。2016年广东省互联网众筹平台正常运营数量减少了27家，同比下降34.2%。其中，商品众筹平台正常运营数量减少9家，同比下降52.9%；股权众筹平台正常运营数量减少15家，同比下降25.4%。广东省互联网公益众筹平台数量在2016年出现1家平台退出，截至2017年第一季度末正常运营的平台数量为2家（见图2）。

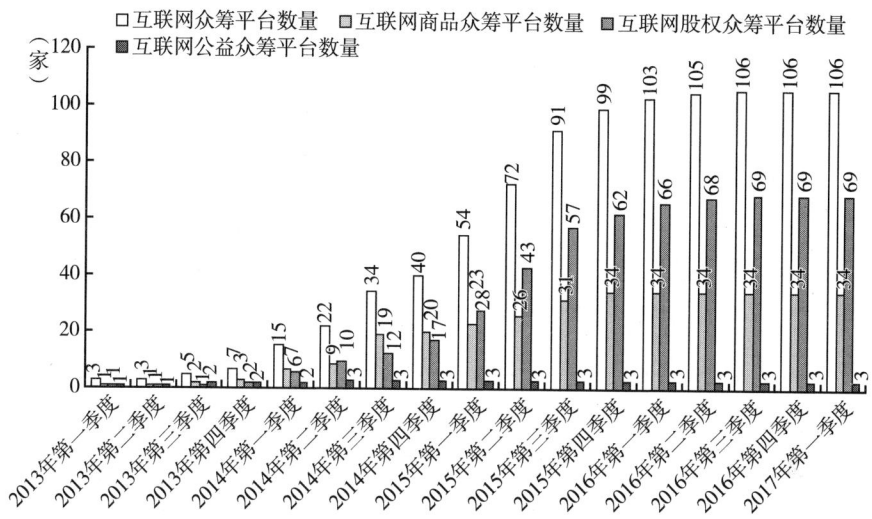

图1 广东省互联网众筹平台累计上线数量

注：统计口径为注册地在广东省内（含深圳）的互联网众筹平台；累计上线数量包含目前网站关闭、停业及转型的众筹平台；数据仅统计普遍意义上的众筹类型，包括互联网商品众筹、互联网股权众筹和互联网公益众筹，不包括新兴众筹类型，如汽车众筹、收益权众筹等。

资料来源：零壹数据。

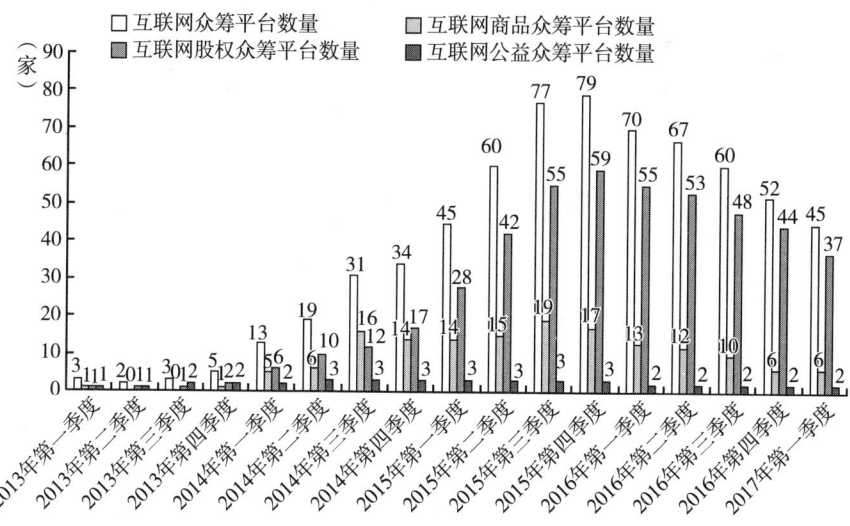

图2 广东省互联网众筹平台累计正常运营数量

注：统计口径为注册地在广东省内（含深圳）的互联网众筹平台；累计正常运营数量为截至各统计时点仍正常运营的互联网众筹平台总数。

资料来源：零壹数据。

三 互联网众筹项目发展态势

截至2017年第一季度末,广东省互联网众筹平台众筹项目(不含公益众筹)总数量累计达到了688个,其中,互联网商品众筹平台众筹项目的总数量累计为143个,互联网股权众筹平台众筹项目总数量累计为545个,占比分别为20.8%和79.2%。2016年全年,广东省互联网众筹平台众筹项目(不含公益众筹)数量新增323个,其中互联网商品众筹平台众筹项目新增66个,互联网股权众筹平台众筹项目新增257个,占比分别为20.4%和79.6%。尽管2016年广东省互联网众筹平台众筹项目(不含公益众筹)总量仍然保持增长的趋势,同比增长27.7%,互联网众筹平台众筹项目新增数量却出现下降的趋势,全年各季度环比新增众筹项目数量均出现不同程度的减少,尤其是互联网股权众筹平台中众筹项目的新增数量下降最为明显。互联网公益众筹项目数量一直保持较高的水平,2017年第一季度共有2200个项目成功获得融资(见图3)。

截至2017年第一季度末,广东省互联网众筹平台众筹项目(不含公益众筹)总金额累计达到32.2亿元。其中,互联网商品众筹平台众筹项目总金额为502.3万元,互联网股权众筹平台众筹项目总金额为32.1亿元,互联网股权众筹平台众筹项目总金额占整体行业比重超过99%。2016年全年广东省互联网众筹平台众筹项目(不含公益众筹)总金额达到14.3亿元,其中互联网商品众筹平台众筹项目总金额为191.4万元,互联网股权众筹平台众筹项目总金额为14.2亿元。尽管2016年广东省互联网众筹平台众筹项目(不含公益众筹)总金额仍然保持与2015年接近的水平,互联网商品众筹平台众筹项目总金额有小幅增长,互联网股权众筹平台众筹项目总金额出现小幅减少,互联网众筹平台新增众筹项目金额却出现下降的趋势,全年各季度环比新增众筹项目金额均出现不同程度的减少,尤其是互联网股权众筹平台的新增众筹项目金额下降最为明显。至于互联网公益众筹项目数量一直

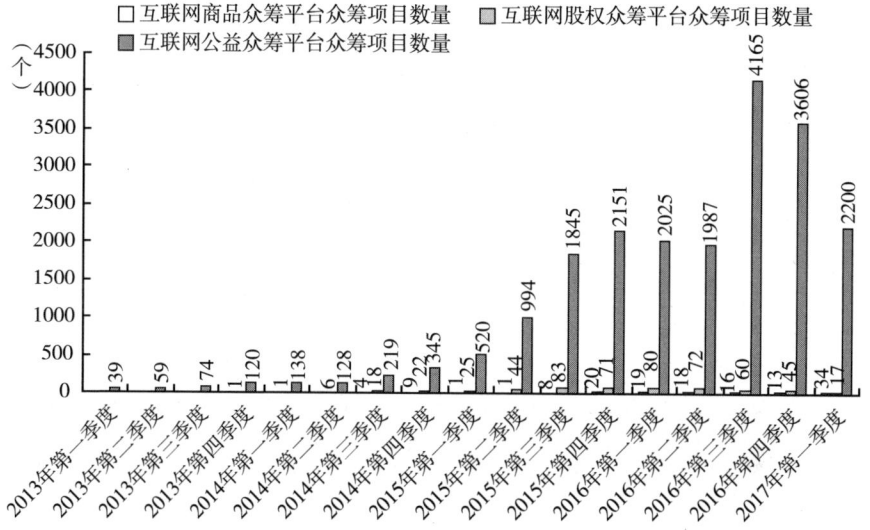

图3 广东省互联网众筹平台众筹项目总数量

注：统计口径为注册地在广东省内（含深圳）的互联网众筹平台；众筹项目总数量为统计区间内（各季度）成功融资众筹项目总数，依照众筹项目完成时间或结束时间进行统计；对于部分已经关停的众筹平台，由于无法获取项目数据，暂不纳入统计范围。

资料来源：零壹数据。

保持较高的水平，2017年第一季度成功获得融资的项目共计融得资金1.3亿元（见图4）。

四 互联网众筹投资人气

与行业机构的参与热度消退不同，广东省互联网众筹平台的投资人参与热情似乎仍然维持着不低的水平，但是整体来看真正参与到商业性质的互联网众筹（互联网商品众筹和互联网股权众筹）的投资人群体仍然较为小众。截至2017年第一季度末，广东省互联网众筹平台众筹项目（不含公益众筹）投资人次累计达到4.6万人次，其中互联网商品众筹平台众筹项目投资人次为2.1万人次，互联网股权众筹平台众筹项目投资人次为2.5万人次，分布较为平均，占行业整体的比重分别为45.7%和54.3%。

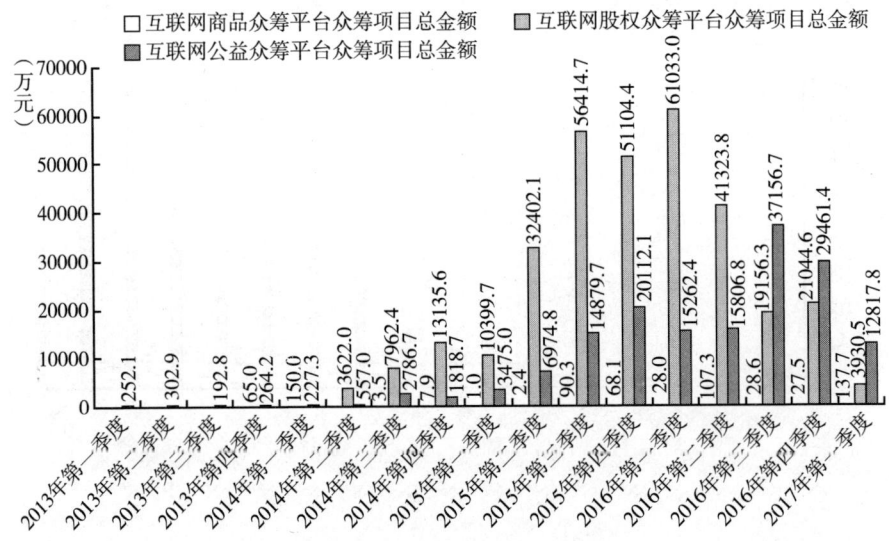

图 4　广东省互联众筹项目总金额

注：统计口径为注册地在广东省内（含深圳）的互联网众筹平台；众筹项目总金额为统计区间内（各季度）成功融资众筹项目所获融资金总金额，依照众筹项目完成时间或结束时间进行统计；对于部分已经关停的众筹平台，由于无法获取项目数据，暂不纳入统计范围。

资料来源：零壹数据。

2016年全年广东省互联网众筹平台众筹项目（不含公益众筹）投资人次达到近2.4万人次，其中互联网商品众筹项目投资人次为1.13万人次，互联网股权众筹项目投资人次为1.24万人次。互联网公益众筹项目与互联网商品众筹和互联网股权众筹不同，由于没有投资门槛，大多数投资人的投资金额通常是100元以下，属于献爱心公益捐献行为，因此投资人次一直保持较高的水平，2017年第一季度共有1938万人次参与互联网公益众筹（见图5）。

五　互联网众筹融资期限、类型及金额分布

2016年广东省互联网商品众筹项目平均融资周期出现增长的趋势，由第一季度的13天增至第四季度的31天。而互联网股权众筹项目平均融资周

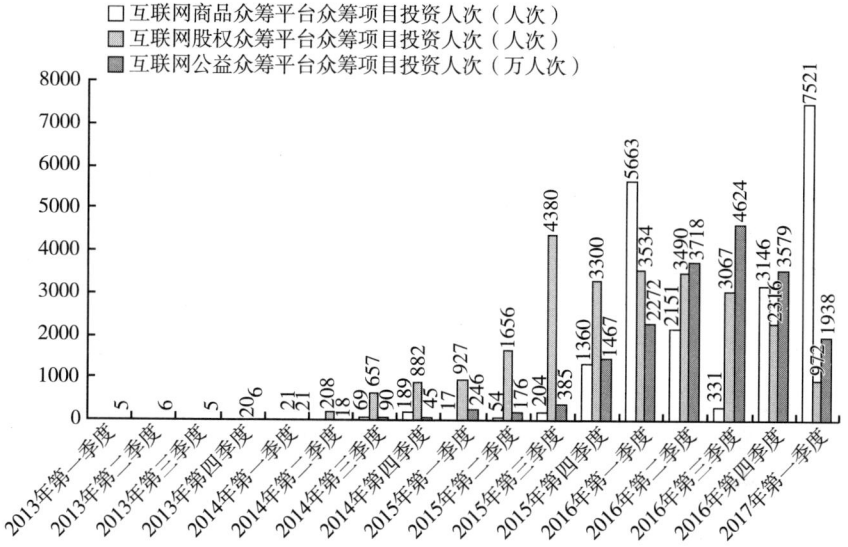

图 5　广东省互联网众筹平台众筹项目投资人次

注：统计口径为注册地在广东省内（含深圳）的互联网众筹平台；众筹项目投资人次为统计区间内（各季度）成功融资众筹项目投资人次总数，依照众筹项目完成时间或结束时间进行统计；对于部分已经关停的众筹平台，由于无法获取项目数据，暂不纳入统计范围。

资料来源：零壹数据。

期则在2016年前三季度保持在40天以内的较低水平。在行业机构经营收缩的情况下，投资人热度消退相对较慢，若投资项目减少而投资人未出现相应程度的减少，股权众筹的融资周期就会缩短。但是，2016年第四季度，投资人热度出现较明显消退，互联网股权众筹平台众筹项目平均融资周期就出现较大幅度的增长，由第三季度的33天增至51天，不过同比上年还是减少了4天。广东省互联网公益众筹平台众筹项目平均融资周期一直在40~100天的区间波动，但自2016年开始公益众筹项目的平均融资周期出现明显的增长，在60~100天的区间内波动，2016年第一季度、2016年第四季度和2017年第一季度都超过了80天，分别达到96天、89天和91天（见图6）。

2016年广东省互联网商品众筹文娱类众筹项目数量最多，占行业整体的比重为21.2%，但是所获融资金额和参与投资人次并未如项目数量一般，

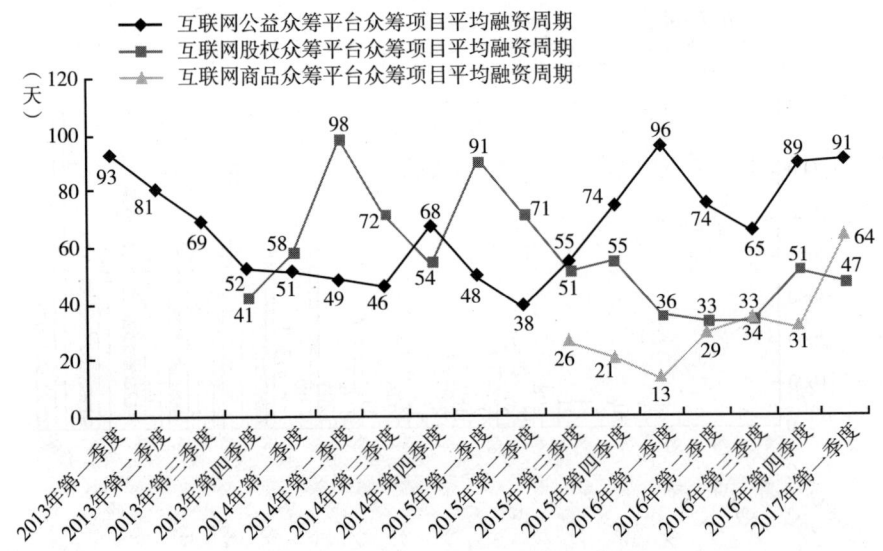

图6　广东省互联网众筹平台众筹项目平均融资周期

注：统计口径为注册地在广东省内（含深圳）的互联网众筹平台；众筹项目平均融资周期为统计区间内（各季度）成功融资众筹项目融资时间的简单算术平均，依照众筹项目完成时间或结束时间进行统计；对于部分已经关停的众筹平台，由于无法获取项目数据，暂不纳入统计范围。

资料来源：零壹数据。

占行业整体的比重分别仅为4.8%和4.0%。餐饮类众筹项目的项目数量、所获融资金额和参与投资人次占行业整体的比重分别为18.2%、20.3%和17.4%。科技类众筹项目的项目数量和参与投资人次占行业整体的比重分别为15.2%和24.6%，但所获融资金额相对小许多，占行业整体的比重仅为5.2%。农业类众筹项目则是项目数量和所获融资金额占行业整体的比重分别为10.6%和9.6%，但参与投资人次相对较少，仅为1.1%（见图7）。

2016年广东省互联网股权众筹项目中餐饮食品、文化娱乐和（移动）互联网技术三类众筹项目在项目数量、所获融资金额和参与投资人次上，占行业整体的比重分别为58.8%、42.0%和65.1%。其中，餐饮食品类众筹项目的项目数量和参与投资人次都为行业整体最高，占行业整体的比重分别为29.6%和37.6%，但所获融资金额相对较小，占行业整体的比重仅为

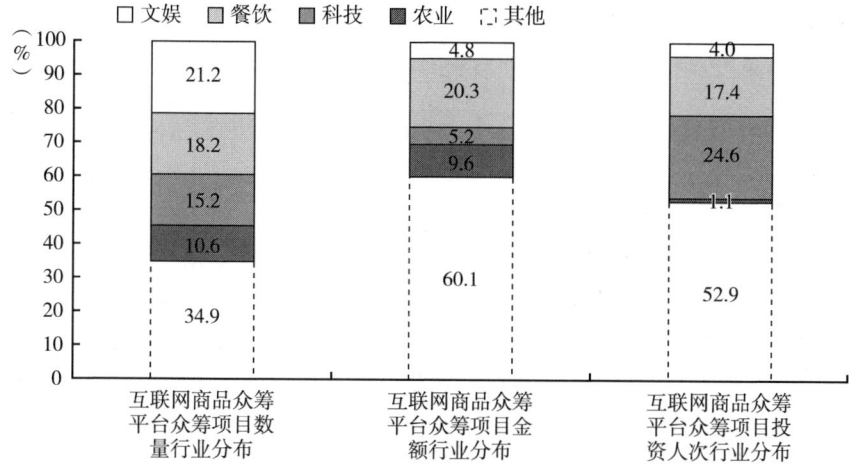

图7 2016年广东省互联网商品众筹平台众筹项目行业分布

注：统计口径为注册地在广东省内（含深圳）的互联网众筹平台；对于部分已经关停的众筹平台，由于无法获取项目数据，暂不纳入统计范围。
资料来源：零壹数据。

8.5%。文化娱乐类众筹项目和（移动）互联网技术类众筹项目的项目数量、所获融资金额和参与投资人次则较为平衡。具体而言，文化娱乐类众筹项目的项目数量、所获融资金额和参与投资人次占行业整体的比重分别为18.3%、16.1%和16.5%，（移动）互联网技术类众筹项目的项目数量、所获融资金额和参与投资人次占行业整体的比重分别为10.9%、17.4%和11.0%（见图8）。

2016年，广东省互联网商品众筹项目所获融资金额主要集中在0~10万元的区间内，占统计整体的95.5%，融资金额在0~10万元区间内的众筹项目所获融资总金额占所有众筹项目所获融资总金额的比重为41.8%，这类众筹项目的参与人次较多，占统计整体的比重为71.4%。融资金额在10万~20万元区间内的众筹项目数量较少，但是所获融资金额和参与投资人次相对来说不低，占统计整体的比重分别为12.3%和16.5%。融资金额在80万~90万元区间内的项目数量最少，参与投资人次也不算多，但所获融资金额相对较高，占统计整体的比重达到了45.8%（见图9）。

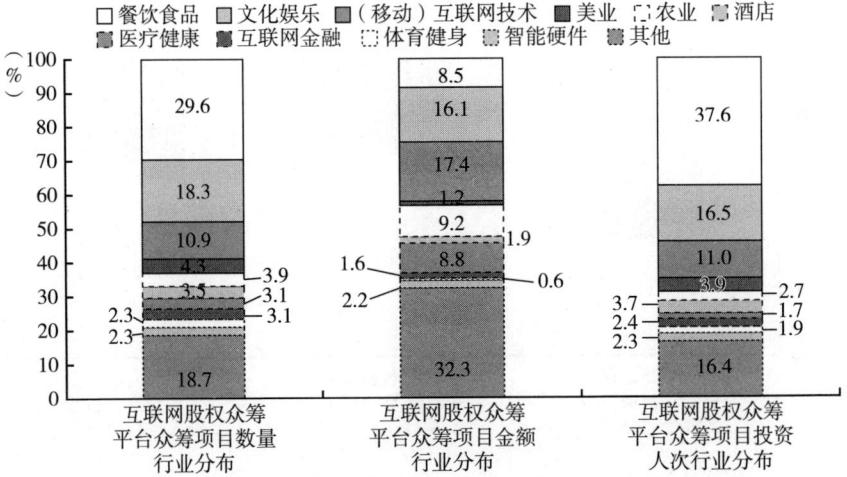

图8　2016年广东省互联网股权众筹平台众筹项目行业分布

注：统计口径为注册地在广东省内（含深圳）的互联网众筹平台；对于部分已经关停的众筹平台，由于无法获取项目数据，暂不纳入统计范围。

资料来源：零壹数据。

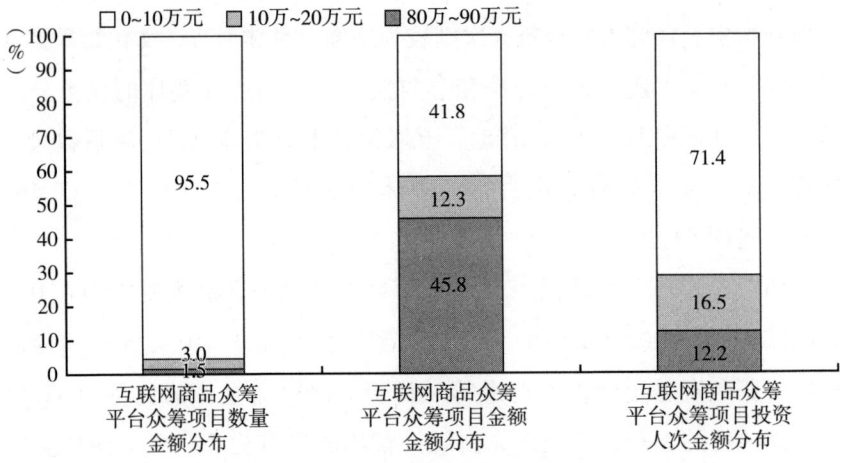

图9　2016年广东省互联网商品众筹平台众筹项目金额分布

注：统计口径为注册地在广东省内（含深圳）的互联网众筹平台；对于部分已经关停的众筹平台，由于无法获取项目数据，暂不纳入统计范围。

资料来源：零壹数据。

2016年，广东省互联网股权众筹项目所获融资金额同样出现金额分布不均的现象，即金额较小的众筹项目数量和参与投资人次多，但众筹项目所获融资金额较少，而大金额的众筹项目尽管项目数量和参与投资人次较少，但众筹项目所获融资金额很大。具体而言，融资金额在0~500万元区间内的众筹项目项目数量和参与投资人次占统计整体的比重分别为72.7%和77.0%，而众筹项目所获融资金额占统计整体的比重仅为14.4%。而融资金额在2000万元至1亿元区间内的众筹项目项目数量和参与投资人次占统计整体的比重仅分别为7.0%和5.2%，但众筹项目所获融资金额占统计整体的比重达到了47.2%（见图10）。

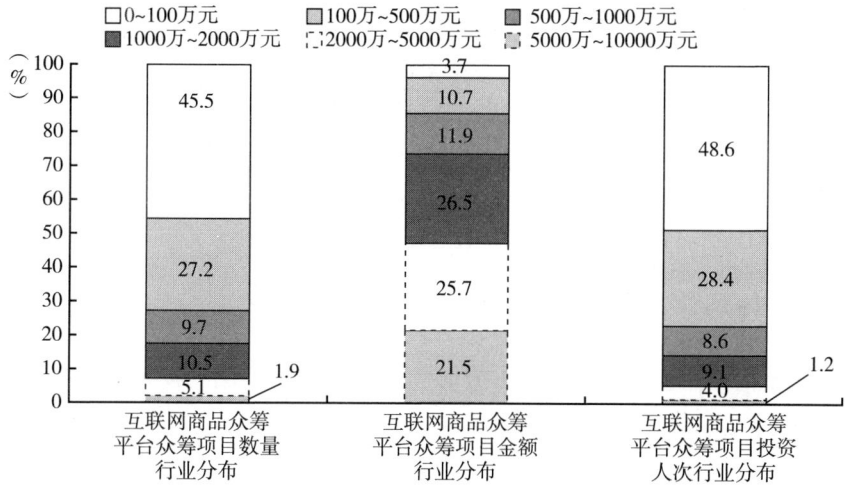

图10 2016年广东省互联网股权众筹平台众筹项目金额分布

注：统计口径为注册地在广东省内（含深圳）的互联网众筹平台；对于部分已经关停的众筹平台，由于无法获取项目数据，暂不纳入统计范围。

资料来源：零壹数据。

六 互联网众筹地域分布

2016年，在被统计的广东省互联网商品众筹平台中，众筹项目的项目数量出现深圳和东莞两市相当的情况，但是在众筹项目所获融资金额和参与投资人次方面深圳则远超东莞（见图11）。

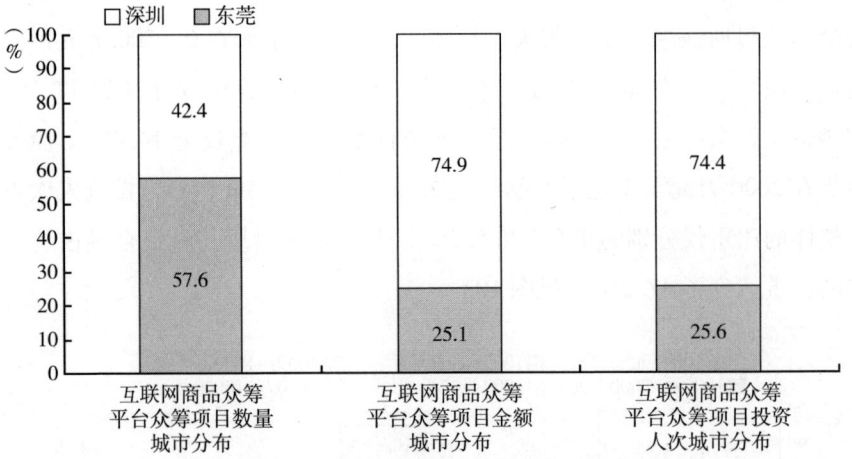

图11　2016年广东省互联网商品众筹项目城市分布

注：统计口径为注册地在广东省内（含深圳）的互联网众筹平台；互联网股权众筹平台众筹项目城市分布依照互联网众筹平台注册地统计；对于部分已经关停的众筹平台，由于无法获取项目数据，暂不纳入统计范围。

资料来源：零壹数据。

2016年，在被统计的广东省互联网股权众筹平台中，深圳在项目数量、所获融资金额和参与投资人次方面都远超广州和东莞，占统计整体规模的比重均超过80%（见图12）。

七　互联网众筹主要平台及其融资分布

2016年，在被统计的广东省互联网商品众筹平台中，原始森林和平安众+均在项目数量上占统计整体的较大比重，其中原始森林占统计整体的比重超过50%，但在众筹项目所获融资金额和参与投资人次方面，平安众+则远超原始森林，占统计整体的比重分别为70.5%和67.5%（见图13）。

2016年，在被统计的广东省互联网股权众筹平台中，众筹项目项目数

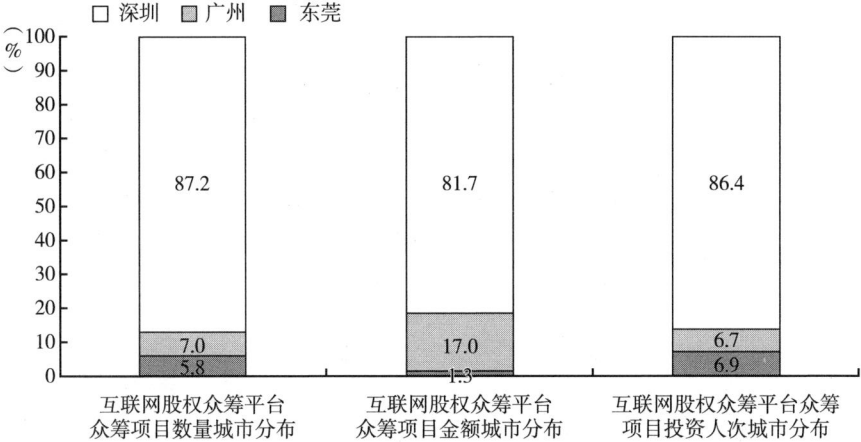

图 12　2016 年广东省互联网股权众筹项目城市分布

注：统计口径为注册地在广东省内（含深圳）的互联网众筹平台；互联网股权众筹平台众筹项目城市分布依照互联网众筹平台注册地统计；对于部分已经关停的众筹平台，由于无法获取项目数据，暂不纳入统计范围。

资料来源：零壹数据。

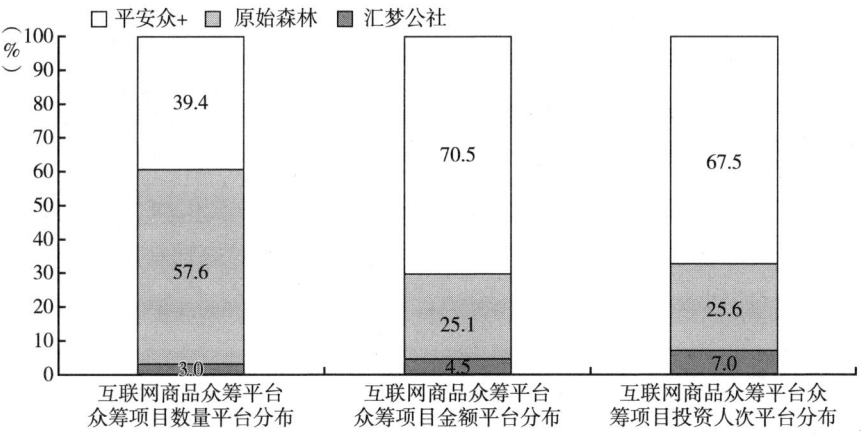

图 13　2016 年广东省互联网商品众筹平台众筹项目平台分布

注：统计口径为注册地在广东省内（含深圳）的互联网众筹平台；对于部分已经关停的众筹平台，由于无法获取项目数据，暂不纳入统计范围。

资料来源：零壹数据。

量占统计整体比重超过 10% 的平台有 2 家，依次为第五创和头狼金服。众筹项目所获融资金额占统计整体比重超过 10% 的平台有 4 家，依次为众投邦、粤科创投界、融 e 邦和云筹。众筹项目参与投资人次占统计整体比重超过 10% 的平台有 3 家，依次为汇梦公社、第五创和头狼金服（见图 14）。

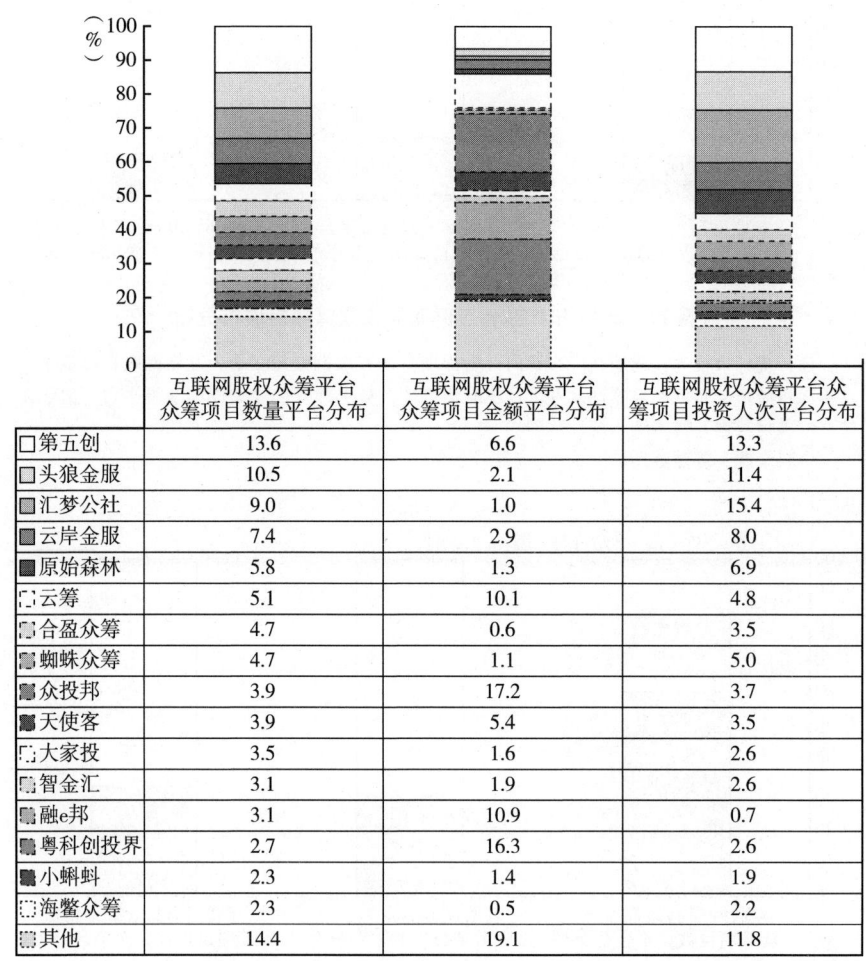

	互联网股权众筹平台众筹项目数量平台分布	互联网股权众筹平台众筹项目金额平台分布	互联网股权众筹平台众筹项目投资人次平台分布
第五创	13.6	6.6	13.3
头狼金服	10.5	2.1	11.4
汇梦公社	9.0	1.0	15.4
云岸金服	7.4	2.9	8.0
原始森林	5.8	1.3	6.9
云筹	5.1	10.1	4.8
合盈众筹	4.7	0.6	3.5
蜘蛛众筹	4.7	1.1	5.0
众投邦	3.9	17.2	3.7
天使客	3.9	5.4	3.5
大家投	3.5	1.6	2.6
智金汇	3.1	1.9	2.6
融e邦	3.1	10.9	0.7
粤科创投界	2.7	16.3	2.6
小蝌蚪	2.3	1.4	1.9
海鳖众筹	2.3	0.5	2.2
其他	14.4	19.1	11.8

图 14 2016 年广东省互联网股权众筹平台众筹项目平台分布

注：统计口径为注册地在广东省内（含深圳）的互联网众筹平台；对于部分已经关停的众筹平台，由于无法获取项目数据，暂不纳入统计范围。

资料来源：零壹数据。

2015年，广东省率先发布了《广东省互联网股权众筹试点工作方案》，该方案明确要求股权众筹试点，目标是在2015年广东股权众筹平台达到50家，完成众筹融资5亿元。方案中还提出了"9项禁令"。包括不得自融、不得担保或股权代持、不得提供股权转让服务、不得利用平台优势投资或误导投资者、不得向非实名用户宣传、不得从事证券经营机构业务、不得兼营网络小贷或P2P网贷、不得不正当竞争以及不得有其他法律禁止规定。在退出渠道上，方案禁止了众筹平台进行股权转让服务的方式。方案明确支持股权众筹项目权益流转，实现流转的渠道包括在主板、创业板上市；暂不能上市的通过区域性股权交易市场和全国中小企业股份转让系统挂牌转让。

八 结语

众筹诞生之初就受到前所未有的关注，很大的原因就在于众筹项目的多样性，它满足了当下用户多元化、碎片化的需求。创新是众筹行业快速发展的源泉，面对愈加严峻的市场形势，众筹平台不断加强在众筹模式、玩法方面的创新，尤其是自身众筹项目上的创新，不断挖掘创造更多新颖有趣的众筹形式，提升用户体验，形成自身的竞争优势。众筹行业在快速发展的同时，也存在乱象频发的问题。随着众筹市场不断升温，政府为进一步促进众筹行业健康发展，加大其服务实体经济的能力，必然要引导其向规范化方向发展。近年来，广东地区众筹行业发展迅猛，平台数量快速增长，但是平台的品牌知名度都不高。未来广东地区应着力发展具有广泛影响力的众筹平台，整合更多优质资源，打造良好的互联网金融众筹生态圈。

互金生态及专项整治篇

Internet Finance Ecological Environment and Its Remediation

广东金融科技发展环境分析

华德莉*

摘　要： 随着金融科技兴起，金融行业正发生着深刻的变革。技术驱动金融业务、管理全面创新，倒逼传统金融机构转型，还推动着金融监管机制和方式的转变。2016年被称为金融科技元年，金融科技正由外及内地重塑金融逻辑。作为全国的金融大省、科技大省，广东在探索金融科技创新方面，具有良好的基础挑战，作为全国深化改革开放的先行省、探索科学发展的实验区，广东客观上需要有条件率先推动金融科技发展走在全国前列。

关键词： 金融科技　互联网金融　发展环境　竞争力　区位优势

---

* 华德莉，广东互联网金融协会副会长。

一 金融科技（FinTech）概述

近年来，金融科技（FinTech）概念在全球范围内兴起，引发了全球金融、科技产业以及各国监管机构的普遍关注。目前，全球金融科技产业仍处于初级阶段，各国发展情况不尽相同。因此，对于金融科技概念，实际上并无统一规范的定义。各国的"金融科技"所涵盖的具体范围也不相同。

2016年3月，全球金融治理的牵头机构——金融稳定理事会首次发布了关于金融科技的专题报告——《金融科技的描述与分析框架报告》，在国际组织层面对"金融科技"做出了初步定义，即金融科技是指通过技术手段推动金融创新，形成对金融市场、机构及金融服务的提供方式产生重大影响的业务模式、技术应用、流程或产品。随着金融科技领域实践的推进和相关理论研究的深化，相信"金融科技"的概念还将进一步调整、充实和完善。

在实践中，"金融科技"的具体含义在不同背景下也存在差异。有时是指对现行金融业务的数字化或电子化，如网上银行、手机银行等；有时是指可以应用于金融领域的各类新技术，如分布式账户、云计算、大数据等；有时则指希望涉足金融领域、与现有金融机构形成合作或竞争关系的科技企业或电信运营商。

值得注意的是，国际上的"金融科技"概念与我国目前流行的"互联网金融"是不同的。金融科技把互联网和移动通信等作为服务金融行业的技术手段，其运用和发展遵循金融规律。而我国互联网金融的提法，则有些金融与互联网孰轻孰重分不清的问题，导致实践中出现很多脱离和违背金融行业发展规律的所谓创新。

二 金融科技主要类型及其影响

目前，巴塞尔银行监管委员会将金融科技分为支付结算、存贷款与资本筹集、投资管理、市场设施四类。

（一）支付结算类

目前，我国已基本形成了以中国人民银行跨行支付清算为核心、银行业金融机构行内系统为基础、专业清算机构和第三方支付机构为重要补充的与市场经济发展相适应的支付服务市场体系和专业化分工格局。这里主要讲一讲面向个人客户的小额零售类支付服务（如支付宝、财付通等）和针对机构客户的大额批发类支付服务（如跨境支付、外汇兑换等）。

1. 小额零售类支付服务

中国第三方支付是特指具备一定实力和信誉保障的第三方独立机构，一般通过和银行合作的方式，提供交易支持工具和平台，实现资金的转移的一种新型支付模式。目前主要媒介有以互联网为媒介的互联网支付和以手机为媒介的移动支付，以及交易量比较小的预付卡支付和银行卡收单业务。

公开数据显示，目前我国第三方支付领域形成了3个梯队。按照市场份额算，支付宝、财付通两家支付巨头共占86%的份额，构成第一梯队，分居一、二位。包括拉卡拉、易宝、联动优势、连连支付、平安付、百度钱包、京东支付和快钱在内的8家知名支付企业瓜分余下的13%，组成第二梯队。其他大多数持牌经营的支付企业都处于无业务状态。

进入2017年，第三方支付行业迎来了高速发展的第7个年头，第三方支付市场已成为互联网金融领域最为成熟的行业，并作为基础服务广泛应用于各行业。但由于其对银行支付系统仍有一定程度的依赖，并未从根本上替代银行的支付功能或对银行体系造成重大冲击，而是与大额批发类支付服务实现分工协作，成为整个支付体系的有效补充。

2. 大额批发类支付服务

根据《中国支付清算发展报告（2017）》，2016年银行业金融机构作为我国支付系统的支付主渠道作用突出，业务体量和用户数量优势明显，在大额支付、企事业单位资金结算及跨境等方面，仍然占据主导优势。

（二）存贷款与资本筹集类

1. P2P 网络借贷

据网贷之家统计，截至 2017 年 5 月底，我国 P2P 网贷行业正常运营平台数量达到 2148 家，历史累计成交量达到了 45790.32 亿元，贷款余额增至 9966.46 亿元。P2P 网贷企业在缓解占我国企业总数 99% 以上的中小企业融资难问题、促进利率市场化、增加国民投资理财渠道、完善我国征信系统、加快普惠金融发展、促进我国金融业改革与发展方面作用越发突出。

2. 股权众筹（一、二级市场股权的众筹及交易）

国内股权众筹的发展可以分为两个阶段：2015 年之前的初创阶段和 2015 年之后的专业化阶段。

公开数据显示，截至 2017 年 4 月底，我国股权/收益权众筹平台约为 185 家。仅仅在 4 月，一共有 72 个股权/收益权项目完成融资，融资金额 17458.60 万元，一共有 19 个平台有项目完成融资。

从众筹类型来看，互联网非公开股权融资项目融资额为 5065.7 万元，收益权众筹融资额为 12417.9 万元；互联网非公开股权融资项目投资人次 646 人，而收益权众筹投资人次为 4456 人，2017 年 4 月众筹筹资以收益权众筹为主。4 月，参与股权/收益权众筹投资人次为 4760 人，平均每个项目投资人次为 66 人，相比上月有小幅减少。其中参与互联网非公开股权融资项目投资人次为 646 人，参与收益权众筹投资人次为 4114 人；从人均投资金额来看，互联网非公开股权融资项目人均投资金额为 7.84 万元，相比 3 月大幅下降，主要是由于大额领投项目的减少，而收益权众筹人均投资额为 3.01 万元，相比 3 月有小幅的上升。

从行业发展看，股权众筹自从 2011 年首次诞生以来，在前 4 年内处于一个较为平缓的发展阶段，2015 年以来，因为政策的逐渐放开和创新创业的热潮，迅速发展，已经加速度过行业萌芽期。进入 2017 年，在京东、阿里、平安等巨头及 36 氪、中科招商等新秀先后宣布杀入股权众筹领域后，行业的竞争壁垒迅速提升，专业化程度快速提高，可以预见的是未来将有更多重量级企业及专业投资机构进入这一领域，而原有的老牌众筹企业也在不断寻求业务和模式创新，扩大自身规模。这一趋势加剧了行业竞争，行业逐渐进入洗牌期。

（三）投资管理类

投资管理类主要包括智能投资顾问和电子交易服务，前者是运用智能化、自动化系统提供投资理财建议，后者是提供各类线上证券、货币交易的电子交易服务。目前，智能投资顾问模式主要出现在少数交易标准化程度较高的发达国家金融市场，应用范围还比较有限，其发展前景也有赖于计算机程序能否提升自我学习分析能力，最终能否提供比人工顾问更优的投资建议，以及市场和投资者能否逐步适应和接受。针对此类业务，各国监管机构主要沿用现行对资产管理业务的监管标准，重点关注合规推介、信息披露和投资者保护等。

（四）市场设施类

包括客户身份认证、多维数据归集处理、大数据、云计算、分布式账户等。其中，分布式账户被广泛认为是最具发展潜力的代表性金融科技，也最有可能对现有金融业务模式产生重大甚至颠覆性的影响。而区块链是分布式账户最主要也最有代表性的技术。

金融科技在金融业务中更广泛和深入地运用互联网和信息技术，对于加强金融服务供给、提升服务效率、降低服务成本具有重要作用。一是互联网技术具有全天候、跨地域的属性，可以不受时间和地域限制，有利于弥补传统金融服务空白，扩大金融服务覆盖面；二是互联网技术具有标准化操作、业务处理成本低、服务海量客户等特征，有助于简化交易流程，降低小额、高频、标准化金融服务的成本；三是互联网企业具有发展快速、创新活跃、注重效率和客户体验的特点，有利于增强金融业的竞争和创新活力，提升金融服务效率。

金融科技增加机构之间的关联性和金融体系的复杂性，增强风险波动和顺周期性；影响传统金融机构盈利能力，增加信息科技风险等操作风险，对突发事件管理能力提出了更高要求。

监管上，一是对监管专业能力形成挑战。监管者可能难以快速配备相应的专业资源，及时更新知识结构，识别潜在风险，从而影响监管有效性。二是增加风险监测和管控难度。去中心化和金融脱媒使更多未受严格监管、资本水平较低的科技企业进入金融行业；同时，许多交易活动可能脱离中央清算机制，增加交易各方之间的风险敞口，也增大风险监测和管控难度。三是容易产生监管套利和监管空白。某些科技创新可能游离至监管体系之外，变相规避监管，造成监管套利。

三 广东金融科技整体发展概况与现状分析

近年来，金融科技（FinTech）概念在全球范围内兴起，引发了全球金融、科技产业以及各国监管机构的普遍关注。广东的金融科技企业聚集地主要在广州、深圳、东莞等地。

以 P2P 网贷为例，据网贷之家不完全统计，截至 2017 年 5 月底，广东正常运营网贷平台数量达到了 424 家，贷款余额 1897.31 亿元，5 月单月成交额为 618.16 亿元，投资人数 105.65 万，借款人数 62.13 万。

在广东省、广州市政府推进广东金融强省和广州区域金融中心建设的战略影响下，广州的金融科技一直保持快速发展态势。据不完全统计，截至 2017 年 5 月底，广州正常运营网贷平台数量达到了 72 家，贷款余额 205.19 亿元，5 月单月成交额为 105.27 亿元，投资人数 23.71 万，借款人数 40.28 万。

深圳"十三五"规划提出加快发展总部经济，包括引进世界 500 强、大型央企和民营领军企业集团，支持在深设立国际总部、区域总部或职能性总部。深圳还为此专门安排了大型央企总部股权合作资金 100 亿元。腾讯、平安、华润、百度、中海油、生命人寿、太平、国际能源、中国移动、国信证券等，一栋栋以企业命名的大厦正在福田中心区、后海湾地拔地而起。从类别上看，互联网企业和金融企业总部大厦较为兴旺。

深圳的金融科技发展一直处于全国各大城市前列，深圳福田已与深交所共推全国首个金融科技指数。据统计，目前 A 股市场与金融科技相关的上市公司共 71 家，其中 59 家在深交所上市，总市值超过 6600 亿元。腾讯、平安、百度等巨头纷纷布局金融科技，利用在大数据、人工智能、云计算等科技方面的优势，与传统金融机构、非银金融机构、互联网金融企业在获客与用户运营、智能风控、产品服务创新、流程优化等各核心业务层能力上互利合作，为用户提供更好的服务与体验。据不完全统计，截至 2017 年 5 月底，深圳正常运营网贷平台数量达到了 310 家，贷款余额 1546.86 亿元，5 月单月成交额为 457.11 亿元，投资人数 68.67 万，借款人数 19.65 万。

随着金融科技兴起，金融行业正发生着深刻的变革。技术驱动金融业务、管理全面创新，倒逼传统金融机构转型，还推动着金融监管机制和方式的转变。2016 年被称为金融科技元年，金融科技正由外及内地重塑金融逻辑。作为全国的金融大省、科技大省，广东在探索金融科技创新方面，具有良好的基础挑战，作为全国深化改革开放的先行省、探索科学发展的实验区，广东客观上需要有条件率先推动金融科技发展走在全国前列。

四 广东金融科技发展政策环境分析

《"十三五"国家科技创新规划》等政策鼓励金融科技创新，自上而下建立科技金融生态，为后续技术标准与路线图的确定、央行与大型金融机构的布局投入、技术难点攻克及应用落地创造了必要条件。

广州定位为国家中心城市、中国移动互联网的起源地、国家电子商务示范城市和在全国具有重要影响力的区域金融中心，是全国金融核心城市和经济中心，也是金融机构和科技企业的聚集地。广州市共有持牌金融机构 259 家，类金融机构超 1500 家。《广州市金融业发展第十三个五年规划》明确指出，要大力发展普惠金融，加快建设广州科技金融创新服务区。《广州市人民政府办公厅关于推进互联网金融产业发展的实施意见》要求加大对互联网金融的扶持力度，鼓励发展互联网金融产业，营造良好的互联网金融发展环境。

深圳金融创新活跃、高新技术产业发达，毗邻规模庞大的国内国际两个市场，被认为具有将全球最顶尖的金融科技和学术研究与良好的产业基础和丰富的应用场景相融合，打造具有全球影响力的金融科技中心城市的条件。深圳市政府历来高度重视金融科技的发展，相继出台了多项政策措施，全面促进科技与金融的高效结合，推动全市金融科技的发展。

早在2012年，深圳市政府就出台了《关于促进科技和金融结合的若干措施》，要求促进科技和金融结合，构建充满活力的科技创新生态体系，充分发挥科技对经济社会的支撑引领作用，加快经济发展方式转变，提升深圳质量，建设国家创新型城市。

2016年12月26日，深圳成立了全国首个FinTech数字货币联盟及中国（深圳）FinTech研究院，通过市场化、国际化、创新性的联盟组织和研究院机制，探索推进中国数字货币的科技研发和市场运用。2017年4月，深圳启动了FinTech（金融科技）创客大赛，旨在推动深圳金融科技行业发展、发掘金融创新机构及人才、吸引高质量的金融科技项目落户，宣传深圳金融业发展成果、提升深圳金融中心形象。同年6月，中国科技金融联盟在深圳正式挂牌成立，旨在促进科技和金融的紧密结合；6月，深圳还发布了《深圳市推进普惠金融发展实施方案（2016~2020）》，通过鼓励金融机构运用大数据、云计算等新兴信息技术，打造互联网金融服务平台，积极发展电子支付手段，进一步构筑电子支付渠道与固定网点相互补充的业务渠道体系，加快以电子银行和自助设备补充、替代固定网点的进度来积极创新普惠金融产品和服务手段。

此外，深圳是全国首个推出"金融创新奖"评选的城市，自2005年起，先后约2000个项目参与评选，300余项目获得奖项，颁发奖金超过1亿元。作为深圳市金融系统的重量级奖项，深圳"金融创新奖"本身也在不断创新和完善。特别是2016年底，市政府同意增加"金融创新奖"奖励名额、加大奖励力度，从2017年起又增设"金融科技专项奖"，主要奖励区块链、大数据、云计算、人工智能等 FinTech 技术的创新研究和应用，前瞻性布局加强对金融科技领域的激励引导。

落实到各个区，罗湖借助自身在金融业的基础优势以及创新资源的集聚优势，携手牛津大学科学家 Bill Roscoe 教授共建金融科技研究院，拟在深圳建立与伦敦金丝雀港遥相呼应的金融科技人才聚集地。福田区更是于2017年3月，发布全国地方政府首个金融科技专项政策——《关于促进福田区金融科技快速健康创新发展的若干意见》，将在金融科技方面推出若干创新举措，力争5年内将福田打造成为有国际影响力的金融科技中心。2017年6月，福田联手深交所推出全国首只金融科技指数，并同步发布福田区金融科技发展扶持措施，成立专家咨询委员会，全力打造国际金融科技中心。

《东莞市促进金融、科技、产业创新融合发展三年（2015～2017）行动计划》要求以推动科技创新为目标，深入推进以松山湖（生态园）高新区、专业镇为重点的"三融合"载体建设工作。重点打造以新型研发机构、科技企业孵化器为主的科技创新平台，营造大众创业、万众创新的良好氛围。搭建金融科技产业投融资公共平台，形成规范有序的投融资对接服务体系，以成立综合性金融服务集团、打造民间金融集聚平台为重点，引导政府扶持资金、民间资本参与科技创新。积极培育风险投资体系，为科技创新提供金融支持。

五 广东金融科技行业竞争力分析

（一）广东金融行业在全国的地位

作为金融改革创新排头兵的广东，在新时期推动金融支持创新驱动发展战略，打造金融强省的实践和探索再结累累硕果。

2016年，广东省金融业增加值6502亿元，再创新高，比2012年的2916亿元增长123%，占GDP的8.2%，拉动经济增长约1个百分点。截至2016年底，全省金融机构总资产达24.3万亿元，比2012年底的12.5万亿元增长94%；本外币存款余额18万亿元，本外币贷款余额11万亿元，分别比2012年底增长95%和88%。广东主要金融指标实现"五个突破"：贷款余额连续突破10万亿元和11万亿元，累计办理跨境人民币结算业务量突破10万亿元，直接融资额突破1万亿元，保险资金累计运用余额突破5000亿元，网贷成交量突破5000亿元。2016年广东在全国率先推出金融服务创新驱动发展一揽子政策，从拓宽多元化融资渠道、建设金融平台和机构体系、完善金融保障机制等三方面，提出15条具体的政策措施。在10个国家级高新区开展金融、科技、产业融合创新发展工作试点，探索设立科技金融综合性服务中心、科技保险、科技小贷、科技担保资金池、科技金融基金等新模式，取得积极成效。

（二）区域市场竞争活力分析

作为广东省省会，广州市位处改革开放前沿阵地，是全省政治、经济、文化、科技和教育中心，创新创业的基础和环境具有突出优势。经济方面，广州市产业雄厚，市场经济活跃，尤其是服务业发达，产业配套能力强；政策方面，广州财政科技投入不断增加，并围绕创新创业出台一系列政策法规，为创新创业奠定良好的制度环境；人才方面，广州高校林立，人才供给充足，创新创业氛围浓厚，孵化器和新创企业数量均位于全省前列。

据不完全统计，2016年，广州63家网络借贷平台为99万借款人和212万投资者提供借贷结合服务；相比2015年，A股市场8.5%的平均年化收益为广大投资者提供了一条更为稳健的理财渠道，显著地降低了小微企业的融资成本；互联网支付广泛应用到餐饮、交通、医疗、购物、理财等日常生活的各个方面；互联网保险已成熟地切入电商、出行、旅游等行业，其场景化、易获得、成本低等优势，大大提升了大众福祉。

得益于广州良好的产业基础、完善的信息基础设施、领先的科技以及丰富的应用场景等，2016年广州金融科技发展保持强劲增长。2016年网贷行业即使在平台数量和平均收益率"双降"的压力下，仍然达成了1627亿元的成交量，同比增长率高达118%；保险机构的互联网保险业务也实现了

30%的同比增长率，互联网保险业务收入达49亿元。

根据深圳市金融业发展"十二五"规划，到规划期末，深圳市金融业增加值要达到2250亿元，比2010年增加76%。并鼓励深圳本地优质大中型企业在深交所主板市场通过并购重组借壳上市，进一步加快推进深圳科技型、创新型企业在中小板、创业板上市，力争期末深圳本地上市企业达到450家。

近年来，深圳金融科技爆发式增长，公开数据显示，深圳第三方交易规模已突破2.7万亿元，占全国总额的近一半；P2P融资平台有4倍增长，所有平台贷款成交金额累计300亿元，并且每个月以10%的速度增长；代理销售理财产品的互联网金融平台交易额也超过1000亿元，成为银行理财类产品销售最踊跃的新渠道。

2014年5月，深圳三家互联网金融产业园区正式挂牌，这三家园区规划总面积超过百万平方米，将集聚和培育一批互联网金融创新型企业，促进深圳互联网金融产业快速健康发展。这三家产业园分别位于深圳南山、福田和罗湖区。其中，深圳（南山）互联网金融产业园将由政企合作共建，深圳市金融办、南山区政府与科技园集团合作共建"互联网金融产业园"服务中心。第一期面积15200平方米，提供创业孵化、中小企业加速、天使投资、VC投资等服务。第二期将规划建设深圳市互联网金融创新大厦。

六 结语

广东发展金融科技还面临诸多挑战，比如金融科技规则不完善、金融科技标准化问题以及产业合作与协同发展不足等。金融科技的兴起也给金融业带来潜在风险。从监管上说，既要有短期治理和应对危机的策略，也要有长期内在的稳定器建设。

深圳金融科技与互联网金融发展态势及其整治

黄国平 李 凯*

摘 要： 随着全国互联网金融风险专项整治的全面铺开，以及网络借贷信息中介机构暂行管理办法、备案细则等法律法规的逐步落地，互联网金融从原来的野蛮生长模式逐渐发展成为规范化发展趋势。深圳作为我国互联网金融主要的聚集地之一，近些年行业获得飞速发展，但由于前期准入门槛低、监管相对滞后等问题，行业逐步集聚并暴露了一些风险。为有效规范行业发展，深圳市政府在全国范围内率先部署了互联网金融专项整治工作，并在"首付贷"、"众筹炒楼"、校园网贷等业务规范方面起到了模范带头作用，取得了良好的成效。目前，深圳互联网金融专项整治已进入尾声，但监管体系和长效机制的建立尚远未完成，需要地方政府、金融监管部门和行业自身本着促进和规范行业健康发展的目标共同努力。

关键词： 金融科技 互联网金融 专项整治 金融生态环境 金融监管

---

* 黄国平，经济学博士，中国社会科学院金融研究所研究员；李凯，经济学博士，深圳互联网金融协会副秘书长。

一 前言

深圳作为我国经济特区和改革开放的前沿重镇，也已经发展成为我国金融科技和互联网金融最活跃和最发达的城市之一。深圳市一直高度重视互联网金融的发展，努力为互联网金融的发展创造良好的产业基础和创新环境，力争把深圳打造成最适宜金融科技与互联网金融创新发展的热土。

早在2008年，深圳就把互联网作为全市的战略性新兴产业。2014年深圳相继出台一系列重大金融改革文件，① 规划建设深圳福田、罗湖和南山三大互联网金融产业园区，大力推动金融科技和互联网金融集聚创新发展，吸引更多有利于增强市场功能的金融科技与互联网金融平台落户集聚，培养了一批初具规模、在国内业界具有影响力的行业标志性企业。深圳市互联网第三方支付规模将近全国的一半。以网络借贷为代表的互联网金融平台迅速增加，基本业务都占全国1/4到1/3。互联网理财产品销售规模、股权众筹融资规模、互联网财富管理规模均稳居全国前三。目前，深圳市持续推动各类金融机构在深圳落地，促进深圳在互联网金融、金融科技以及跨境金融创新等方面先试先行，充分发挥深圳在中国金融改革"试验田"作用。

2016年，随着全国互联网金融风险专项整治的全面铺开，以及网络借贷信息中介机构暂行管理办法、备案细则等法律法规的逐步落地，互联网金融从原来的野蛮生长模式逐渐发展成为规范化发展趋势，行业进入优胜劣汰的淘汰模式，整个行业慢慢回归于理性及真实。这一年，行业称之为"互联网金融规范元年"。深圳作为我国互联网金融主要的聚集地之一，近些年行业获得飞速发展，但由于前期准入门槛低、监管相对滞后等问题，行业逐步集聚并暴露了一些风险。为有效规范行业发展，深圳市政府在全国范围内率先部署了互联网金融专项整治工作，并在"首付贷"、"众筹炒楼"、校园

---

① 2014年初深圳颁布了《深圳市人民政府关于支持互联网金融创新发展的指导意见》，成为国内首个发布实施的互联网金融专项政策。

网贷等业务规范方面起到了模范带头作用，取得了良好的成效。但在以P2P网贷为主的互联网金融领域，仍存在一些风险问题尚待解决。

二 深圳金融科技与互联网金融生态环境分析

金融行业的规范、健康发展离不开良好的金融生态环境，深圳在金融科技和互联网金融领域的全国领先地位与它一流的金融生态环境密切相关。根据《中国地区金融生态环境评价（2013～2014）》对全国247个大中城市（地区）进行的金融生态环境的综合评分，深圳市的金融生态环境在247个城市中排名第一，高于另外两个金融发达城市北京和上海（见图1）。

珠三角经济区进入金融生态环境评价的八大城市中，深圳遥遥领先，不仅是珠三角的排头兵，也是全国的排头兵。虽然在经济基础上不如广州，但在金融发展、制度与诚信文化方面得分非常高。佛山市的经济基础是其短板，需要进一步提升。珠海作为最早开放的一批城市，经济基础强大，但是在金融与制度发展、诚信文化方面有待提高，东莞与珠海的情况大体类似。远离广州—深圳中心的汕头、湛江，其综合得分位于珠三角经济区末尾（见图2）。

2016年底，深圳市金融行业总资产达到12.7万亿元，资产规模位列全国第三，增加值为2900亿元，同比增长为14.6%，占同期全市GDP的14.8%。深圳市金融业有"一、十五、二十"的特点，即深圳市金融业有1%的人口，15%的GDP贡献和20%的税收贡献，可以看出金融业在深圳市经济中拥有重要的地位。另外一个特点是，深圳市的互联网、人工智能、设备等软硬件行业的增加值也很大，2016年全年行业增加值为1250亿元，全年增长17%。以上两个特点为金融和信息技术的结合、互联网金融和金融科技行业发展奠定了坚实的基础。

截至2016年底，对于活跃经营公司的数据统计显示，深圳市P2P网贷平台有670家，位列全国第一，全年成交额为4000亿元，环比增长51%；股权众筹平台有130家，第三方支付有19家，其余互联网基金、互联网信

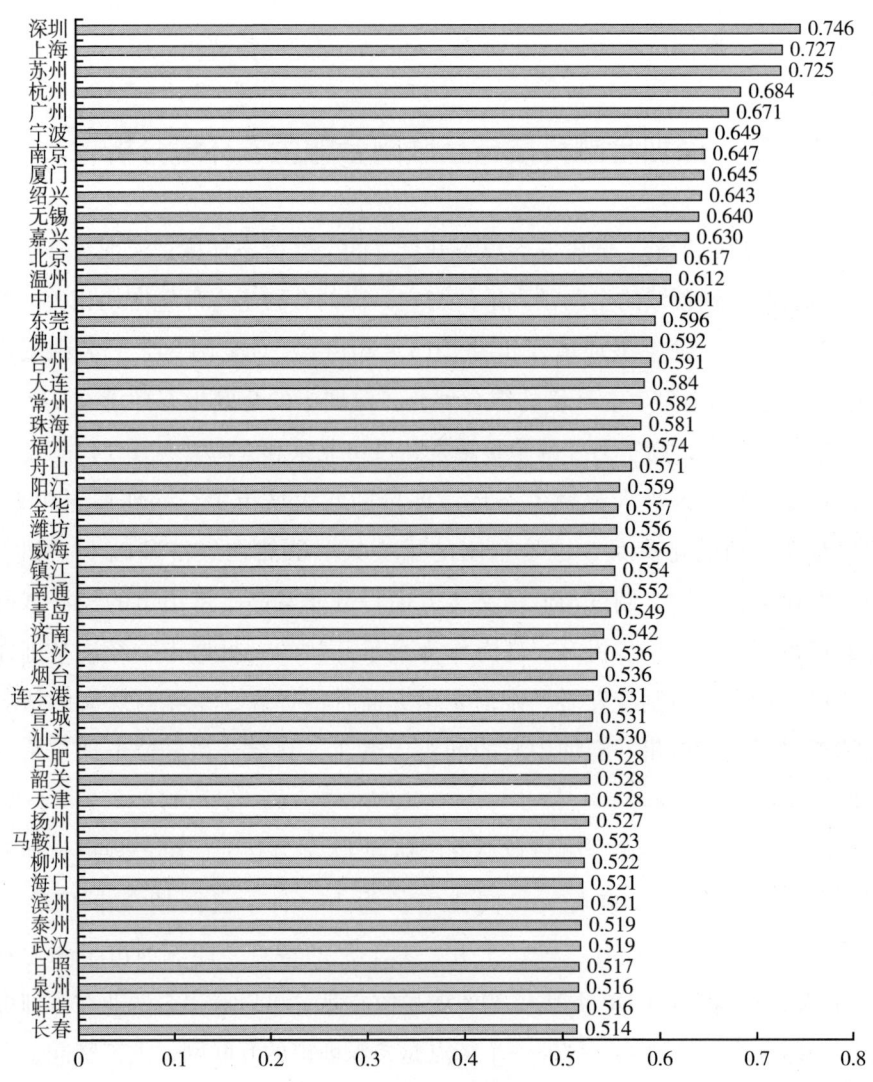

图1 中国城市金融生态环境评价排名前50位

托等财富管理类互联网金融公司数量也位列全国前茅。按照工商注册口径统计，2016年3月深圳市工商部门完整排查全市公司注册信息，其中注册名称或经营范围等含有特定关键词（如金融、互联网金融、P2P网贷等）公司为9500家。

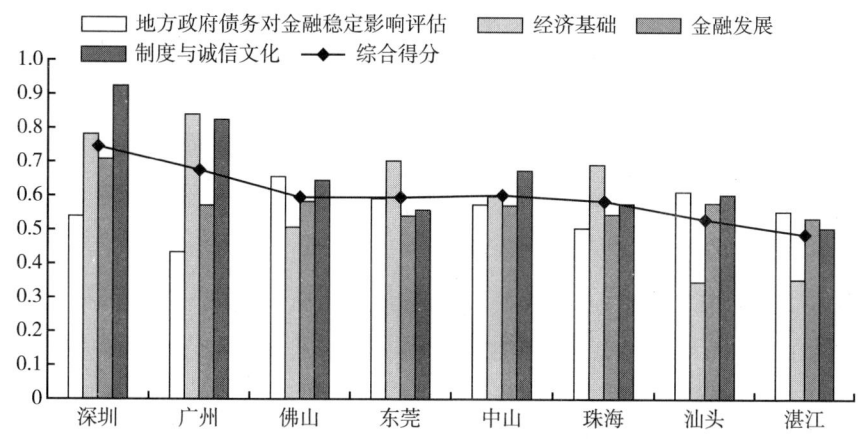

图2 珠三角经济区主要城市金融生态环境比较

深圳市金融科技与互联网金融行业整体的特点可以用总结的三个关键词来表述：强龙头、全业态、广基础。具体而言，深圳市落地实现的首单、首家、首笔新业务业态较多，如微众银行（第一家民营互联网银行）、招联消费金融（第一家互联网消费金融公司）、中顺易金融（第一家互联网信托公司，由中信信托、顺丰、网易合资）、众惠财产相互保险（首批相互保险公司）、前海再保险（第一家民营资本主导的再保险公司）等较强龙头企业，余额规模50亿元以上的P2P平台有7家，10亿~15亿元以上有20家。股权众筹行业成交规模较大的有众筹帮等，以腾讯为代表的互联网第三方支付规模占据全国半壁江山。另外，首批8家个人征信牌照深圳市或与深圳相关联的公司占有4家（华道、鹏元、前海征信、腾讯征信）。

全业态是指各类业态的覆盖广泛、均有涉及，如持牌互联网保险易安财险。广基础是说由行业衍生出来的服务公司多，产业基础好。深圳市金融业和金融科技产业主要分布在前海和福田两个区。目前，前海区带有三块牌子，包括前海深港现代服务业合作区、中国（广东）自由贸易试验区深圳前海蛇口片区、前海湾保税港区，主要承担国家若干政策与战略意图和迁人迁市的职能。前海区对信息服务业和科技服务业实施财税优惠政策和人员、注册资本金等优惠政策，吸引了一些金融公司在此注册。前海区在金融职能上带有两块牌子,一是我国金融业对外示范窗口,二是人民币跨境业务创新试验区,主要是在跨境和创新两个维度进行一些探索,取得经验从而向其他地区复制。

福田区是深圳市金融核心区,福田区的持牌金融机构占深圳市的67%,福田区的金融业增加值占全区增加值的35%,占深圳市金融业增加值的43%,是全国三大金融聚集区之一(其他为上海浦东和北京西城)。前海和福田关系紧密,许多企业注册在前海,办公在福田,这是因为前海是一个在建区,尚处大开发大建设阶段,这带来的问题就是没有成熟的办公地点。目前,前海区注册企业接近12万家,增长速度很快,其中,约半数为金融企业或与金融相关的服务类企业。这些在前海注册的企业,在前海区内实际经营的企业仅为581家,大多数是在其他区域实际开展经营,其中最大的一部分就是福田区。① 此前的出现跨区域经营、注册地和经营地相分离的情况,这一情况在深圳市较为普遍,也是产业发展的一个特点,即政策洼地和产业集聚地相分离,这也是由前海的政策优势和福田的成熟建设等原因导致的。

三 深圳金融科技与互联网金融发展态势

(一)深圳金融科技及其与传统金融融合发展

金融科技(FinTech)是深圳市重要创新领域,国内A股上市公司与互联网金融和金融科技相关的企业有58家,深市有46家,沪市有12家,在这58家上市公司中,在深圳注册的多达12家。2016年12月20日,深圳市政府牵头举办金融科技全球峰会,随即各类金融科技相关的联盟、研究院、金融创客大赛和各类研讨相继展开。前海在峰会上成立了金融科技先导区,福田率先于2016年3月发布金融科技专项支持政策,提出四个区、七个平

---

① 例如,深圳针对P2P网贷进行的统计,深圳全市总共有800多家风险排查平台,其中注册在前海区纳入风险排查范围的平台有480多家,这480多家中实际经营地分布,其中114家在福田区,34家在南山区,另外,宝安区约有十几家。

台、三块田：四个区是研发区、孵化区、产业集聚区和政策先行先试区；七个平台指智能算法平台、资讯数据平台、智库培训平台、信披监管平台、沙盒标准平台、争议解决平台、融资路演平台；三块田是金融科技的示范田、实验田和高产田。福田区在金融科技领域是全国首屈一指的金融科技集聚区，金融科技企业巨头平安集团的核心金融科技部门位于福田；作为全球领先的金融科技企业深圳证券交易所，其最新的第五代核心交易系统完全自主研发，支持每秒30万笔交易，具有分布式、低时延、成本低、效率高的先进特征。作为金融科技和互联网金融行业典型代表的微众银行，其信息系统架构经过革新，业务成本低，具有从事小额资金业务优势特点。

目前，全国金融科技领域竞争激烈，行业动态和发展日新月异。深圳结合香港可以建设金融中心城，深港有作为国际金融中心的潜力，且在跨境的维度上有其优势。深圳除了前海新区，还有一个河套开发区。河套区原先属于深圳，后来归属香港，双方共同治理，2017年1月，深圳与香港签署河套开发框架协议，拟将河套地区打造成集核心研发、人才培养、成果转化于一体的金融科技最高端区域。

随着金融科技与互联网技术的发展，深圳市各传统金融机构纷纷顺应国家"互联网+"战略的要求，布局互联网金融，积极实现实体到网络、线下到线上的转变，加快推进业务互联网化发展。以互联网化成绩较为突出的平安银行为例，早在2014年，平安银行就确立了"做互联网时代的新金融"战略，坚持"跳出银行办银行"，将"互联网金融"作为该行潜心打造的四大业务特色之一。目前已经构建了"橙e网""平安口袋银行""平安橙子""行e通""金橙俱乐部"等面向公司、零售、同业、投行四大客户群体的互联网门户，形成强大的互联网金融线上服务能力。其中，橙e网精准定位于"互联网金融+供应链金融"领域，为产业链上的企业，尤其是广大中小企业提供集生意管理、业务协同、融资、支付、结算、理财、保险、专业资讯等综合金融服务，着力解决企业跨行收款、订单支付匹配、交易见证、资金增值、B2B电票/应收账款融资等难题，助力中小企业电商化转型，努力打造供应链金融生态圈。据悉，上线两年来，平安银行的橙e网服务用户已超300万，注册用户超过230万、其中企业用户超过44万，实施合作项目1500多项，服务电商平台300多家并间接服务此类平台过亿用户，累计在线融资金额超过5000亿元，在线交易笔数超过40万笔，探索出了一条传统商业银行试水"互联网＋"的创新之路。

（二）深圳互联网金融业态发展

1. P2P网贷行业发展情况

根据第三方机构第一网贷数据，截至2016年底，深圳市P2P网贷平台数量近700家，全年贷款余额1520.09亿元，较2015年846.41亿元提升80%，全国排名第三。从整体运营情况看，呈现以下特征。一是业务规模持续增长，发展速度放缓。2016年全市P2P网贷成交额4565.95亿元，占全国成交额的16.3%，全国排名第三，同比上年成交额增长72.84%，业务规模进一步增长。2015年深圳市网贷成交额2641.68亿元，同比增长276.55%，从发展速度看，2016年有较大幅度下降。二是投资期限延长，利率逐步下降。2016年深圳市P2P网贷平均期限为4.67个月，同比上年延长17.38%，同比前年延长15.31%。平均综合年利率9.86%，同比上年下降2.89个百分点，同比前年下降6.81个百分点。平台呈现期限合规化、利率理性化发展趋势。三是问题平台大幅下降，合规风险仍待化解。2016年深圳市新发生停止经营、提现困难、失联跑路等情况的问题平台83家，较2015年151家下降45%，问题平台有较大幅度下降。但深圳市大部分平台目前存在期限拆分、借款超额、未实现资金存管等违规行为，合规风险有待进一步化解。

2. 众筹行业发展情况

据第三方机构第一众筹统计，截至2016年12月底，深圳市众筹平台总数为183家，占全国众筹平台1321家的13.85%。从行业整体运营情况看，主要呈现以下特征。一是众筹平台多样化，股权众筹、实物众筹成主流。全市183家众筹平台中，除去14家转型平台，剩余169家众筹平台中股权众筹平台82家，占比48.5%；实物众筹平台71家，占比42%；公益众筹平台5家，占比3%；综合性众筹平台11家，占比6.5%。二是业务规模有所增长，股权众筹占比高。2016年全市众筹成交额为48.85亿元，较上年增长33.54%，占全国众筹成交额330.36亿元的14.79%。其中，股权众筹金额30.37亿元，占比62.17%；实物奖励众筹11.41亿元，占比23.36%；公益众筹7.05亿元，占比14.43%。三是认筹时间增加，问题平台占比高。2016年全市众筹平均认筹时间为77.65天，较上年33.87天延长了43.78天，认筹时间较大幅度增加。此外，在183家众筹平台中，预警平台29家、问题平台55家，另外，还有14家转型平台，16家平台暂未有项目上线。整体来看，众筹行业趋冷，行业发展受到一定限制。

3. 其他互联网金融业态发展情况

除P2P网贷平台、众筹平台外，深圳市其他互联网金融业态发展也相对较快。截至目前，深圳市第三方支付机构法人机构19家，总体交易规模居全国前列，其中不乏财付通、钱宝支付等知名机构。此外，深圳市拥有国内首家民营银行和互联网银行——微众银行。微众银行于2015年5月上线首款微粒贷产品，标志着其正式运营。据其一周年运营报告，截至2016年5月，微粒贷总授信用户超过3000万人，贷款笔数500多万笔，业务遍及全国31个省份，549座城市。

四 深圳互联网金融行业风险及其监管与整治

（一）深圳互联网金融风险状况及其特征

同全国其他地区类似，深圳互联网金融风险集中体现于网络借贷领域，互联网众筹、互联网保险以及其他互联网金融形式由于规模相对较小，所暴露的风险影响也相对较小。根据2016年8月24日银监会发布的《网络借贷信息中介管理暂行办法》（以下简称《暂行办法》），目前，深圳市大部分P2P平台存在不同程度的违规现象，需要整改或转型，行业面临竞争加剧和洗牌局面，具体体现在以下几方面。

一是借款项目超额较普遍。《暂行办法》规定，同一自然人在同一P2P平台借款额度不超过20万元；同一法人在同一P2P平台借款额度不超过100万元。根据统计数据，截至2016年底，全市约六成P2P平台开展了供应链贷款、房产抵押贷款、赎楼贷等业务，此类业务融资额度基本在上百万到千万之间，违反了借款限额规定，面临较大的整改压力。同时借款项目限额规定将迫使P2P企业放弃大额借款业务，转向信用贷、车辆抵押贷等小额借款业务，转型失败的企业将被直接淘汰，转型成功的企业则将面临更加剧烈的同质化竞争压力。

二是期限拆分行为较普遍。P2P平台存在将借款项目期限进行拆分的现象，以短期吸引投资人投资。《暂行办法》严禁期限拆分，将延长项目投资期限，P2P平台获客成本增加，不少平台正失去存量客户，生存压力增大。

三是实现银行资金存管平台较少。截至2017年1月，全国仅有99家P2P平台完成银行资金存管，深圳市仅有25家P2P平台完成。银行资金存管门槛较高，也需额外支付一定费用，预计这将进一步淘汰实力较弱的P2P平台。随着P2P管理办法规定的一年整改期临近，预计部分P2P中小平台将难以完成整改，被迫退出市场，中小P2P平台良性退出、倒闭、跑路现象或有所凸显，给全市带来一定的维稳压力。

2015年以来，由校园网贷引发的"裸贷""暴力催收"等行业乱象在媒体持续发酵，引起社会广泛关注，造成了不良的社会影响。从全国爆发的风险事件来看，校园网贷主要存在以下问题。一是审核门槛较低。校园网贷企业对大学生借款资质的审核门槛低，大部分未落实第二还款来源，个别甚至仅凭身份证就可贷款。大学生群体自制能力较差，容易受到借钱消费的诱惑和平台业务员的鼓动，一旦过度消费，容易陷入以贷还贷的恶性循环，最终造成不可承受的后果。二是收取较高费用。不少校园网贷对外只公布月息、服务费，但收取高额的逾期费、催收费，一旦逾期，学生将背负巨大还贷压力。三是部分催收手段涉嫌违法违规。部分校园网贷催收手段涉及违法违规行为，如群发催收信息、向亲戚朋友催收等，严重干扰了学生及其家庭的正常生活。截至2016年底，部分企业逐步退出校园网贷业务，但仍有一些校园网贷平台未完成整改，有待进一步整顿。

至于其他互联网金融领域风险，随着互联网金融的兴起，深圳市部分不法分子开始以"互联网金融"名义开展各种非法金融活动，"互助社区""养老项目""商品返利""二元期货"等名目不一而足，加之隐蔽性较高，给各监管部门监测防控带来较大困难。此外，此类非法金融活动具有涉及人数众多、投资人年龄偏大、人均投资额高等特点，一旦发生违约，投资人往往集结上访，将给市政府带来较大维稳压力。

（二）深圳市互联网金融监管及专项整治

2015年下半年至2016年初，全国各地陆续爆发了e租宝、大大集团、易乾财富、快鹿集团、中晋资产等百亿级理财公司的兑付危机、自融嫌疑、卷款跑路等风波，给投资人带来重大损失，引发社会各界的强烈反响。正是在这种背景下，2016年4月，国务院制定并实施了《互联网金融风险专项整治工作实施方案》（以下简称《方案》），根据《方案》要求，中国人民银行牵头银监会、证监会、保监会等十余个部门成立互联网金融风险专项整治领导小组，指导分别印发了《P2P网络借贷风险专项整治工作实施方案》《股权众筹风险专项整治工作实施方案》《非银行支付机构风险专项整治工作实施方案》《互联网保险风险专项整治工作实施方案》《通过互联网开展资产管理及跨界从事金融业务风险专项整治工作实施方案》《开展互联网金融广告及以投资理财名义从事金融活动风险专项整治工作实施方案》六个分领域专项整治工作方案，重点对P2P网贷、股权众筹、第三方支付、互联网保险、通过互联网开展资产管理或跨界从事金融业务、互联网金融广告等领域开展为期一年的风险排查与清理整顿工作。同年8月和11月，银监会等部门则先后出台了《网络借贷信息中介机构业务活动管理暂行办法》《网络借贷信息中介备案登记管理指引》，进一步明确网贷行业的监管主体与规范行为，加快推进行业的健康发展。

深圳市委、市政府也高度重视互联网金融风险专项整治工作，2015年底便开始部署互联网金融风险专项整治工作，随后根据国务院专项整治工作要求，制定并印发了《深圳市2016年全面开展互联网金融风险等专项治理工作方案》，市、区两级联动全面开展包括互联网金融在内的全市金融风险大排查。同时，2016年初，深圳市金融办申请立项开发建设全市金融风险预警和监管信息系统，通过"冒烟指数""云数据"等技术手段，特别是穿透"业务、资金、人员"三条主线，全天候无缝隙监控互联网金融等风险活动，建立健全地方金融监管机制，强化金融风险防控体系建设。

除了对P2P网贷等六大领域开展重点整治外，深圳市政府还率先在全国范围内对存在较大风险隐患的房地产金融、校园网贷两大领域进行了风险排查与整治。2016年3月，深圳市政府指导市互联网金融协会先后出台了《深圳市互联网金融协会关于停止首付贷类型产品的通知》《深圳市互联网金融协会关于停止"众筹炒楼"的通知》，并于3月24日正式印发了《深圳市人民政府办公厅关于完善住房保障体系促进房地产平稳健康发展的意见》，全面严禁互联网金融企业、小额贷款公司等金融机构从事首付贷、众筹购房、过桥贷等金融杠杆配资业务，取得了积极成效。随后，广州、上海等地纷纷效仿执行，相关政策在全国进一步推广。2016年8月，针对近年来全国各地校园网贷存在的虚假宣传、变相发放高利贷、暴力催收等违法违规现象，深圳市政府指导市互联网金融协会结合实际情况，起草了《关于规范深圳市校园网络借贷业务的通知》，要求校园网贷平台必须严格遵循"落实第二还款来源""禁止向学生提供除助学贷款、创业贷款等有助于学习工作之外的贷款业务""严禁非法催收"等九项规定，有力打击了非法违规贷款，保障了学生的合法权益。

从促进和规范互联网金融健康发展角度，深圳互联网金融监管和整治提出两条腿走路，一是扶优限劣，二是严厉打击非法集资等金融犯罪。2013年深圳市政府首先实施互联网金融的课题研究，课题当时由深交所牵头，吸收来自监管部门一行三会人员、从业机构人员和研究机构人员参与，课题针对性提出一系列政策建议，包括在物理空间上成立产业园、组织成立行业自律协会、成立深圳市互联网金融产业发展基金、人才培养等一揽子政策建议。2013年后，深圳市互联网金融行业蓬勃发展，企业数量、成交规模、业态覆盖都出现飞跃，新业态也不断涌现。2015年5月，以云南泛亚事件为转折点，①深圳市互联网金融行业政策由鼓励发展逐渐转向风险防控。2015年8月，深圳市金融办与前海区即开始拟制一系列关于如何强化监管的工作方案。2016年4月全国风险整治前，深圳市已经率先开始。2016年1月1日深圳市首先停止带互联网金融字样的企业工商注册，早于工商总局发文要求停止注册。2016年3月，深圳市全面开展互联网金融风险专项治理工作方案推出，经市委常委审核正式印发执行，由处非办牵头，并且纳入综合考核，建立处非领导小组，并在各区层面成立相应建制，由市小组负总责并统一指挥，各区政府、新区管委会、前海管理局在市小组领导下成立区小组。

在专项整治方案之外，还建立健全多项相关制度，如"打击处置非法集资工作办法"，明确了分工、职责、流程，"深圳市非法集资案件举报奖励办法"大力度奖励举报，符合条件的举报人最高可获20万元奖励，为全国最高。同时，明确责任、纳入考核，确定打击处置非法集资工作考核标准，占各区政府综合考核较大分数，进一步督促落实相关工作。

清理整顿过程包括几个方面的具体内容。一是全市纳入整治范围的商事登记主体由工商部门对企业登记信息进行关键字筛选，共计20多万家。二是配套建立了信息系统，用于信息传递和资料上传，委托第三方在很短时间内快速开发排查表格上传系统。三是充分运用第三方力量。例如福田分派任务至街道进行片区内排查，前海由于是虚拟注册地，仅500多家公司在此经营，大量公司在区外经营，联络困难，于是前海使用一些第三方数据对企业是否实际经营进行判断，查找实际经营地，并通过快件服务，寄送表格至公司进行填写，并由法人签字、加盖公章和保证所提供的信息真实无误，并由公司寄回。在总体排查外，针对规模较大平台进行重点现场检查，2016年5

---

① 泛亚注册在云南，由于非法集资资金链断裂，彼时泛亚在深圳前海注册互联网金融平台泛融网，签订出借人、借款企业、泛亚以及泛融网四方协议，把在泛亚平台上形成的债权债务关系转移到了泛融网，并在协议上约定违约或纠纷的解决地在深圳，转移了自身责任。股市牛市造成泛亚投资人挤兑，加速泛亚资金池的崩塌，给深圳市政府带来极大压力。

月在整顿工作初，即对两家较大平台进行较深入的联合检查，通过解剖麻雀、锻炼队伍、验证检查工具和体系的科学合理与有效性。对50亿元以上平台，由市金融办牵头进行现场检查，10亿～50亿元的平台分派到各区负责，由各区进行现场检查，通过第三方机构（会计师事务所、律师事务所）出具现场检查报告。

在深圳互联网金融专项整治后期长效机制建设过程中，需要密切关注一项关键问题是地方金融监管权责不对等，金融监管治理体系需要重构。当前的金融监管和治理体系存在五个不适应：金融监管法制资源与商事登记准入制度放松下类金融机构注册泛滥、行业监管无法可依不适应；分业监管模式导致监管套利、资产泡沫不断推高背景下系统性风险防范的实时预警和迅速反应的要求不适应；缺乏穿透式风险监管机制和全面准确的风险统计与信息技术推动下金融风险迅速传染不适应；分类微观审慎监管加剧金融机构资产顺周期性放大金融波动与逆周期宏观审慎监管金融服务实体经济的需要不适应；金融服务监管的实权集中在中央与金融风险处置压力集中在地方不适应。带来的工作难点就是工作由地方开展但缺少执法权、处置权、取缔权、现场检查权等。

目前，深圳市也在建设地方金融风险监测预警系统，应用大数据、云计算、区块链、语义分析、文本挖掘等技术。在宣传上，充分利用如公交站点、广场、银行网点以及电视、互动媒体、商场、地铁、公交等屏幕，网络、移动端等公共设施和场所，采用居民喜闻乐见的方式进行宣传教育。深圳投资者素质和成熟度较高，互联网金融领域没有出现重大案件，风险把控较好。

五 结论与政策建议

深圳金融科技监管与互联网金融专项整治过程和经验，概括地说，就是一个基础、三个主体、六个机制，即以类金融机构的监管主体、法律依据、权责清单为基础，以金融监管部门（包括地方政府）、第三方机构（包括技术供应商、专业服务机构）和行业自律组织三个监管主体，以准入机制、信息披露、风险预警、案件处置、投资者教育和权益保护、宣传六个机制构成一个完整的监管体系，推动行业规范和创新发展。同时，鼓励和引导金融科技和互联网金融企业建立和完善内部风险管理和度量体系，强化自身的风险管理和控制。毕竟，良好的风控还是主要依靠市场机制和企业内部管理，政府无法堵住，大包大揽更不可行。另外，值得一提的是，深圳市在事中事后的监管工作与社会信用体系连接方面有较好的经验，一是企业法人在注册之初，需要对其背景进行调查，并且法人需要做出诚信经营的承诺，允许有关部门在主体违反承诺条款的情况下采取必要的措施；二是自然人作为法人代表的背景调查已经实现部门联动，建立企业工商信息网络，通过法人相关关系进行风险评估，如 e 租宝的涉案人员已经进入黑名单，限制其此类业务的从业限制，建立守信激励、失信惩戒的机制设计。目前，深圳互联网金融专项整治已进入尾声，但监管体系和长效机制的建立尚远未完成，需要地方政府、金融监管部门和行业自身本着促进和规范行业健康发展的目标共同努力。

其一，切实推进互联网金融风险专项整治工作，引导行业合规和健康发展。网络借贷等互联网金融企业作为信用载体，在当前整个行业处于信用危机的情况下，任何风吹草动都容易引发挤兑危机，给企业带来灭顶之灾。2016 年底，深圳市互联网金融风险专项整治工作已进入清理整顿阶段，鉴于当前 P2P 网贷存在较多的违规行为，为防止在风险化解过程中发生二次风险，必须稳妥有序地推进整改工作，积极做到以下三点。一是新老划断，严控借贷规模。责令违规 P2P 网贷、校园网贷企业在完成整改前不得新增网络贷款余额，存量违规业务必须逐月降低并限期结清。二是以时间换空间，逐步化解企业风险。充分考虑违规 P2P 企业存在的流动性风险，给予其必要的整改期限，分阶段化解存量风险。三是树立标杆企业，发挥示范作用。在风险排查、现场检查的基础上，寻找合法合规经营企业，先行备案，鼓励发展，树立行业榜样，引导行业企业积极向合规标杆企业靠拢。

其二，明确监管目标，健全监管体系。目前，除 P2P 网贷、第三方支付、互联网保险等有相对明确的管理办法外，众筹（含公益众筹、实物众筹、股权众筹）、互联网财富管理（含互联网信托、互联网基金销售）、金融科技、金融互助社区、线下财富管理、股权投资机构等类金融机构均没有明确的划分类别，也没有制定相应的准入门槛和监管部门，存在较大的风险隐患。建议有关金融监管部门尽快梳理类金融企业，分门别类，制定准入门槛，明确监管部门，建立健全互联网金融监管体系，为后续日常监管奠定坚实的基础。

其三，规范企业名称，厘清经营范围。当前互联网金融企业名称和经营范围滥用现象较严重，给各地专项整治工作及后续日常监管带来较大的困难，同时，也使不法分子有机可乘，脱离监管范围，进行非法金融活动。建议金融监管部门加强对P2P网贷、股权众筹、互联网财富管理等互联网金融企业的名称和经营范围规范，制定明确的名称和经营范围注册登记规范办法，以实现统一、规范的管理。

其四，加快建设地方金融风险监测预警系统，制定有效惩处措施。为有效实现对P2P网贷、股权众筹等互联网金融企业的风险监控与预警，建议整合多方资源，逐步推进以下工作。一是整合政府数据。通过接入工商、公安、税务、社保等部门有关数据，实现多维度分析对比，全方位一体化实施监控，有效甄别风险企业，防控金融风险。二是实时报送企业经营情况。强制要求所有互联网金融企业接入系统，并定时报送企业经营数据，未及时报送的，制定相关处罚措施，如列入异常名单、违规通报等。三是逐步接入企业及其高管账户。为有效监控企业账户之间或企业账户与高管账户间的资金往来，建议协调各地银监局、各商业银行将互联网金融企业的所有企业账户及企业法人、高管账户接入系统，并实时监控大额资金异动情况，防范非法集资、卷款跑路等风险。

其五，推动建立金融风险宣传教育长效机制，提高风险识别和防控能力。当前金融服务及产品创新呈现加快趋势，公众参与投资理财的现象普遍化，对金融风险教育提出了新的要求。建议加强金融知识普及工作，建立金融风险教育长效机制。一是将金融风险教育早龄化，将金融基础知识、经典风险案例收进高中、大学课本，强化金融风险防范意识，树立"收益自享、风险自担"观念。二是将金融风险宣传教育常态化，定期通过电视、广播、书刊杂志、微博微信等渠道，开展线上线下风险宣传教育活动，多层次、广覆盖地普及金融风险知识，传播理性投资理念，提高风险识别和防控能力。

其六，加强行业舆论关注和引导工作，营造良好的行业舆论氛围。自e租宝事件以来，P2P等互联网金融饱受争议，部分媒体的评论不够客观，严重干扰了行业的健康发展。因此，建议金融监管部门加强行业舆情关注与引导。一是实时关注行业动态，及时发现负面舆情。建立与行业协会、新闻媒体畅通的信息交流机制，实时监控行业舆情，及时发现并处理各种不实报道，营造良好的行业舆论氛围。二是积极引导各主流媒体进行客观公正报道，避免以讹传讹、扩大传播范围，进一步加剧企业面临的风险，从而引发群体性事件，给地方政府带来维稳压力。三是规范互联网金融的广告宣传，明确禁止及处罚虚假宣传、夸大宣传等违规行为并建立举报奖励制度，同时建立宣传追责机制，严格规范明星、专家学者、电视、广播、报纸等受众面广、影响力大的名人或媒介的宣传行为，对于未经审查而开展代言或宣传的行为进行追责等。

广州金融科技与互联网金融规范发展及风险防控

黄国平 黄志海*

摘 要: 广州市拥有扎实的经济基础和较为发达的金融行业,金融科技与互联网金融发展拥有较好的先天优势。作为改革开放的前沿重镇,广州经济一直保持着快速增长。随着中国经济进入新常态,经济增速逐步放缓,以传统行业为驱动力的广州也面临新的挑战,经济结构需要进行调整。为此,广州市不仅提出了传统行业的"互联网+"战略,同时也积极培育和发展金融科技和互联网金融等新的业态和行业。2016年,广州市的互联网金融监管政策多管齐下,紧跟国家互联网金融监管政策方向,并根据自身存在的金融科技与互联网金融行业具体发展情况,统揽全局,制定及推进有利于广州金融科技和互联网金融企业规范化经营和发展的监管细则,促进了广州金融科技与互联网金融行业向良好趋势发展。

关键词: 金融科技 互联网金融 网络借贷 专项整治 金融生态环境

一 前言

广州市是全国经济实力第三大城市,拥有扎实的经济基础和较为发达的

---

* 黄国平,博士,中国社会科学院金融研究所研究员;黄志海,广州互联网金融协会秘书长。

金融行业，金融科技与互联网金融发展拥有较好的先天优势。作为改革开放的前沿重镇，广州经济一直保持着快速增长。随着中国经济进入新常态，经济增速逐步放缓，以传统行业为驱动力的广州也面临新的挑战，经济结构需要进行调整。金融行业在此情况下肩负着继续为经济运行提供动力的重任，对经济增长的拉动日趋显著。然而，如果继续按照旧有的模式运行，广州金融行业发展将不能满足经济新业态发展的需求，不能为经济结构调整提供充足血液。为此，广州市不仅提出了传统行业的"互联网+"战略，同时也积极培育和发展金融科技和互联网金融等新的业态和行业。

广州市互联网金融和金融科技发展是在国家大环境的催化下兴起的，经济金融背景较为坚实，但是创新性略显不足。广州市在金融新业态的发展上虽然没有落后于其他城市，但是相较于上海和深圳，规模及增速较小。由于广州市政策相对保守，金融科技和互联网金融作为新生事物尽管没有发生"粗暴式"生长局面，却也失去了不少先机，除少数几家较具规模的互联网金融企业外，并没有形成明显的金融科技与互联网金融产业群优势。

继2014年11月广州市政府针对"关于广州市互联网金融创新发展的相关问题"向社会征求意见后，2015年1月，广州市正式公布《广州市推进互联网金融产业发展的实施意见》，对互联网金融行业提出更加明确的发展方向，规范行业健康发展。2015年7月，中国人民银行等监管部门发布《关于促进互联网金融健康发展的指导意见》，肯定了互联网与金融的融合发展，这也为广州市金融科技与互联网金融提供了明确的行业监管意见。2016年广州市的互联网金融监管政策多管齐下，紧跟国家互联网金融监管政策方向，并根据自身存在的金融科技与互联网金融行业具体发展情况，统揽全局，制定及推进有利于广州金融科技和互联网金融企业规范化经营和发展的监管细则，促进了广州金融科技与互联网金融行业向良好趋势发展。

二 广州金融科技与互联网金融生态环境分析

广州作为全国经济发展的热点中心城市，拥有扎实的产业发展基础及较大的金融产业规模，这使广州的互联网金融发展拥有较好的客观优势。广州作为华南地区重要城市，市场化程度相对最高，经济较为发达，金融资源相对丰富，政府体制和法制建设较为健全，金融生态环境明显优于内陆城市，城市化得到了持续快速的发展。根据《中国地区金融生态环境评价（2013～2014）》评估结果，广州市与杭州市、南京市的金融生态环境评分遥遥领先于其他省会城市（见图1）。珠三角经济区进入金融生态环境评分的八大城市中，广州与深圳相比，城市金融生态环境还稍有差距，但在经济基础上，广州强于深圳。

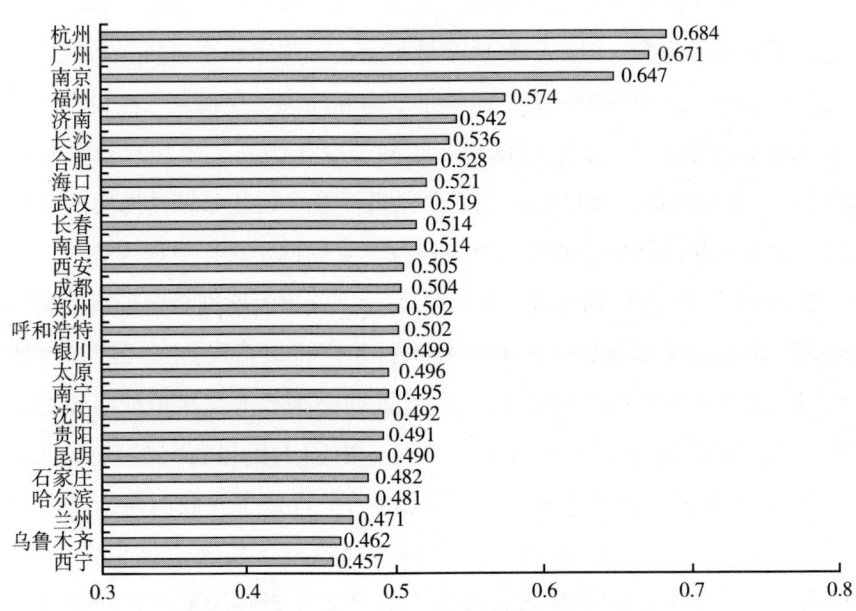

图1 中国各省会城市间金融生态环境的比较

综观广州市金融科技与互联网金融整体发展环境，呈现如下特点。

其一，金融科技与互联网金融整体业务发展呈现"发展迅速但业务创新不足"，风险控制方面呈现了"针对性监管缺失、风险事件规模较小但频率高"。随着互联网金融业务的普及推广，越来越多人愿意接受互联网金融服务，互联网金融市场有着巨大的成长空间。未来几年，广州市的金融科技与互联网金融行业将进一步推动实体经济的发展，为实体经济的增长提供渠道和动力。广州金融科技与互联网金融行业迅速发展，以网络借贷、众筹、互联网支付等为代表的互联网金融，已经成为具有一定规模和影响力的金融业态。现在越来越多的行业和企业加入了金融科技与互联网金融领域中，极大地丰富了金融科技与互联网金融的内容，也促进了金融科技与互联网金融发展的包容性和创新性，为传统行业的转型升级带来了机遇。但是，金融科技与互联网金融行业竞争愈加激烈，广州市金融科技与互联网金融企业也面临不少挑战。

其二，相当数量的金融科技与互联网金融企业注册地与业务运行地不一致，表现为注册地为深圳，而业务经营在广州。由于广州金融科技与互联网金融起步较晚，发展时间不是特别长，在很多方面仍然存在不足，特别是在业务活力上，不如北京、上海、深圳。广州金融科技与互联网金融的本地机构种类不是特别丰富，数量较少，加之创新力和活力不够，导致广州金融科技与互联网金融市场本地供给不足。在当前金融科技与互联网金融市场需求较为旺盛的情况下，广州金融科技与互联网金融的市场份额会有相当一部分落在广州市以外设立的互联网金融机构手中。当前，很多在广州地区开展金融科技与互联网金融业务的企业，多半都是注册在诸如深圳前海等政策较为宽松地区，这种现状说明广州应该注重对本地金融科技与互联网金融提供更多支持和推动。

其三，广州尚未有代表性的大型著名金融科技与互联网金融企业，金融科技与互联网金融行业整体水平尚有待提高。相较于深圳有腾讯，杭州有阿里巴巴，北京有京东，上海有陆金所，广州尚未出现有代表性的大型著名金融科技与互联网金融企业，不能形成如其他城市般的产业集群效应。从深圳的腾讯可以看出，一个具有代表性的大型著名企业对于一个城市产业发展的重要性。从深圳市政府对这些企业的重视程度，可见城市政策对于培养和推动新兴产业成长和发展的重要性，广州应因时而变，借势而起，顺势而为。

目前，广州金融科技与互联网金融企业的整体水平尚有待提高，比较优势不明显，并未借势而起，而这可以直接从广州市金融科技与互联网金融企业所占有的各市场份额看出。广州金融科技与互联网金融企业依托广州市整体的经济实力，应该能够走在全国先列，然而事实是，尽管广州金融科技与互联网金融企业表现不算落后，但是比较其他城市，水平仍然有待提高。就目前情况而言，广州市仍然有其独特的地域优势，而且作为省政府能够借助整个广东省的优势，但是金融科技与互联网金融企业并未能够借势而起，顺势而为，其最大一个症结便是金融科技与互联网金融企业自身水平的局限性，尤其是其稳健和持续经营的能力。长远而言，金融科技与互联网金融企业应当从自身的稳健和持续经营出发，提高自身的风控能力，增强投资者、消费者和社会公众对整个行业的认可度，从而一步一步做大做强。广州市金融科技与互联网金融行业仍然存在不少问题，暴露的风险事件虽然规模较小，但是，由于风险事件爆发太频繁，给社会造成不良影响。2015年7月中国人民银行等十部门联合印发《关于促进互联网金融健康发展的指导意见》之前，互联网金融行业没有一个具体的指导意见，因此长期处于监管缺失的局面，监管非常困难。随着2016年各种监管细则的出台，广州市金融科技与互联网金融公司将面临政策监管压力，整个行业将重新洗牌、整合、转型或升级，同时，金融科技与互联网金融公司内部兼并收购或成常态。

三 广州金融科技与互联网金融发展态势及其特点

（一）广州市网络借贷发展态势及特征

网络借贷是指个体和个体之间通过互联网平台实现的直接借贷，即通过第三方互联网平台进行资金借、贷双方的匹配。由于无准入门槛和行业标准，网络借贷还没有严格意义上的概念界定，其运营模式尚未完全定型。网络借贷平台的盈利主要是向借款人收取一次性费用以及向投资人收取评估和管理费用。由于其参与门槛低、渠道成本低，在一定程度上拓展了社会的融资渠道。但是，其客户主要是小微企业及普通个人用户，资信相对较差，贷款额度相对较低，抵押物不足。当前，囿于央行个人征信系统暂时没有对网贷企业开放、异地信用贷款审核及催收成本高等原因，不少网贷平台坏债率一直居高不下。

广州市2016年正常运营的网贷平台在70家左右，占据了整个广东省的15%。目前，广州市的P2P网贷市场主要由PPmoney等少数几家平台占据。广州P2P网贷市场的广阔前景吸引了不少资本注资，尤其是民营资本，不少平台也获得风投的A轮、B轮的融资支持，少数几个平台有国有企业和上市企业的注资。广州市P2P网贷市场至今具有持续的热度，受到了各大投资集团和越来越多的个人投资者的推崇，然而行业仍然存在一定的乱象，如问题平台的频繁出现，恶意性跑路平台不少，也有部分平台有经侦介入现象。此外，一些平台也出现提现困难的问题。平台运作不规范，加上风险识别能力较弱，使P2P网贷平台风险控制能力不强，而监管缺失更是使风险事件无法得到监管抑制。

目前，从广州市行业整体来看，先进入者因为有一定的知名度及投资者积累，更多的是缺乏优质的信贷客户。而对于一些新上线的平台，因为缺少品牌知名度及投资者的信任，或者被迫选择一些虚拟的高利率标的来吸引投资者，或者是依托线下合作的小贷、担保公司资源将一些规模标的进行资金规模或者时间段的分拆，以便尽快形成一定的交易量，因此，存在一定的违规性经营现象。

（二）广州市众筹行业发展态势及特征

众筹是指大众筹资或群众筹资，是用团购和预购的形式，向广大网友募集项目资金的金融模式。利用互联网传播的特性，让创业企业或个人创业者对公众展示他们的项目，争取大家的关注、认同和支持并投资。众筹融资方式融资门槛较低，项目种类繁多，从新产品的研发、新公司成立，到艺术设计、公益捐赠等都可以通过众筹的方式实现。众筹平台的运作模式大同小异——需要资金的个人或团队将项目策划交给众筹平台，经过相关审核后，便可以在平台的网站上建立属于自己的页面，用来向公众介绍项目情况。众筹的规则有三个：一是每个项目必须设定筹资目标和筹资天数；二是在设定天数内，达到目标金额即成功，发起人即可获得资金；项目筹资失败则已获资金全部退还支持者；三是众筹不是捐款，所有支持者一定要设有相应的回报。众筹平台会从募资成功的项目中抽取一定比例的服务费用。

此前，有人预测众筹模式将会成为企业融资的另一种渠道，对于国内企业上市融资之路愈走愈难的现状会提供另一种解决方案，即通过众筹的模式进行筹资，但从国内实际看，不容乐观。广州市有极少数平台针对种子期、天使期的创业提供服务，即"众投"模式，但是因为项目优劣评判的困难，以及回报的不确定性，目前仅仅停留在线下少量天使投资人、投资机构及少数投资玩票的人当中，涉及金额也相对较小。

与热闹的P2P网贷相对，广州市众筹行业处于一个相对冷清的局面，不仅平台数量不多，且平台影响力不大，项目数量和项目规模较小。无论是平台数量还是平台成功筹资额，广东地区众筹发展在全国处于前列。然而，广东地区域内众筹发展的地域差别非常明显，深圳、广州两个城市的众筹平台数量占广东地区总量95%以上。相对于深圳以外的广东其他地区，广州众筹发展无疑具有明显优势。截至2016年12月，广州注册的众筹平台共有12家。从12个平台的上线时间来看，广州众筹平台的兴起主要集中在2014年和2015年两年，这两年间上线平台数占总量的83.33%，2016年新兴平台数量明显减少。2015年广州市开展众筹融资试点工作，建设广州众创金融生态圈，众筹行业在广州蓬勃发展。2016年，众筹行业的相关政策则由"鼓励发展"转为"监管整治"，面对不确定的政策环境以及未成熟的商业模式，广州众筹进入缓慢发展期。

（三）广州市互联网支付发展态势及其特征

互联网支付是指通过计算机、手机等设备，依托互联网发起支付指令、转移货币资金的服务。互联网支付的参与方包括消费者、支付机构、商户，其中支付机构主要为消费者和商户提供在线货币支付、资金清算等服务。

截至2016年12月底，广州地区第三方支付机构共有9家，其中拥有互联网支付业务的为5家，分别为广州银联网络支付有限公司、易票联支付有限公司、广州商物通网络科技有限公司、广州市汇聚支付电子科技有限公司、广州合利宝支付科技有限公司。按目前拥有第三方支付牌照的机构数量计算，北京有32家，上海有23家，深圳有11家，相比之下广州的机构数量最少。目前，广州市9家互联网支付机构中，获得中国人民银行许可的业务按照覆盖的机构数量依次为互联网支付、银行卡收单、预付卡发行与受理以及移动电话支付，各机构的业务经营范围依据业务类型分布在广东省内，或其他省份，或全国范围。

与北京、上海和深圳相比，广州第三方支付牌照数量最少。在拥有互联网支付业务资格的5家企业中，广州商物通网络科技有限公司、广州市汇聚支付电子科技有限公司、广州合利宝支付科技有限公司都是2014年第7批获批的第三方支付企业，因此在当前业务发展中处于起步阶段。从业务覆盖范围来看，广州市第三方支付机构中，广州银联网络支付有限公司、广东银结通电子支付结算有限公司、易票联支付有限公司的银行卡收单业务仅限于广东省内。广东广物电子商务有限公司的预付卡发行与受理业务仅限于广东省，相比之下，支付宝、财付通和银联等行业领先者的业务范围均覆盖全国。广州第三方支付业务的区域限制制约着广州互联网支付机构的发展。

（四）广州消费金融发展态势与特征

广州作为历史悠久的名城，GDP一直是广东之首。近年来，广州市居民的经济收入稳步提升，消费性支出也随之不断提高，居民消费欲望旺盛，这也是实力强大的中邮消费金融公司落地广州的重要原因。广州互联网消费金融诞生于2013年。2007年，消费金融试点首先在广东地区建立，然而直到2013年广州才正式有了本地的消费金融机构。银监会于2009年首次颁布《消费金融公司试点管理办法》，并于2010年批准北京、上海、天津、成都四个城市为试点城市，广州并未在列。直到2013年，银监会在第一批的四个城市基础上增加了12个城市作为消费金融试点城市，广州才正式成为其中一员。同年，广州首个消费金融公司（也是国内首家支持支持大学生分期购物的数码类网上商城）佰潮网创建。2015年的5月，作为国内首家专注于女大学生消费分期解决方案提供商的广州咪哑网络科技有限公司成立。2015年11月，广州首个具有银监会执照的消费金融公司——中邮消费金融公司成立。至此，消费金融正式走进广州。目前，这三家消费金融公司业务和运营尚在不断提高和完善中，当然，在国家政策的扶持以及互联网金融快速发展的大背景下，广州市的消费金融发展前景值得期待。

（五）广州市互联网保险发展态势与特征

广州互联网保险的发展在很大程度上得益于国家政策的大力支持和广东省政府的积极响应。2006年，国务院发布《国务院关于保险业改革发展的若干意见》，有力地推进了保险业的发展。此后，广州的保险体系逐步完善，从业人员和保险机构的数量迅速增加，业务规模也不断扩大。随着广东省互联网科技和电子商务平台的高速发展，越来越多的保险机构谋求转型以顺应时代潮流，使广州市的互联网保险企业数量迅速增加，同时，越来越多的资本入驻互联网保险领域。2015年后，互联网保险进入了高速发展。根据《2015互联网金融消费白皮书》报告，2015年前三季度我国互联网保险原保费总收入超过1700亿元，而广东省占比达到43%，列全国首位。目前，互联网保险越来越受到广东居民欢迎，广州作为广东省的中心城市，互联网保险在广州地区的发展也是一片欣欣向荣。根据广东省保监会统计，2016年，广州市保费收入规模大幅增加，达到1164.24亿元，这也离不开广州市互联网保险企业的突出贡献。现阶段，广州互联网保险正进入加速发展时期，互联网保险产品和模式不断创新，迸发出新活力。

四 广州互联网金融与金融科技风险防控及其整治

在行业发展的初期，央行还未出台具体的互联网金融政策，各地方政府已开始关注互联网金融行业发展并给予了相关政策支持。广州市政府也不例外。2014年《广州市支持互联网金融创新发展试行办法》提出，给予一次性落户奖励的互联网金融企业需满足以下条件：注册地在广州，规范经营，规模大，行业影响力强。并且，对互联网金融企业在开展相关业务、引进人才等方面也提供了一定的资金补助。广州市政府还对该办法进行意见征集，争取制定更符合当前阶段互联网金融行业发展的政策。到2015年，广州市政府发布《关于推进互联网金融产业发展的实施意见》，这一实施意见不仅为企业提供资金奖励，也为互联网金融的发展指明了一个更加明确的方向——行业细分，同时，加强行业信息披露等措施。这一意见的颁布，有利于吸引更多的互联网金融企业入驻广州，为互联网金融行业注入创新活力，促进广州市互联网金融的规范化发展。2016年4月，广州市政府颁布《广州市构建现代金融服务体系三年行动计划（2016~2018）》，其中"金融+互联网"作为十四个重点行动之一，广州市政府提出要加快发展互联网金融从业机构、做大做强互联网金融交易平台、建设互联网金融产业基地、营造良好的发展环境。

2014~2016年，广州颁布的这些政策，不仅给予互联网金融企业实质性的补助，还为互联网金融企业的发展方向提出引导，促进了广州市互联网金融行业的进一步发展。近几年广州互联网金融企业数量的增长以及业务的扩展，得益于互联网金融行业本身的发展优势，也离不开广州市政府的政策支持。除了鼓励性政策，广州还在全国及省的指导下，针对互联网金融的乱象，出台了一系列如《广州市互联网金融风险专项整治工作实施方案》的整顿政策针对广州金融科技与互联网金融领域的各种风险和乱象进行整治，以期建立长效机制。广州金融科技与互联网金融监管与整治政策法规见表1。

表1 2014~2016年广州市主要互联网金融指导及监管政策

时间	文件	相关内容	发布机构
2014年6月	《广州市支持互联网金融创新发展试行办法（征求意见稿）》	为在广州落户的互联网金融企业提供落户、租赁办公用房、业务创新、提供融资服务以及人才引入等方面的奖励补贴	广州市人民政府

续表

时间	文件	相关内容	发布机构
2015年1月29日	《广州市人民政府办公厅关于推进互联网金融产业发展的实施意见》	推进互联网金融产业在广州市创新、集聚、规范发展,抢占金融发展制高点,促进区域金融中心建设	广州市人民政府办公厅
2016年4月11日	《广州市构建现代金融服务体系三年行动计划(2016~2018)》	着力构建业态丰富、结构合理、服务高效、安全稳健的现代金融服务体系	广州市人民政府
2016年6月14日	《广东省人民政府关于金融服务创新驱动发展的若干意见》	加快推动广东省金融改革创新,促进金融更好地支持创新、支持实体经济、支持对外开放合作	广东省人民政府办公厅
2016年10月13日	《广州市互联网金融风险专项整治工作实施方案》	通过专项整治,规范各类互联网金融业态,净化金融生态环境,扭转互联网金融某些业态偏离正确创新方向的局面,遏制互联网金融风险案件高发频发势头	广州市人民政府办公厅

在金融科技与互联网金融行业起步初期,广州金融科技与互联网金融政策主要是支持行业发展,更多的是对企业进行引导,而针对金融科技与互联网金融企业相应的监管法律则相对较少。近几年,行业进一步发展的同时,也出现了很多问题,特别是2015年爆发的某些平台资金短缺、跑路等问题,引起了社会各界的关注。与此同时,国家开始对互联网金融行业实施较为严厉的监管,广州市政府在此背景下,也颁布了相应的政策对金融科技与互联网金融企业进行监管。但是,监管政策很多只停留在监管的形式上,对互联网金融行业起实质性监管作用的政策并不多。广州市互联网金融监管政策存在问题有以下几个。

一是缺乏专门的立法,相关法律和监管机构的协调有待进一步完善。当前的法律中,专门针对互联网金融监管的法律并不多见,对互联网金融监管也缺乏一个完善的法律体系。虽然广州市政府在近几年不断提出新的监管细则,但真正实施这些细则,还需要各监管机构不断协调。

二是分工不明确。2015年网络借贷平台资金短缺,平台倒闭等问题不断出现,显示了对互联网金融的监管缺位。在互联网金融行业的监管上,对于如何界定监管部门的权力以及如何划分监管部门的职责这两个问题,目前还是未得到有关部门的落实。

三是自主性政策较少、政策支持针对性弱。广州互联网金融行业的发展相对于北京、上海、深圳等地的发展比较慢,政策支持较多借鉴其他城市。广州市对于互联网金融行业的政策支持主要是给予达到标准的企业一定的奖励、税收优惠及补贴等,很多政策往往只是单纯地想吸引更多的互联网企业落户广州,针对行业具体问题给予解决的对策措施则相对较少。

四是信息披露不完善。纵观我国互联网金融行业整个发展历程,行业信息披露缺乏。同样,广州市互联网金融行业的信息披露也并不多见。直到2016年3月,央行就互联网金融信息披露初步做出规范,要求个体网络借贷、互联网非公开股权融资和互联网消费金融从业机构需要达到一定的信息披露标准。在此基础上,广州加强对互联网金融行业的信息披露力度,将信息披露制度逐步提上日程。目前,广州对互联网金融行业的监管尚处于初步阶段,仍需要继续完善信息披露,减少信息不对称,努力让广州互联网金融朝规范化的方向发展。

综合各省市及国外有关互联网金融的监管体系,我们认为广州市金融科技与互联网金融监管应该从着重以互联网金融"投资者、筹资者和中介平台"三个主体为监管对象,参照金融和信息科技企业的内部控制基本原则,建立"政府、企业、行业及社会"四位一体,多层次、全方位风险防控体系,以保证广州金融科技与互联网金融风险始终处于可管、可控、可承受范围内。风险防控体系见图2。

对于投资者,从保护投资者利益出发,坚持互联网金融投资"小而分散"原则,同时,考虑设立广州市投资者数据库,抽取各个互联网金融企业的投资者交易数据,构建监测指标,为事前、事中、事后管理提供有力的技术支持。

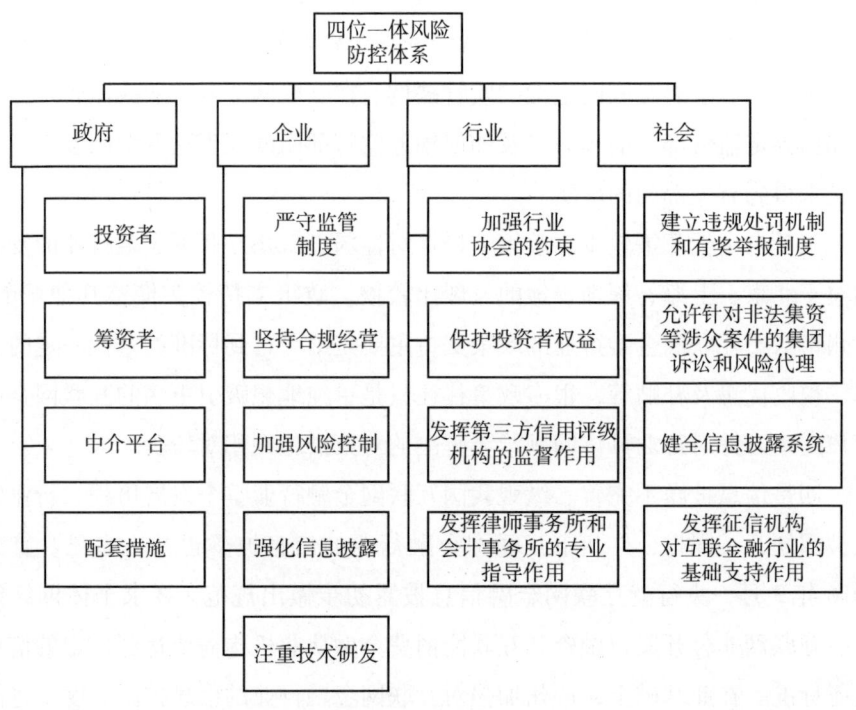

图2 金融科技与互联网金融风险防控体系

对于筹资者，在资格的审核、筹资金额、筹资用途和信息披露方面必须从严把关、坚守底线，并且将风险管理与控制系统和征信系统结合，有效遏制诈骗和高风险筹资行为。

对于中介平台，在监控上必须综合考虑、系统部署、分类处置。一方面，提高准入门槛限制，强化事前资质监管，从源头降低违约风险；另一方面，给予行业政策优惠及扶持，鼓励行业创新和发展，建立风险信息披露机制，促进行业发展透明化，明确行业退出机制。

对于金融科技与互联网金融企业，严格遵守监管制度，坚持企业合规经营，同时，加强风险控制，强化信息披露，鼓励和促进企业技术研发，提高核心竞争力。

对于行业自律监管，强化行业协会的约束，充分发挥行业协会（自律组织）保护投资者权益的积极作用，同时，发挥第三方信用评级机构的监督作用以及律师事务所和会计师事务所的专业指导作用。

五 结论及政策启示

作为一种新型金融业态，金融科技与互联网金融为金融业发展注入活力的同时，也为金融监管带来了新的挑战。国务院办公厅《关于互联网金融风险专项整治工作方案》的颁布实施，标志着国家对互联网金融风险整治工作进行了全面部署和安排，也必将成为广州金融科技与互联网金融规范发展和风险防控的指导思想与行动指南。

广州金融科技与互联网金融风险防控和规范发展应坚持的原则：坚持以服务实体经济的发展方向，坚持以合法合规与审慎经营为运行前提，坚持以发展普惠金融、提升服务效率为重点，坚持以完善风险控制能力为核心，坚持以金融科技为驱动，坚持以开放共赢合作为基础。充分结合广州互联网金融业发展的实际，确定广州金融科技与互联网金融风险防控与规范发展目标，通过科学合理的监管组织结构设立，现代监管手段与工具的综合运用，在有效控制系统性金融风险、保证正常良好的金融秩序前提下，促进广州金融科技与互联网金融行业实现健康有序的发展。在政策方面有以下几方面含义。

其一，任何金融业态的发展都必须以服务实体经济发展为目标，金融从属并服务于经济的核心功能不可偏废，互联网金融作为主体金融体系的补充，必须在支持实体经济发展中，实现自身的发展。

其二，以系统性区域金融风险的有效控制及宏观金融秩序稳定为标志，要求政府必须加强对互联网金融行业的监管，同时要求行业严格自律，切实提高对金融风险的掌控能力。

其三，必须严格按照国家法律法规，把保护金融消费者利益放到重要位置，杜绝一切以金融创新名义损害金融消费者权益的行为，一旦发现绝不姑息。

其四，对金融科技与互联网金融的行业准入及业务开展，需参照国家对相关金融行业与业务、产品方面的监管规定，实行基本的准入限制，必须加强互联网金融从业人员的金融素质要求及核心人员的备案登记。

其五，金融科技与互联网金融的深入发展，要求行业更加注重创新，提高自身的竞争能力。同时，金融科技与互联网金融行业的各种创新也促使互联网金融监管发生改变——创新的监管思路和方式。从技术上讲，未来对金融科技与互联网金融的监管，将更多地依赖互联网、云计算、大数据创新等技术手段。对互联网金融的监管，需注重对新技术的创新应用，使监管更加有力。技术创新是金融科技与互联网金融行业的灵魂，无论是产业变革还是社会创新都需要技术创新的推动，未来互联网科技将与金融结合，逐渐实现金融服务于广大民众的道路，而这也对金融科技与互联网金融监管的制度创新提出了更高的要求。广州市可以借鉴中国互联网金融协会和英国的监管沙盒，加强监管技术和思路上的创新，尤其是利用技术手段对互联网金融的风险进行高效实时控制，以应对金融科技与互联网金融频繁变化。

东莞金融科技与互联网金融生态环境与风险整治

唐 军[*]

摘 要： 提升金融与科技融合发展水平，促进以互联网技术和手段提升金融服务的效率和水平，共建数字和普惠金融服务平台，对东莞破解公共金融服务短板、加快社会信用体系建设和普惠金融建设、推动开放型经济发展具有十分重要的意义，也与东莞"敢为人先、抢抓机遇"的改革开放精神不谋而合。东莞金融科技和互联网金融发展，综合化金融服务平台建设和运行，将有效弥补东莞金融发展的短板，推动东莞金融服务实体经济更上新台阶，实现多方共赢的局面。当前，东莞金融与科技创新发展还有待提高和完善，需要在继续巩固现有传统金融优势的前提下，着力发展金融科技和互联网金融等代表金融未来发展方向的新的金融业态，有效防范和化解区域性、系统性金融风险，进一步打响东莞市"金融绿洲"品牌。

关键词： 互联网金融 金融科技 金融绿洲 普惠金融 金融生态 东莞

---

[*] 唐军，派生集团董事长、团贷网创始人。

一 引言

东莞作为广东省经济重镇,被冠以"世界最大代工厂"的名号,这个名号在 20 世纪 90 年代至 21 世纪初曾为东莞带来了丰厚的财富积累,也为东莞经济腾飞打下了深刻烙印。然而,伴随着全球经济增速的放缓以及中国经济的结构转型,这种以加工贸易主导的经济结构则成了东莞经济增长阻碍。东莞市在"十三五"规划建议中明确指出实施金融改革与"互联网+"战略将有助于增加金融供给,给予市场更多创新空间。事实上,被称为"金融绿洲"的东莞市在金融与科技创新融合方面具有天然优势。东莞既拥有大量资金让银行吸纳用于放贷,也有大量企业有持续融资需求。同时,"深莞惠"一体化也给东莞金融业带来发展机遇。东莞是国家首批促进科技与金融结合试点地区,也是广东省科技、金融产业融合创新综合实验区。东莞在促进金融与科技融合发展上出台了顶层方案,加大地方政府财政拨款力度,构建多部门协调机制。当前,东莞金融与科技创新发展还有待提高和完善,需要在继续巩固传统金融优势前提下,着力发展金融科技和互联网金融等代表金融未来发展方向的新的金融业态,有效防范和化解区域性、系统性金融风险,进一步打响东莞市"金融绿洲"品牌。

二 东莞金融科技与互联网金融生态环境

根据《中国地区金融生态环境评价(2013~2014)》评价结果,东莞在珠三角经济区进入金融生态环境评价的八大城市中综合评价结果居第四位。东莞具有较好的经济基础,但是在金融发展与制度以及诚信文化方面有待提高(见图1)。近年来,东莞抓住经济升级转型的契机,切实落实供给侧结构改革各项措施,促进金融支持和服务实体经济,积极实施"互联网+"战略,提升金融创新和科技创新的有效融合,经济发展方式逐步实现有效转型,金融科技和(互联网)金融生态环境获得显著改善。

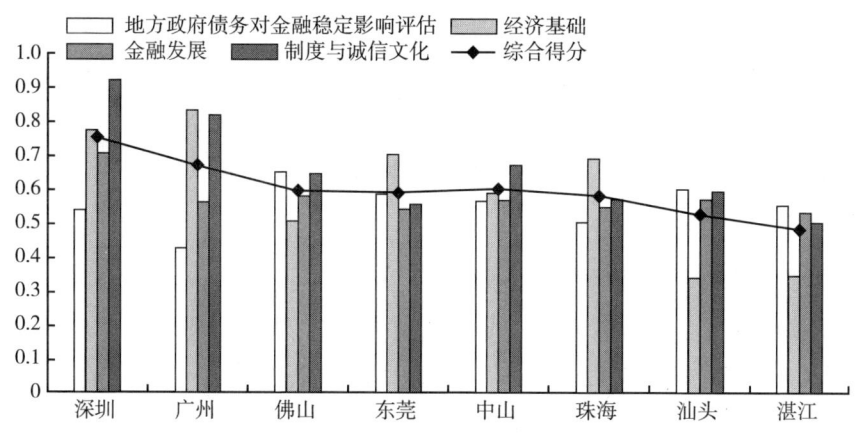

图 1　珠三角经济区主要城市金融生态环境比较

在经济增长和结构转型方面，东莞市经济逐渐平稳恢复，经济转型升级持续推进，经济结构不断优化。面对国际金融危机和制造业成本上升的双重冲击，东莞以新发展理念为引领，危中寻机、积极作为，坚定不移推动经济转型升级，取得重要成果。东莞曾以外向型经济和加工制造获得多年飞速发展，2008年金融危机以来，在国内要素成本上升、国外市场低迷的"双重挤压"下，东莞长期积累的深层矛盾逐渐显露，当年，857家外企关停外迁，经济增速在2012年"断崖式"跌至6.1%，"倒闭潮""撤资潮"传闻一时甚嚣尘上。自2013年起，东莞市政府每年的"一号文件"都聚焦实体经济，明确扶持实体经济发展、实施"东莞制造2025"战略。随着政策效力显现，东莞关停外迁企业逐年减少，增长企稳和回暖。2016年，东莞实现地区生产总值6827.67亿元，继广州、深圳、佛山之后，居广东第四位，比上年增长8.1%。同时，也成为继苏州之后全国第二个国税收入突破千亿的地级市。2016年，东莞规模上工业企业数净增228家，规模以上工业企业总数超过5800家，并诞生首家营业收入超千亿企业。① 新增国家高新技术企业522家，总数达到1500家，在全省地级市排名第一。

---

① 东莞诞生首家营业收入千亿企业，为生产智能手机系列的"步步高系"。

在金融发展与创新方面，东莞进一步优化实体经济健康发展的金融环境，加快培育发展新兴金融业态。2015年东莞成为全国非省会地级市中第四个各项存款余额突破万亿的城市，全市经营性金融机构130家，密集程度居全国地级市前列，金融业增加值占GDP比重、保费收入、不良贷款率等指标在全省处于较好水平。2016年，东莞市金融业实现增加值441.64亿元，增长8.2%。全市有各类金融机构129家，其中银行类机构38家（含1家代表处），保险类机构56家，证券期货类机构35家。年末全市金融机构各项本外币存款余额11545.10亿元，同比增长15.8%。住户存款余额4943.56亿元，增长6.8%。各项本外币贷款余额6545.66亿元，增长9.4%，其中，个人消费贷款余额为2351.38亿元。2016年12月，东莞市出台《东莞建设金融强市总体规划（2016～2025）》，提出将通过未来5～10年的努力，构建以服务先进制造业和现代服务业为主的金融投融资体系，形成具有区域特色的现代金融强市。明确要以"建设东莞金融强市"为总目标，以"促进实体经济发展、支持产业转型升级"为主线，全面提升东莞金融业发展水平，逐步调整金融产业结构布局，推动东莞成为广州、深圳两个区域金融中心的主要衔接点、支撑点和有机组成部分，扩大东莞金融业辐射能力，提升地方金融品牌优势。力争在未来5～10年时间内建立起统一、开放、竞争、有序的现代金融体系，打造广东金融强省"第三极"，实现由"金融大市"向"金融强市"转变。2020年，全市金融业增加值达到800亿元，占地区生产总值的比重达到8%左右。2025年，全市金融业增加值的规模达到1200亿元，金融组织体系更加完善，全市金融机构数量达到140家左右，初步打响东莞"地方金融"品牌。同时，新兴金融业态加快发展，数量在2015年的基础上翻一倍，达到150家左右。

在维护金融稳定和防范系统性风险方面，东莞加强金融领域的统筹和监管，提升金融风险的监测和预警能力。2016年4月，东莞市出台《东莞市供给侧结构性改革去杠杆行动计划（2016～2018年）》指出东莞将加强去杠杆工作的统筹和预警，全面摸清金融机构杠杆率及风险控制能力，推进金融产品去杠杆，强化交叉性、跨市场金融产品的风险监测和预警，敦促金融机构杠杆率达标；降低融资成本与优化融资结构相结合，改善和优化融资结构和信贷结构，规范银行业服务收费行为，着力提高直接融资比重，鼓励银行机构建立服务小微企业的专职网点等，降低社会融资成本；此外，将防范处置金融风险与促进改革创新相结合，建立跨部门、跨镇街的金融风险防范处置联动机制，积极防范和稳妥处理各类金融风险，守住不发生区域性、系统性金融风险的底线。通过系列政策措施，东莞预期在2018年底，地方法人银行机构、证券及期货机构、保险公司、小额贷款公司、融资担保公司、融资租赁公司杠杆率全面达标。

三 东莞金融科技与互联网金融发展现状与趋势

东莞是国家首批促进科技与金融结合试点地区，也是全省科技、金融产业融合创新综合试验区。东莞也正在利用这个契机积极地进行产业转型，目的就是大力发展高新技术产业，靠高新技术改造传统产业。首先，东莞市出台相应的实施办法、方案及措施。2014年，东莞市政府颁布了《东莞市创新财政投入方式促进市科技金融产业融合工作方案》，提出引导天使投资、推动银行加大信贷力度、推进贷款贴息、推进科技金融服务体系建设等工作计划；2015年6月，东莞市又出台了《东莞市创新创业种子基金实施方案》，全面支持高新技术产业的创业；2015年7月，市政府又先后印发了《东莞市促进企业研发投入实施办法》、《东莞市加快新型研发机构发展实施办法》、《东莞市促进科技服务业发展实施办法》以及《东莞市促进科技金融发展实施办法》等通知，建立了银行信贷风险补偿、创业企业贷款贴息补助、创业投资风险补助、科技保险补贴等全面支持科技和金融融合发展的工作机制。其次，加大地方财政科技拨款力度，实施财政科技投入方式的创新：一是市财政设立首期5000万元的"东莞市创新创业种子基金"，全部用于并仅限于投资东莞市内注册的种子期、初创期等创业早期科技型中小微企业或者项目；二是市财政每年安排2000万元作为创业机构风险补助资金，用于对在东莞注册的创业投资机构在投资科技型中小微企业过程中的亏损弥补；三是东莞市财政安排2亿元作为信贷风险补偿基金，鼓励合作银行对科技型中小微企业进行贷款支持。四是建立多部门的协调机制，推动金融与科技有效融合。科技与金融融合发展是一项系统性工程，不是单靠一个部门就能够实施和推动。为此，东莞市财政局伙同科技局、经信局、外经贸局、发改局、金融工作局、中国人民银行东莞中心支行、银监会、试点银行，组建了一个共同参与的协调机制。

东莞小微企业众多且融资难已经成为影响东莞产业转型升级的重要障碍，东莞市曾先后出台包括推动金融机构产品创新、优化网点等多项政策扶持小微企业融资，虽有成效但无法扭转融资难困境。互联网金融顺应了金融领域改革创新的导向，以其低廉的成本、快捷的融资方式打破传统资本市场融资方式，为个人消费和小微企业融资拓宽了途径。东莞互联网金融机构的发展与东莞经济和企业结构密切相关，一方面东莞小微企业众多，融资需求很旺盛；另一方面民间资本充裕，市民的投资愿望强烈，因此，给互联网金融平台发展注入了巨大的活力。

团贷网集团作为东莞互联网金融行业标志性企业，坚持以"让金融更简单"为企业使命，秉承"信息中介、小额分散、线上经营、合理定价、专注主业"五大原则，坚持合规经营，发力金融科技，旗下拥有团贷网、你我金融、俊拓金融、正合普惠金融等多个品牌子公司，在小微企业、供应链金融、小额信贷、消费分期、仓储物流、三农金融等领域为小微企业提供金融服务，切实缓解小微企业"融资难"问题。截至2017年8月31日，团贷网网贷平台累计交易金额达到850.3亿元，累计注册投资用户超过633万，已帮助百余万小微企业、双创企业、电商企业及个人成功融资。团贷网集团有效利用互联网信息及大数据技术降低成本，扩大金融服务的覆盖面，深化金融服务的渗透率，通过提供开放、智能、多元化综合金融服务，提高金融服务的可得性、包容性和开放性，真正惠及普通大众与中小微企业，让互联网金融真正成为传统金融的有益补充。

随着互联网金融监管的加强，互联网众筹行业也处于洗牌阶段。众筹作为互联网金融另一种主要模式，在助力实体经济发展，缓解中小企业、实体店的融资难方面发挥着重要作用。近年来，东莞互联网众筹市场也获得长足发展，既有本地诸如原始森林这样的全国知名平台，同时，深圳众筹平台也陆续挺进东莞市场。据零壹财经统计，2016年，广东省互联网商品众筹平台中，众筹项目的项目数量出现深圳和东莞两市相当情况。

进入2017年以来，东莞市突出实施"倍增计划"，肩负着"激活民间资本，服务实体经济"的重任的东莞众创金融街，坚持以金融创新助推企业"倍增计划"的实施，推动东莞产业经济在更高起点上实现更高水平发展。为此，众创金融街成立"金融创新中心"，通过金融创新唤醒沉睡资本，以撬动雄厚的民间资本，突破发展瓶颈，拓宽经济转型维度，使其服务于实体经济和科技创新。"金融创新中心"将使东莞众创金融街成为对接广大中小科技型企业和民营金融服务企业的科技金融服务基地。实现金融与科技、投客和创客的共生发展的"众创金融生态圈"将汇聚民间金融服务创新基因，助力小微企业和创业者成长，助力东莞金融科技与互联网金融规范健康发展。

四 东莞互联网金融风险监管及专项整治

目前，全国范围内的互联网金融专项整治工作正处于清理整顿阶段。自互联网金融（简称"互金"）整改工作开展以来，包括东莞在内的广东省各市、各牵头部门及相关部门已对辖区内的重点网贷机构就业务合法合规性开展了现场检查。对于未纳入重点对象的机构，要求对照相关法律法规和分领域整治方案开展自查整改，并在规定时间内报送整改情况。同时，明确了广东省网贷机构备案将在备案细则正式出台后启动。专项整治开展以来，东莞金融科技与互联网金融业态发展逐步规范，市场竞争环境得以优化，互联网金融风险高发频发势头初步得到遏制，专项整治的效果初步显现。

一是持续加强政策监管，重点核查平台机构。2016年8月银监会等四部门联合发布《网络借贷信息中介机构业务活动管理暂行办法》；10月，《互联网金融风险专项整治工作实施方案》《广东省互联网金融风险专项整治工作实施方案》《P2P网络借贷风险专项整治工作实施方案》、《广东省P2P网络借贷风险专项整治工作实施方案》等系列文件正式公布。进入2017年，全国互联网金融监管持续加强。各地陆续出台地方细则，指导、规范当地互金整改工作。2月13日，广东出台全国首个省级网贷监管细则，公开征求对《广东省〈网络借贷信息中介机构业务活动管理暂行办法〉实施细则》的意见。次日，广东又发布《广东省网络借贷信息中介机构备案登记管理实施细则》意见稿，面向社会公开征求意见。2月23日，银监会正式对外公布《网络借贷资金存管业务指引》，这意味着网贷行业迎来了继备案登记之后又一合规细则的最终落地。

二是健全完善互金协会进一步加强行业自律。以互联网金融风险专项整治为契机，进一步健全完善互金协会组织架构和功能，充分发挥互金协会在促进行业自律方面的作用，教育从业者提高风险防控能力和意识，引导会员遵纪守法。目前，广东省内互联网金融发展较快且具有一定市场规模的城市基本上都成立了自己的行业协会。2014年6月，东莞互联网金融协会成立，通过发挥行业自律作用，围绕东莞市加快转型升级，促进产业、金融相结合的战略任务，开展互联网金融主题交流活动、系列宣传活动，扶持和激励东莞市传统行业广泛应用互联网金融手段，提高企业融资能力和水平，引导金融机构提供优秀解决方案，加快推进互联网金融产业发展。

三是不断完善信息披露机制，强化投资者利益保护。不断完善互金企业信息披露机制，让投资人和投资者充分了解从业机构运作状况，促使从业机构和用户能够稳健经营和控制风险，强化对投资者利益保护的需求。建立互联网产品登记的制度，完善互金平台客户身份识别、交易记录保存、可疑交易分析报告机制，完善互联网金融的行业统计。进一步加强宣传和教育，教育从业者提高风险防控能力和意识，主动公开产品信息和盈利模式，让社会投资者了解全部真相。

四是加强跨市互金交流，推进区域互联网金融合作。不同地区经济、资源、人才优势不同，政策也有所区别。加强跨区域互联网金融协会、社团、科研机构、企业之间的合作有助于获取不同地区最新行业信息、促进跨区域资源整合，给会员企业创造更多发展机遇。在加强跨市互联网金融行业交流学习、推进跨区域互联网金融合作方面，东莞一直走在广东甚至全国前列。未来，东莞将进一步加强与广州、深圳、甚至香港、澳门在金融科技和互联网金融领域的交流合作，实现优势互补，共同开展基于人才培养、制度建设、交流研讨、政策推动、民间智库等各方面的合作和研究。

五 结论及政策启示

提升金融与科技融合发展水平，促进以互联网技术和手段提升金融服务的效率和水平，共建数字和普惠金融服务平台，对东莞破解公共金融服务短板、加快社会信用体系建设和普惠金融建设、推动开放型经济发展具有十分重要的意义，也与东莞"敢为人先、抢抓机遇"的改革开放精神不谋而合。东莞金融科技和互联网金融发展，综合化金融服务平台建设和运行，将有效弥补东莞金融发展短板，推动东莞金融服务实体经济更上新台阶，实现多方共赢的局面。

东莞科技与金融融合在当前处于初级阶段，在这一阶段，政府要责无旁贷地承担起主导性工作，加强金融和财税体制机制创新，提升金融、科技与产业的融合水平。东莞以全球代理加工出名，东莞的产业对科技的依赖性本身不高，这就造成东莞科技产业相对比较薄弱，这显然不能够满足东莞经济与产业升级转型，以及高新技术产业发展需求，政府可考虑建立专项资金作为启动，通过金融科技和金融服务创新，引导和支持民间资金参与非营利性科研机构建立以及相关科研活动，鼓励更多全国著名的高校在东莞建立研究所，积极开发新技术、新产品，探索科研成果产业化途径和方式。鉴于金融与科技创新的风险性和不确定性，从维护金融稳定方法系统性风险角度，政府有必要搭建一个科技企业融资担保体系，这个体系由政府控股或者参股的担保公司、再担保公司、信用风险分担机制、信贷风险补偿金组成。同时，应充分发挥保险的平衡作用，大力发展贷款保证保险和信用保险业务。

科技与金融融合发展是一项系统性工程，它涉及政府、企业、金融机构等各参与方，要实现这个系统工程各参与方信息的相互衔接。为此，需要进一步加强和完善东莞市金融信息服务平台和征信体制的建设，这既是东莞市建设金融强市、发展金融科技和互联网金融等新金融业态更好服务实体经济的前提和基础，也是维护东莞经济、金融和社会稳定，防范系统性金融风险的重要举措。

专题报告篇

Special Reports

金融与科技融合发展：广东政策与实践

黄国平　李根　王平*

摘　要： 我国金融科技开始是以包括 P2P 网贷、众筹、互联网保险、互联网证券、互联网消费金融等业务形式的互联网金融形态出现的。一方面，这些新兴的金融模式对传统金融的商业模式产生了巨大的冲击，补充了传统金融所不能覆盖的业务领域，另一方面，也与传统金融产生了较强的竞争关系，使传统金融不得不主动接触各项新兴技术并自主变革。金融领域系列变革也为后续金融科技的发展奠定了根基，形成了当前金融与技术结合的浪潮。近年来，广东把促进科技和金融结合作为深化科技体制改革、完善区域创新体系和创新创业环境、提升自主创新能力和国际竞争力的重要抓手，大胆探索，先行先试，在科技金融政策体系、工作机制、服务平台、区

---

* 黄国平，博士，中国社会科学院金融研究所研究员；李根，中国社会科学院投融资研究中心研究员；王平，中欧—世界银行中国普惠金融中心教授助理。

域试点示范等方面取得了重要进展。

关键词： 金融科技　政策措施　金融创新　数字普惠金融　广东

一　前言

我国金融科技最初是以互联网金融的形式出现的，互联网技术的发展与使用推动了互联网金融浪潮的兴起。2003年支付宝成立，互联网金融的发展就已经初露头角；2007年，拍拍贷、宜信等网络借贷企业出现，互联网金融开始为大众所识；而2013年余额宝等产品的出现把互联网金融推上了风口浪尖，我国以互联网金融为中心的金融科技呈现爆发式发展态势。根据金融稳定理事会（FSB）对金融科技的定义，金融科技是指技术带来的金融创新，它能创造新的模式、业务、流程与产品，既包括前端产业也包含后台技术。① 我国金融科技开始是以包括P2P网贷、众筹、互联网保险、互联网证券、互联网消费金融等业务形式的互联网金融形态出现的。一方面，这些新兴的金融模式对传统金融的商业模式产生了巨大的冲击，补充了传统金融所不能覆盖的业务领域，另一方面，也与传统金融产生了较强的竞争关系，使传统金融不得不主动接触各项新兴技术并自主变革。这一系列的变革也为后续金融科技的发展奠定了根基，形成了又一波金融与技术结合的浪潮。

相较于国际金融科技发展，我国金融科技行业发展极为迅速，在与美国、英国、新加坡等金融科技发展较为迅猛的国家角逐的过程中，无论是市场规模还是技术能力或者业务形式都处于较为领先的地位，但相应的监管体系和政策没有及时跟上，致使行业发展风险累积，呈现一定的乱象。2015年7月，中国人民银行等十部门联合发布《关于促进互联网金融健康发展的指导意见》，我国金融科技与互联网金融监管思路才正式成型。当前，随

---

① FSB：《对于金融科技的监管评估框架》。

着互联网金融专项整治不断深入，我国金融科技与互联网金融逐渐走上规范式发展的道路。同时，金融监管部门在监管手段上也不断创新和完善。2017年5月，中国人民银行成立金融科技（FinTech）委员会，除了加强金融科技工作的研究规划和统筹协调，还重点强调要强化监管科技（RegTech）应用实践，积极利用大数据、人工智能、云计算等技术丰富金融监管手段，提升跨行业、跨市场交叉性金融风险的甄别、防范和化解能力。

相较于全国范围内的金融科技实践，广东省科技金融工作起步较早，形成了较好的基础，也取得一定的成绩。近年来，广东把促进科技和金融结合作为深化科技体制改革、完善区域创新体系和创新创业环境、提升自主创新能力和国际竞争力的重要抓手，大胆探索，先行先试，在科技金融政策体系、工作机制、服务平台、区域试点示范等方面取得了重要进展。

二 广东金融科技融合发展的行业现状与趋势

科技和金融融合发展已经成为促进经济社会发展的重要因素。近年来，广东大力推动金融与科技深度融合，有效集聚创新资源，促进经济转型升级，实现持续健康发展。当前，广东加快引进和培育金融机构，建立健全金融科技业务链条，政策体系不断完善，金融产品日趋丰富，实现优质金融资源集聚，带动科技和产业跨越发展。

一是金融科技与互联网金融业态的初步形成，有力支持了新常态下供给侧改革的经济结构优化调整和转型升级。广东积极推进科技和金融融合发展，引导金融资本和社会资本向新技术集聚，推动战略性新兴产业发展。同时，积极发展互联网金融等新的金融服务机构和服务手段，围绕科技型企业发展的不同阶段、不同类型的不同融资需求，加快建立健全科技金融业务链条，引导金融机构加强对科技企业的融资力度，实现与高新企业孵化器集群的伴生发展，形成了较为完整的科技金融服务体系和市场化运作模式。广东形成了较为齐全的金融科技与互联网金融组织体系，培育出一些影响力较强的从业机构，成为国内互联网金融行业的重要构成力量。截至2017年6

月末,广东网络借贷平台数量419家,居全国之首;具有互联网支付资格的法人支付机构15家,居全国各省份的第三位,其中,腾讯支付占据国内移动支付市场几乎半壁江山。另外,腾讯、唯品会等在国内互联网商业领域具有领先优势的企业出资组建网络小额贷款公司,加速进军互联网金融领域。

二是金融科技与互联网金融组织、产品和业务模式不断创新,专业化服务平台基本建立,带动创新资源不断集聚。广东省建设和认定一批金融创新集聚区,建立促进科技与金融有效融合的工作协调机制,为企业开展项目对接、财务顾问、融资中介、专业培训提供一整套服务,打造科技与金融资源互动交流平台。近年来,广东在互联网金融领域产生了一批国内领先的新机构、新产品和新业务模式。腾讯等企业共同发起设立国内首家互联网银行——微众银行,完全通过移动端为普通大众、小微企业和创业企业提供银行服务。"大家投"互联网股权私募平台首创的"领投+跟投"已成为业界主流运作模式。同时,广东银行业、证券业、保险业金融机构加快实施"互联网+"战略,改造业务流程,拓展营销渠道,提高服务效率。① 广东通过推进金融、科技与产业"三融合",将金融与科技优势转化为现实生产力,不断完善以企业为主体、产学研相结合的区域创新体系,成为集聚创新资源、孵化新兴产业的平台和摇篮。

三是借助金融科技实现融资渠道多样化,提升中小企业金融服务体系。支持和鼓励银行、证券、保险机构利用现代金融科技手段和金融科技创新工具解决中小企业融资难题,探索建立服务高效、业务创新、覆盖全产业链的金融科技和数字金融服务体系,创新发展二元融资、供应链融资、行业平台担保、互助平台担保、小额贷款保证保险、仓单订单质押、知识产权质押等融资业务,充分利用集合债券、集合票据、集合信托等工具,多形式、多渠

---

① 例如,广发银行推出"广发有米直销银行",以电脑和手机为载体,向客户提供便捷的储蓄、基金等标准化、专属化金融服务;长城证券公司在国内证券业率先推出"刷脸开户"服务,运用人脸识别技术在线上进行用户认证,便利客户在任何时间和地点开户;珠江人寿保险公司借助天猫、京东、陆金所、微信等互联网企业的渠道销售寿险产品。

道解决企业融资问题，支持和促进成长性好、商业模式创新的尚处于初创期和成长期的企业快速、健康发展。

四是金融产品日趋丰富，金融科技服务功能不断拓展。当前，广东运用金融科技最新技术和手段在信贷、股票、债券、票据等融资产品和工具上不断谋求创新，金融服务功能不断拓展，金融服务和产品创新日益加快，结构呈逐渐完善态势，不断满足企业差异化的融资服务需求。同时，在个人金融服务方面，随着信息技术、互联网与经济融合发展，金融科技与互联网金融在经济生活中的运用日益广泛。互联网支付成为居民网上购物和理财、缴纳公共事业费用、营造社交网络的重要工具，网络借贷等互联网融资成为小微企业和个人创业融资的重要途径，互联网理财已成为居民财富管理和投资理财的重要手段。

在我国实施"双创"[①]与"互联网+"战略的背景下，广东金融与科技深度融合继续保持较快发展势头。广东将在总结现有经验的基础上，针对不同领域、地区、行业的发展情况差异，充分发挥主观能动性，构建形式多样、内容丰富的载体和平台，促进金融科技融合发展，支持经济转型发展的外延不断深化。以广东自贸区建设为契机，以"两个中心，三大平台"为核心支撑，加大全省"三融合"的推进力度；[②]以珠三角"三大产业带"为重点，以金融创新为中心，率先推进"三融合"，[③]形成珠三角科技金融网络体系，最终覆盖整个区域。同时，运用高科技与互联网技术手段，提升完善金融体系，构建地方性金融机构、产业基金、风险投资以及债券市场在内的多层次融资平台；以建设深圳"全球金融科技中心"为契机，构建广

---

① 所谓"双创"是指"大众创业，万众创新"。"双创"活动，泛指我国各地的城市与企事业等单位的两项创建工作。国务院总理李克强2014年9月在夏季达沃斯论坛上公开发出"大众创业、万众创新"的号召，"双创"一词由此开始走红，随后，"双创"又写入了2015年政府工作报告予以推动。

② 所谓"两个中心"就是指广州区域金融中心和深圳区域金融中心，"三大平台"是指广州南沙，深圳前海和珠海横琴，它们都是广东自贸区组成部分。

③ 所谓"三大产业带"是指广深现代服务业产业带、珠江东岸高新技术产业带和珠江口西岸先进装备制造业产业带。

东金融科技生态"蜂巢"系统，推动金融科技成果转化和业务落地。在新的金融与科技融合创新环境下，广东争取金融监管体制的改革试点，探索金融监管广东（深圳）模式。

三 广东省金融科技融合发展的政策措施与支持手段

早在2005年，广东省就已经开始部署和推动科技金融工作。2005年8月，广东省科技厅就和广东省委政策研究室一起设立了专题调研小组，通过调研广东省内外的科技金融工作，来分析与设计与商业银行的合作框架。2011年，广东省颁布实施了全国第一部自主创新地方性法规《广东省自主创新促进条例》，对制定科技金融扶持政策、鼓励和支持建立科技金融机构等提出了明确要求。2011年4月19日，广东省出台的《广东省科学和技术发展"十二五"规划》中首次提出了发展科技金融，试行并推广知识产权质押贷款业务，且目前对高新技术企业研发的产品的保险已逐步展开，而针对科技活动的保险和针对科技金融工具的保险仍未出现。

2011年12月，广东省政府召开现场会中介推广广州番禺节能科技园建设发展的经验，并出台了《广东省人民政府办公厅关于推广三资融合建设模式促进我省民营科技园发展的意见》，对于解决民营科技企业发展过程中的土地、资金等问题有指导性意义。2013年8月，广东省出台了《广东省人民政府办公厅关于促进科技和金融结合的实施意见》，进一步明确了科技与金融结合的目标要求，分别从创业投资、科技信贷、资本市场以及科技金融服务体系等四个方面促进科技和金融的结合。2014年2月，广东省召开的科技金融工作会议，出台《2014年科技·金融·产业融合创新发展重点行动》和《科技金融支持中小微企业发展专项行动计划》，授牌佛山市南海区为广东省"科技—金融—产业"融合创新综合试验区。

2014年8月，广东省人民政府发布了《广东省人民政府办公厅关于深化金融改革完善金融市场体系的意见》，提出要推动金融、科技、产业融合创新发展，有力支持经济结构调整和产业转型升级。一是完善金融、科技、产业融合创新服务体系；二是完善创业风险投资机制，推进实施广东省战略性新兴产业创投计划，逐步建立适应市场化规则的引导基金运作模式；三是建立完善金融、科技、产业融合创新的风险分担机制，鼓励市县政府设立重点产业和科技型企业信贷风险补偿基金，完善全省高新区内科技担保服务体系，扩大科技保险试点；四是建设金融、科技、产业融合创新试验区，继续加快"广佛莞"和深圳金融科技结合试验区建设。

2015年7月，广东省金融办发布《广东省开展互联网股权众筹试点工作方案》，指出要主动承担我国互联网股权众筹融资试点的先行引领使命，率先开展试点工作，抢占市场先机，推动各路资本积极投身股权众筹"蓝海"，推动行业实现跨越式发展。2015年9月，广东省发布《广东省"互联网+"行动计划（2015~2020年）》，提出以推动互联网新理念、新技术、新产品、新模式发展为重点，以发展网络化、智能化、服务化、协同化的"互联网+"产业新业态为抓手，充分激发互联网大众创业、万众创新活力，推进互联网在经济社会各领域的广泛应用，推动互联网经济加快发展，提升经济发展质量和社会治理水平，促进广东省经济持续健康发展和社会全面进步。明确了互联网+创业创新、互联网+先进制造、互联网+现代农业、互联网+现代金融、互联网+现代物流、互联网+现代商务、互联网+现代交通、互联网+节能环保、互联网+政务服务、互联网+公共安全、互联网+惠民服务、互联网+便捷通关、互联网+城乡建设等十三项主要任务。

2016年6月广东省人民政府办公厅发布《广东省人民政府办公厅关于金融服务创新驱动发展的若干意见》，再次提出拓宽服务创新驱动发展的多元化融资渠道，推广运用供应链融资和贸易融资等模式，满足创新创业企业融资需求；建设"互联网+众创金融"示范区，打造"1+4"综合金融服务体系（即"互联网+金融"服务体系以及众创、众包、众扶和众筹四大平台）；推行"一次核定、随用随贷、余额控制、周转使用、动态调整"的农户信贷模式；建设"中国青创板"综合金融服务平台；建立创新创业企业信用增进机制、科技融资风险分担和风险补偿机制。2016年10月，广东省人民政府办公厅发布《广东省建设大众创业万众创新示范基地实施方案》，提出广东省将力争到2018年底前建设30个左右的高水平"双创"示范基地，培育一批具有市场活力的"双创"支撑平台，推广一批适应不同区域特点、组织形式和发展阶段的"双创"模式和典型经验，推动形成"双创"蓬勃发展的新局面，为加快实现发展动力转换、结构优化，促进经济提质增效升级注入持续动力。

2016年12月，广东省发布《广东省推进普惠金融发展实施方案（2016~2020年）》，明确到2020年将建立起与全面建成小康社会相适应的普惠金融服务和保障体系，提高金融服务覆盖率，提高金融服务可得性，提高金融服务满意度，优化普惠金融发展环境。

2017年2月，广东省政府又制定出台了《关于发展普惠性科技金融的若干意见》，在普惠性科技金融建设方面进行探索和尝试，激发全社会的创新创业活力，具体措施包括以下几点。

一是探索设立股权基金。鼓励粤科金融集团等风险投资机构联合银行及社会资本，试点设立科技股权基金，引导银行金融机构积极开展科技股权质押贷款业务；鼓励银行、投资机构、担保、保险等多方联动，为企业创新活动提供股权、债权、保险相结合的融资服务，鼓励有条件的市县按规定予以支持。

二是提供政府增信。科技信贷风险准备金为种子期、初创期科技型企业融资提供政府增信。发挥财政科技专项资金的杠杆作用，用好科技信贷风险准备金。为处于种子期、初创期的科技型企业融资提供政府增信，引导银行加大对科技型中小微企业的信贷支持力度。加强对省内科技企业孵化器的支持，落实科技企业孵化器信贷风险补偿资金优惠政策，促使银行信贷惠及广大科技型中小微企业和青年创客。

三是鼓励支持金融机构开发普惠性科技金融产品。积极开发普惠性科技金融产品；鼓励各市设立"科技企业转贷周转金"或者"政策性担保资金"，为贷款即将到期而足额还贷出现暂时困难的科技型中小微企业按期还贷、续贷提供短期资金支持，缓解企业暂时性资金周转困难；大力发展风险投资和天使投资，引导创业投资资金投向前端；鼓励发展科技企业并购基金，加快经济产业转型升级等一系列的措施。

四是降低科技型中小微企业融资成本。鼓励各市设立科技企业转贷"周转金"或"政策性担保资金"，为贷款即将到期而足额还贷出现暂时困难的科技型中小微企业按时还贷、续贷提供短期资金支持。

五是鼓励设立风险跟投资金。对确属科技型企业风险投资和天使投资的省内投资案例，按照一定比例予以直接跟投，省级和国家级众创空间享受科技企业孵化器的创业投资风险补偿政策。

近年来，广东省互联网金融发展迅猛，其中包括第三方支付、P2P 网络借贷、股权众筹等领域的发展在全国都居于领先地位。广东省金融办先后批准设立欧浦小额贷款、唯品会小额贷款、广发互联小贷等互联网小额贷款公司，向小微企业、个体户、创业企业提供金融服务和资金支持。2014 年 5 月，广东省委和广州股权交易中心共同发起设立对接大学生创业项目和资本市场的股权众筹平台，也是国内首个青年大学生创业板（简称"青创板"）。青创板是广州股权交易中心发起设立的国内首个全国性的、面向青年大学生的股权众筹平台，是专门为青年大学生创新创业项目（企业）提供规范辅导、登记托管、挂牌展示、投融资对接以及孵化培育等综合金融服务的资本市场平台，覆盖全国将近 20 个省份。

在促进科技金融融合发展的过程中，与其他地区相比，广东省在科技金融体系、工作机制、服务平台、区域试点示范等方面取得了重要创新和进展。今后，广东省还将加快出台和落实促进科技金融繁荣发展的系列政策措施，深化科技金融试点工作，以建立科学高效的财政科技投入管理模式和实施科技金融特派员计划等创新政策为主要抓手，打通资本市场和创新资源的对接通道，推动科技、金融、产业的深度融合发展。

四 广东金融科技融合发展：数字普惠金融实践与应用

联合国把普惠金融（financial inclusion，亦译为包容性金融）定义为能有效、全方位、方便地为社会所有阶层和群体提供服务的金融体系。

普惠金融的初衷意在强调各国通过金融基础设施的不断完善，提高金融服务的可得性，实现以较低成本向社会各界人士，尤其是欠发达地区和社会低收入者提供较为便捷的金融服务。① 早在联合国2005年推出普惠金融之前中国就已经有了普惠金融理念的形成与实践。中国的普惠金融理念在改革开放之前就已出现，而发展至今总共经历了4个阶段，即公益性小额信贷、发展性微型金融、综合性普惠金融和创新性金融科技与互联网金融阶段。

在中国普惠金融发展早期，"易县扶贫经济合作社"作为这阶段典型成功案例载入中国普惠与扶贫金融史册。② 2005年后，中国银监会开始牵头推动各地发展服务"三农"的金融机构，2008年银监会与央行正式启动小额贷款试点，此后商业小额贷款快速发展，村镇银行分批成立，各类普惠金融机构如雨后春笋般出现，我国普惠金融开始进入全面开展阶段。2013年，在十八届三中全会上，发展普惠金融正式写入《中共中央关于全面深化改革若干重大问题的决定》，意味着普惠金融上升到中国国家发展战略层面。2015年国务院发布《推进普惠金融发展规划（2016~2020年）》报告，中国普惠金融发展开始从国家战略高度推进落实。

随着互联网和大数据等信息科技不断发展，金融与科技进一步深度融合，我国普惠金融逐步实现从传统普惠金融向数字普惠金融的跨越式发展。2005年后，中国以网络借贷，互联网支付为代表的互联网金融兴起，为更加广泛的人群提供支付、储蓄、理财等多元化金融服务，使每个能接入互联网的人都可以低成本便捷地获取金融服务。2016年杭州G20峰会，中国参与制定了《G20数字普惠金融高级原则》，象征着中国普惠金融的成熟与进

---

① 《2011~2015年北京大学数字普惠金融指数》。
② 易县扶贫经济合作社为中国社会科学院农村发展研究所设立的公益性小额信贷组织，模式仿照孟加拉国格莱珉银行，同样主要为农村贫困妇女提供小额贷款，其产品有联保互助小组贷款、信用担保季节贷款等。贫困农民可以以会员的形式加入扶贫社，并五人一组自愿组成小组，小组成员互相担保。这种小组联合的模式在易县得到成功实践后，又推广到河北涞水、河南虞城与南召等地，不断发展开来。

阶，实现从传统普惠金融向数字普惠金融的跨越式发展。[①] 数字化普惠金融，意味着金融机构能因客制宜、因时制宜、因地制宜地塑造实时化、智能化客户体验，提升普惠金融的普及性，并降低成本。其核心包括："因客而变"是指重塑客户体验，"实时"是指对客户需求的实时感知和响应，"智能"是指对"感知和响应"的决策支持能力。在当前金融消费生态化、场景化、个性化趋势下，信息技术、互联网、云计算以及大数据等金融科技，为以"实时感知响应"和"智能分析"为特征的普惠金融数字化革新提供了解决方案。在实时感知和响应方面，巴西的 Bradesco 银行将数字化转型作为银行核心战略加大投入，在运营成本下降的同时提升了年轻客户的体验。在智能分析方面，美国征信企业 Zest Finance 依托互联网和大数据，其客户定位是没有信用记录或信用评分较低的人群。中国数字普惠金融迅速发展与成熟不仅为中国众多贫困人口与中小微企业提供了大力支持，也为国际普惠金融的发展提供了有借鉴意义的经验。

广东数字普惠金融发展走在全国前列。2016 年 12 月，广东省正式发布《广东省推进普惠金融发展实施方案（2016～2020 年）》（简称《实施方案》）。《实施方案》明确提出到 2020 年将建立起与全面建成小康社会相适应的普惠金融服务和保障体系，提高金融服务覆盖率，提高金融服务可得性，提高金融服务满意度，优化普惠金融发展环境等，同时，鼓励金融机构运用大数据、云计算等新兴信息技术，打造互联网金融服务平台，积极发展电子支付手段，进一步构筑电子支付渠道与固定网点相互补充的业务渠道体系，加快以电子银行和自助设备补充、替代固定网点的进度。推动移动保险业发展，提高特殊群体金融服务可得性。

《实施方案》强调指出，将大力发展网络支付机构服务电子商务发展，

[①] 2016 年 G20 普惠金融全球合作伙伴（GPFI）报告《全球标准制定机构与普惠金融——演变中的格局》（GPFI 白皮书）提出"数字普惠金融"的概念，即"'数字普惠金融'泛指一切通过使用数字金融服务以促进普惠金融的行动。它包括运用数字技术为无法获得金融服务或缺乏金融服务的群体提供一系列正规金融服务，其所提供的金融服务能够满足他们的需求，并且是以负责任的、成本可负担的方式提供，同时对服务提供商而言是可持续的。"

为社会提供小额、快捷、便民支付服务。引导网络借贷平台融资缓解小微企业、农户和各类低收入人群的融资难问题。发挥股权众筹融资平台对大众创业、万众创新的支持作用。引导网络金融产品销售平台规范开展业务。鼓励电商、物流、商贸、金融等企业搭建农业电子商务平台，稳步实施"互联网金融＋信用三农"融资项目，研究制定"互联网金融＋信用三农"制度规范，建立"互联网金融＋信用三农"风险防范机制和风险补偿基金。

广东已初步形成了较为完整的数字普惠金融体系。广东省良好的互联网通信设备、支付系统以及大数据、云技术、机器学习等与普惠金融相结合，为数字普惠金融提供较好的基础支撑。广东省数字支持服务程度较高，居民对现金货币的依赖性正在逐步地减少，数字支付场景遍布了居民的生活圈，整体上推动了广东省数字普惠金融服务的提升。以广州为例，2016年，广州市先后发布了《广州市构建现代金融服务体系三年行动计划》、《广州市推进农村普惠金融发展实施方案》和《广州市信息化发展第十三个五年发展规划（2016～2020年）》等管理办法，对互联网金融、农村金融、信息基础设施建设规定了发展的目标和措施。北京大学互联网金融研究中心数据显示，在我国337个地级以上城市数字普惠金融总指数排名中，广州处于我国城市数字普惠金融指数的第一梯队，总指数排名第7位。

目前，广东省基本形成了较为完整的数字普惠金融业态，特别是网络借贷、网络小贷贷款公司和消费金融公司发展迅速。网络借贷方面，截至2017年5月，广东正常运营平台424家，处于全国首位，当月成交量618.16亿元，也是全国最高；在众筹方面，截至2017年5月，广东省各类型正常运营的众筹平台总计58家。目前，广东省众筹行业历史累计共成功项目398个，总筹资3.06亿元。历史累计投资人次达15.37万（仅包含平台公布的投资人次）。网络小贷方面，截至2017年5月，广东省网络小贷公司的数量达到了37家，占全国网络小贷公司数量的35%。[1] 在数字普惠金融的基础设施上，广东省公共信用信息管理系统初步建成，已归集51个部

---

[1] 本部分数据皆来源于盈灿咨询。

门405个数据主题约17.6亿条数据，建立企业、个人、事业单位、公共组织和政府等五类信用主体约5.4亿条数据的信用主体库，实现了中小微企业信用信息和融资对接平台的连通。广东省普惠金融的服务内容已经从扶贫融资发展到涵盖支付、投资、保险等多层次的金融服务体系，未来数字技术在普惠金融体系中的应用将更加广泛。

五 结语

金融与科技融合发展既是金融行业发展的方向，也是金融服务实体经济的必然要求。遵循科技创新和金融创新客观规律，围绕产业链部署创新链，围绕创新链完善资金链，运用信息科技和互联网技术改造和提升金融服务模式和效率，为社会、企业和个人提供全方位、多层次的金融服务也已经成为我国经济新常态下促进大众创业、万众创新，实现经济结构优化和产业升级的重要手段和工具。为此，需要以服务和产品创新为突破口，进一步优化科技和金融组织体系，开展多种形式的金融科技创新，打造科技金融合作综合服务平台。同时，以多层次资本市场建设为突破口，进一步强化科技创新和金融创新支撑力，运用现代科技手段提升金融服务范围和层次，支持发展创业投资，努力形成以政府资本为引导、社会资本为主体的多元化格局。另外，围绕产业调整振兴与转型升级，进一步加快金融与实体产业的融合对接，发挥市场化金融工具的价值发现和资源调配功能，努力探索适合现代产业特点的金融产品和服务方式。广东省应以构建以高新技术产业为主导、服务经济为引领、先进制造业为支撑的现代产业体系提供全方位、强有力的金融科技体系为契机，以完善创新担保方式为突破口，充分利用各类信用增级、融资担保等市场中介服务组织的发展，探索适合现代服务业自身发展特点的信贷产品和服务方式，支持和引导金融与科技的深度融合，培育金融新业态。

广东金融科技促进普惠金融与金融扶贫政策与实践

李 根*

摘　要： 随着农村地区基础设施的不断完善，以阿里、腾讯等为代表的互联网公司以及团贷网、翼龙贷等互联网金融平台结合自身优势纷纷涉足"三农"的跳跃式发展为金融科技与互联网金融的普惠性和金融扶贫的有效性提供了佐证。作为传统大型金融机构的典型代表如中国银行、平安集团等也在总结多年扶贫经验的基础上，纷纷向社会推出"互联网"扶贫工作新模式，发挥大型金融机构整合社会资源的优势，利用公益理念、"互联网+"思维，借助市场力量、政府支持和金融技术帮助更多的贫困户走上自力更生之路，实现脱贫致富。广东省通过提高农村金融科技水平，改善农村信用环境为抓手，积极推动建立市级、县级征信中心，乡村金融（征信惠农）服务站等征信与金融知识的服务高地，实现辖内农户信用信息整合和共享；积极开展信用镇村户评级，建立守信激励、失信惩戒机制，深入推进农村信用体系建设。

关键词： 金融扶贫　普惠金融　金融科技　互联网金融　农村信息体系

---

* 李根，中国社会科学院投融资研究中心研究员。

一　前言

2016年年初，随着国家《关于落实发展新理念加快农业现代化实现全面小康目标的若干意见》（即"中央一号文件"）的发布，国家提出将互联网金融和移动金融作为小康建设的手段，要求加快农村金融机构多个层次、覆盖面广、可持续发展的服务体系，加快普惠金融在农村的发展，从而降低农民的融资成本，促进农村经济的发展；同时进一步改善基本金融（诸如存款、取款）、金融支付等业务，不断加强互联网金融、移动金融在农村的规范化管理，进而深化农村金融体制改革，激发农村经济新活力。2017年7月中央金融工作会议进一步强调要建设普惠金融体系，加强对小微企业、"三农"和偏远地区的金融服务，推进金融精准扶贫，鼓励发展绿色金融。

经过金融业不懈努力，我国许多企业和个人都已获得了充分甚至有时是过度的金融服务，但同时也有很多普通居民目前仅能获得有限的金融服务，尤其是广大农村地区弱势群体甚至还得不到最基本的金融服务。由于抵押物不足，融资额度小，信息获取成本高、风险高等特点，传统金融机构不愿向此类客户贷款，农户存在需求不能满足的情况。中国农村家庭正规信贷的可得性为27.6%，低于40.5%的全国平均水平，未能获得银行贷款的农村家庭中，有62.7%的农村家庭虽然需要资金但是没有向银行申请，9.8%的家庭向银行提出申请贷款但被拒绝。① 由此可见，我国普惠金融和金融扶贫事业发展与促进仍然任重道远。

近年来，随着农村地区基础设施的不断完善，以阿里、腾讯等为代表的互联网公司以及团贷网、翼龙贷等互联网金融平台结合自身优势纷纷涉足"三农"的跳跃式发展，为金融科技与互联网金融的普惠性和金融扶贫的有

---

① 数据来源于西南财经大学与中国农业银行联合发布的《中国农村金融发展报告（2014）》。

效性提供了佐证。① 作为传统大型金融机构的典型代表如中国银行、平安集团等也在总结多年的扶贫经验的基础上，纷纷向社会推出"互联网"扶贫工作新模式，发挥大型金融机构整合社会资源的优势，利用公益理念、"互联网+"思维，借助市场力量、政府支持和金融技术帮助更多的贫困户走上自力更生之路，实现脱贫致富。

二 普惠金融与金融扶贫理论发展

"普惠金融"（Financial Inclusion）的概念源于联合国"2005年国际小额信贷年"，这是一种"能有效、全方位为社会所有阶层和群体提供服务的金融体系"。2006年，联合国在《建设普惠金融体系蓝皮书》中再次提出普惠金融的内涵，认为普惠金融将以往被忽视的小微企业、城镇低收入群体和农村贫困人口都纳入普惠金融体系，让不同的机构分别为不同的客户群体提供差异化的金融服务和产品，让每个人都拥有平等获得金融服务的权利。

世界银行扶贫协商小组（CGAP）在2006年提出了普惠金融体系的框架性概念，该框架指出，普惠金融体系是指通过不同渠道，为社会所有群体提供金融服务的体系，特别是那些广大的一般被正规金融体系排除在外的贫困和低收入群体，应向其提供差别化的金融服务，包括储蓄、保险、信贷和信托等，其内涵是让所有的人特别是老弱群体享有平等的金融权利。

不论是联合国还是世界银行所提出的定义都强调了普惠金融的四个特性：①社会群体中的每一个人对金融服务的需求都应当被满足，无论贫穷还是富有，居住在城市还是农村，即获得金融服务的权利是公平的，这是普惠金融的公平性；②不同的客户群体所需要的金融服务和金融产品各不相同，有别于传统金融以产品为导向，普惠金融服务广泛的社会人群并满足其特定的金融需求，即普惠金融以客户需求为导向，这是普惠金融的相适性；③普

---

① 阿里巴巴的农村淘宝战略卓有成效，已经在全国29个省份300余个县开业。同为电商巨头的京东提出了解决农业问题的"3F战略"，目前，京东乡村推广员人数已达到27万，覆盖27万个行政村，京东县级服务中心超过1500家，京东帮服务店布局超过1500家。

惠金融服务的群体是社会所有群体，普惠金融不是富人的金融，即普惠金融具有广泛性；④普惠金融不是扶贫的一次性救济，要持续地服务好社会群体，就要求普惠金融的提供者能有足够的盈利满足其提供服务所需的开支，这是普惠金融的持续性。

普惠金融的理念是满足所有需要金融服务的人的需要，强调如同人权平等一样的金融权平等，消除金融歧视。普惠金融的概念范围涵盖了四个方面的内容：一是家庭和企业以合理的成本获取较广泛的金融服务；二是金融机构稳健，要求内控严密、接受市场监督以及健全的审慎监管；三是金融业实现可持续发展，确保长期提供金融服务；四是增强金融服务的竞争性，为消费者提供多样化的选择。

普惠金融的核心任务是立足机会平等和商业可持续原则，通过加大政策引导扶持、加强金融体系建设、健全金融基础设施，以可负担的成本为有金融服务需求的社会各阶层和群体提供适当、便利、有效的金融服务。普惠金融的主要服务对象为农民、小微企业阶层（特别是新设创立的小微企业）、城镇低收入人群和其他特殊群体。普惠金融并不等同于政策性金融、扶贫金融或慈善金融，而是要通过"利率覆盖风险"等方式，在政府政策支持的基础上进行市场化操作，走保本微利的可持续发展制度，实现商业上的可持续性。

经过多年的实践，普惠金融已经从最初的基本形态，即小额信贷和微型金融，转变发展成为基本涵盖储蓄、支付、保险、理财、信贷等金融产品和服务的综合性金融。其中有的侧重于交易的便利性，有的侧重于居民生活的改善，有的侧重于对创业投资的支持。但无论采取哪种方式，普惠金融的终极目的都是发挥金融本质的作用，也就是致力于提高全社会资源配置效率和增进社会全部群体的福利。

普惠金融为弱势群体提供了平等享受现代金融服务的机会和权利，这与人的生存权、发展权、受教育权一样，都是人的基本权利。因此普惠金融是金融消费者权益保护的一大目标，金融消费者权益保护则是实现普惠金融的重要保障。发展普惠金融应重视消费者需求的多元性与差异性，积极支持欠发达地区、低收入群体等获得及时、必要的基本金融服务。

由于穷人的资源拥有量大大低于社会平均水平，传统的商业性金融基于效益和风险防范的考虑剥夺了一些弱势群体的信贷机会。这是造成贫困的重要诱因。穆罕默德·尤努斯（Muhammad Yunus）认为，信贷权是人权。每个人甚至乞丐都应该具有获得金融服务机会的权利，只有每个人拥有金融服务的机会，才能让每个人有机会参与经济的发展。因此，"金融赋权"成为反贫困的必然要求。

"金融赋权"的本质是在"穷人经济学"的命题下坚守弱势群体的生存逻辑，在承认和保护穷人信贷权的基础上，主张以缓解流动性约束、提高可能性能力为路径，构建并完善适于弱势群体的内生性金融生成机制，着力解决边缘群体所遭遇的生存与发展困境。为了使每个人获得金融服务机会，就要对金融体系进行创新，包括制度创新、机构创新和产品创新。而小额信贷权的享有与实现是针对贫困群体金融赋权的制度创新。正是在这种反贫困理念下，从孟加拉国开始，微型金融获得了快速发展。

微型金融作为金融的一种特殊形式，其基本宗旨是反贫困，主要针对的是被正规金融排斥在外的低收入群体（包括贫困人口），是一种直接的反贫困，更是针对贫困群体的一种反贫困思路与创新。微型金融通过对贫困群体进行金融赋权可以让处于灰色地带的民间金融从"地下"走向"地上"，让长期处于资金"饥渴"状态的低收入创业者获得"门当户对"的资金支持，满足多样化的投资需求和多元化的融资需求。微型金融主要从贫困人口增收而不是盈利的角度来评价和选择项目，贷款利率一般高于商业贷款利率，但低于民间贷款利率的平均水平，可降低融资成本，同时，为贫困群体提供实际利率为正值的存款服务，可以抑制消费，增加储蓄，为贫困群体扩大再生产提供资本积累。

微型金融的发展可以缓解贫困群体的信贷约束，提供信贷资金，帮助贫困人口平滑收入波动，减少其经济的脆弱性，通过提高贫困群体的人力资本和社会资本等途径增加其收入。微型金融力求兼顾金融机构的扶贫目标与财务效益，这种制度安排既体现了金融制度正义的诉求，又实现了金融公平与效率兼顾的要求，被认为是采用市场经济的方法来解决贫困问题，实现了企业社会责任与盈利的平衡。孟加拉国格莱珉银行的成功实践充分证明了这一点。也正是因为格莱珉银行反贫困实践的成功，进一步推动了金融扶贫实践。

建立普惠金融体系的主要任务就是发展小额信贷或微型金融。普惠金融作为金融赋权理念的实践途径，秉持"包容性"的价值取向，强调金融服务的需求者和提供者都能"共享"金融资源。其主要任务是让列于正规金融体系之外的农户、贫困人群及小微企业，能及时有效地获取价格合理、便捷安全的金融服务。在金融改革进程中，普惠制金融通过培育和发展多层次、多元化的金融机构和金融产品，摒弃传统金融服务对低端人群的金融排斥逻辑，将"无银行服务"人群纳入正规的金融系统，采用"造血"和"可持续"的市场策略，实现公平健康的金融发展。

普惠金融参与扶贫的做法及其特点决定了其在瞄准贫困农户、提高扶贫精准度以及增强贫困家庭减贫、脱贫、致富的自我能力等方面具有独特的不可替代作用。具体来说，普惠金融参与式扶贫项目的具体做法是以赋权为核心，借款成员利用金融机构注入的资源，在社会组织的协助下，通过充分参与、决策、执行和监督赋权项目，自下而上地提高自我发展和自主脱贫的能力，全面介入扶贫开发的全过程。

其特点是强调弱势群体的主体性，直接让贫困者，尤其是女性贫困者参与经济管理，并最终从项目中获得收益；赋权给弱势群体，提倡把知情权、发言权、分析权和决策权交给弱势群体，政府和其他非政府组织则是弱势群体脱贫过程中的协助者；注重弱势群体的能力建设，重在培养弱势群体的自我发展、自我管理和自我服务能力。可见，普惠金融作为信贷权和扶贫方式的创新，可以直接改善穷人持续获取金融产品的机会和渠道，且在接受金融服务的过程中，间接改善穷人的资源配置能力、财富积累能力、社会参与能力和风险抵御能力。

从我国目前普惠金融参与精准扶贫、精准脱贫的实践来看，互联网金融的普惠属性及跨越地理鸿沟的能力，可以集聚城市的闲散资金，并通过互联网技术将资金准确定位到最需要的农户手中，因而参与精准扶贫具有先天优势。近些年来，我国各地开展了多种形式的互联网金融支持"三农"及扶贫的业务。

目前我国涉及农村金融业务的互联网金融企业平台有上百家，这些平台利用互联网技术，将城市资金引入农村，服务农村贫困人群。理论与实践均表明，普惠金融强调对贫困人口进行赋权，是权利扶贫的重要体现，也是一种新的发展模式，其发展有助于精准定位金融扶贫对象及金融扶贫主体，能解决好"扶持谁"和"谁来扶"以及"如何扶"等问题，对实现精准脱贫、全面建成小康社会具有重要的战略意义。

三 广东金融科技与互联网金融促进普惠金融政策与实践

广东作为中国经济大省，经济总量持续保持全国第一，对全国经济增长的贡献率超过10%。但辉煌成绩的另一面，是珠三角地区以全省30%的面积创造80%产值的不均衡发展，广东大地上仍有贫困的阴影闪现。目前，广东有12个地市人均GDP低于全国平均水平。[①] 如果把这12个地市作为一个整体，其面积和人口相当于我国一个中等规模的省份，人均GDP、存贷款规模仅排在全国的倒数第4位、第5位。广东部分贫困地区的自主发展基础和能力薄弱，返贫概率高，发展后劲不足。此外，广东的贫困人口分布非常分散，精准帮扶难度大。除去55.2万分布在相对贫困村中的贫困人口，尚有121.3万贫困人口散落在全省1.7万个行政村中，这部分人口不在驻村帮扶的范围之内，致贫原因复杂，贫困程度深，减贫成本更高。2012年以来，广东省按照《广东省建设珠江三角洲金融改革创新综合试验区总体方案》（银发〔2012〕158号）要求，深入推进农村金融改革创新，加快农村

---

① 12个地市为：广东省珠三角以外的韶关、清远、河源、梅州、汕头、汕尾、揭阳、潮州、云浮、阳江、茂名、湛江，也是2014年9月出台的《广东省开展农村普惠金融试点方案》中明确的广东省农村普惠金融建设12个试点地市。

普惠金融建设，取得了良好成效。广东省委、省政府联合中国人民银行广东分行、广东银监局等当地金融监管部门，进行工作部署，明确了"三年六位一体扶贫"的工作思路，即政策扶贫、资金扶贫、精准扶贫、知识扶贫、人才扶贫、联动扶贫，并制定《广东银行业助力精准扶贫精准脱贫三年攻坚实施意见》，充分发挥扶贫开发金融服务功能，促进广东贫困人口脱贫致富和贫困地区经济健康发展，推进各类金融资源在广东贫困地区的均等化配置。

（一）广东金融科技促进普惠金融政策实践

广东省通过提高农村金融科技水平，改善农村信用环境为抓手，积极推动建立市级、县级征信中心、乡村金融（征信惠农）服务站等征信与金融知识的服务高地，实现辖内农户信用信息整合和共享；积极开展信用镇村户评级，建立守信激励、失信惩戒机制，深入推进农村信用体系建设。截至2015年第一季度末，云浮、茂名、梅州、惠州、河源、湛江等6个地市已挂牌成立市级征信中心，韶关市乐昌县、梅州市蕉岭县等30个县（市）也已成立县级征信中心，累计建立农户信用档案369.01万户，评定信用镇34个，信用村1639个。随着农村信用体系的不断完善，农民切实享受到了信用红利。例如，2011年，梅州市研发出了集"采集、评级、授信"于一体的农户诚信信息服务系统，采集农户家庭概况、信贷情况等144个信息指标，实现了信息录入、信息评级、信息查询、信息共享、信贷产品创新、社会管理等六大功能。截至2015年第一季度末，该系统已采集入库78万户农户信用信息，占全市农户数的91%，通过系统发放农户贷款108.26亿元。

广东省利用金融科技和互联网金融方面的优势和领先水平，鼓励银行机构、支付机构以及互联网金融企业在农村地区延伸服务网络，拓展支付业务，降低"三农"商户银行卡收单成本。在农村地区推广POS机、网上银行、电话银行、移动支付等新型支付业务。支持农村粮食、蔬菜、农产品、农业生产资料等各类专业市场使用银行卡、电子汇划等方式进行支付结算，推动金融IC卡在"三农"领域的应用。

一是优化农村结算环境。充分发挥农村支付服务环境建设对于发展普惠金融和健全城乡发展一体化机制的基础性作用,进一步扩大现代支付体系建设成果在农村的应用和普及面,大力支持涉农金融机构开展银行卡便农惠民工程。至2015年第一季度末,12个地市开立农村银行个人结算账户8162.43万个,发放农村个人银行卡4930.71万张。

二是推广小额取现"村村通"工程。积极指导辖内各地市中金融机构开展小额取现"村村通"工程,消除金融空白村。至2015年第一季度末,12地市共建立助农取款服务点15416个,布放乡镇ATM自助设备11966台、行政村POS机68534台,累计实现助农取款查询53.12万笔,转账16.04万笔,取款99.19万笔。

三是试点农村手机支付。推动各地市开展农村地区手机支付业务,增强农村支付便民惠农功能。如韶关南雄市下辖18个乡镇已全面启动新农保、新农合、电视费、固话费、手机费缴费等在内的手机支付服务。

随着广东农村金融基础设施的不断改善,信用环境的不断好转,12个地市农村金融的服务水平不断提升,普惠金融建设取得了良好成效。农村金融服务的覆盖面不断扩大,金融基础设施条件得到改善,金融服务的可获得性明显提升;农村金融服务的便利性显著提高,非现金交易的推广,实现了村民足不出村就能享受到存取款等基本金融服务,农民获取金融服务的成本大幅降低;农村金融服务的满意度明显改善,金融机构开拓农村市场积极性增加,农村金融产品不断丰富,服务手段不断创新,村民们对金融服务的满意度不断提升。

(二)广东依靠金融科技助力农村金融服务案例分析——平安依靠"移动互联网+大数据征信",助力农村金融服务

农村金融一直是我国金融体系的薄弱环节。农村金融客户涵盖4万个乡镇,共计8亿农村人口,潜在客户群预计达4亿~5亿人,涉及逾万亿元的市场规模,潜力巨大。继2015年11月《中共中央国务院关于打赢脱贫攻坚战的决定》出台后,2016年3月,中国人民银行等七部门又联合印发了

《关于金融助推脱贫攻坚的实施意见》，重点解决农村贫困问题。为响应脱贫攻坚战略部署，积极配合国家解决"三农"问题的一系列重要举措，中国平安专门成立"农村金融服务发展委员会"（以下简称"农金会"），全面启动农村金融服务体系工作。中国平安"农金会"将利用现代技术发展农村普惠金融，为广大低收入者、农村消费者提供全面、便捷、低成本、个性化的综合金融服务，分为农村保险、农村大病、农村医保、农村银行、农村互联网金融五个专项小组，积极参与农村金融体系建设。

农村金融市场因其特有的客户群体和组织结构，面临比城市金融市场更大的挑战。其中，具体表现为主体多元、分散，各地发展不平衡；产品期限短、频率高、数额小；金融服务成本较高；信息不对称现象严重；缺乏有效担保及传统抵押品；正规金融机构覆盖面小、渗透率低等。中国平安认为，农村金融不能简单移植城市金融的过往模式和经验，而需要从渠道、产品、服务等环节开创全新的农村金融业态。为此，中国平安针对农村金融的特点和发展趋势，开创区别于城市的差异化模式，利用两大现代科技重点发展农村普惠金融。一是利用移动互联网技术，以降低农村消费者接触门槛，降低服务、交易、运营成本，建立少物理或无物理网点模式，适应新农村经济发展需要；二是利用大数据征信技术，以增强风险管控手段和效果，提升用户体验。

农村普惠金融的关键是增强贫困地区农户、微型企业金融服务的可获得性，这是农村金融的重大难题。中国平安提出现代移动互联网技术、大数据征信技术的应用，将为解决这一难题创造机会和空间，并将业务发展重点聚焦四大板块。

首先，是"保险下乡"业务，平安寿险将持续推进农村保险市场的开拓和建设，针对性地提供小额、简单人身险产品以及移动互联网远程服务与管理；平安产险计划创新开发农村小额财险、责任险、农机具保险及天气指数保险等新险种。平安人寿在县域、乡镇地区已开设网点近2000个，范围覆盖31个省、自治区、直辖市。

其次，是"医保下乡"业务，平安养老险可提供农村大病医保服务、附加医疗意外险保障。同时可开展"新农合"服务，为新农合提供医保服务、管理系统建设。目前，平安养老险已实现大病保险业务在全国各地市级城市的全面覆盖。

再次，是"银行下乡"业务，银行"一账通"业务将为村镇银行提供移动化前台系统、获客、征信、风控等服务，平安银行可提供面向"三农"的银行存贷产品及服务，搭建村镇手机银行体系，同时平安融资租赁将推广农机具等生产材料的融资租赁服务。

最后，是"互联网金融下乡"业务，平安普惠、陆金所的平台将为农民、农户、小微企业提供小额信贷、P2P、理财、农产品/农场众筹及咨询、支付清算服务，将城镇资金引向广大农村市场。

四 金融科技和互联网金融促进普惠金融发展问题与不足

近年来，国家高度重视金融扶贫，不断创新金融扶贫模式，充分利用普惠金融助推精准扶贫和精准脱贫，但其在实践中仍存在以下几方面的问题。

一是农村金融体系不健全，金融服务成本高，农村金融供给难以满足农村和农民对金融服务的需求。具体表现为：支农金融机构和金融服务网点稀少，金融服务产品单一，贷款手续繁杂，中小企业融资困难问题仍然存在。农村贫困地区大多处于偏远地区，生态环境恶劣，基础设施建设落后，金融机构在贫困地区设点成本高，金融机构的逐利天性使其出于风险和收益的考虑而将金融资源日益向投资效益高的地区倾斜；加之贫困地区人口居住分散，贷前调查和贷后管理难度大，致使一些贫困地区的贫困人口存在严重的金融排斥，贫困群体申请贷款的审批手续复杂、贷款成本高，严重影响了贫困群体贷款的积极性。同时，农村贫困人口贫穷，缺乏必要的贷款抵押品及担保品，而农村林权、土地承包经营权、农村住房产权等作为抵押品仍处于探索阶段，贫困农户的贷款需求难以得到满足。另外，贫困地区受自然条件等因素的影响，产业发展相对滞后，且难以形成必要的规模，信贷资金缺乏承载主体。

二是金融扶贫对象识别出现偏差，扶贫资金使用的精准度不高。在贫困人口识别过程中，一些地区仍然存在扶贫对象识别不精准，以致出现"扶富不扶贫""穷人落榜、富人戴帽"等现象。由于致贫原因复杂多样，识别认定工作本身较为困难；部分地区扶贫工作人员关于贫困户认定标准的理解存在差异，如混淆贫困户与低保户、贫困户与贫困人口等，从而导致扶贫对象的识别出现偏差，致使扶贫资金使用不精准。一些贫困地区的低保户、五保户、孤寡老人、孤儿、留守儿童、留守妇女、留守老人以及无固定生活来源的残疾人、患有严重疾病的人等弱势贫困群体，受社会环境、生活状态、教育程度、生活经历与经验以及信息获取渠道等多方因素制约，大部分建档立卡贫困户属于被动参与金融扶贫计划项目，其首选借款仍是来源于亲朋好友、熟人关系等非正规金融渠道。部分建档立卡贫困户对金融扶贫项目的获利模式、预计收益等细节表示不清楚，而只是对个人可支配收入增加表示满意，未能主动关切项目的长期实施效益，从而使金融扶贫政策难以落实，贫困群体的金融参与度不高。

三是普惠金融组织的职能定位不明确，相关法律法规不健全。目前，我国政府虽然出台了一系列政策引导金融机构参与扶贫，但仍没有将普惠金融业务纳入相关法律法规之中，使金融供求双方之间的利益难以得到保障，导致金融机构扶贫贷款意愿不强。同时，贫困群体因违约成本低而加大了其贷款违约风险。贫困地区信用环境依然较差，信用约束机制不完善，微观主体极易产生道德风险。如一些农村贫困户获得银行贷款后，不按规定使用贷款，导致贷款无法收回，而金融债权维护难，严重削弱了金融机构扶贫贷款的积极性。一些贫困地区信用中介体系和信用担保机制不完善，容易导致道德风险问题。如银行为了分散风险采取联保互保的方式向贫困户发放贷款，由于没有明确的法律约束及信用惩戒机制，更容易造成风险传递，一旦有一方违约很可能导致集体性违约。

四是普惠金融组织风险防范不够，资金融通渠道狭窄，可持续发展面临制度约束。普惠金融在发展中面临诸多风险，如政策性风险、信用风险、操作风险等，由于缺乏政府的引导，非银行类的普惠金融组织得不到中国人民银行的资金支持，资金来源缺少财政性资金支持，而税务部门对普惠金融组织又按照商业银行的标准来征税，普惠金融组织面临较高的经营成本，可持续发展面临困难。

五是贫困农户内生动力不足。目前，在精准扶贫过程中，不少地方出现了"社会弱、市场缺"的现象。一些贫困地区社会经济基础较为脆弱，有的地区自然条件恶劣、文化教育水平低下，贫困人口思想观念落后，"等、靠、要"思想严重，一些贫困人员认为到银行贷款进行农业生产要支付利息，得不偿失，还不如坐等政府发放扶贫款；一些贫困农户金融意识薄弱，将扶贫贷款资金当成国家给予的补贴，认为不需要归还，导致扶贫贷款资金使用效率低下，违约率偏高。而且，一些贫困地区产业结构单一，农业生产成本较高，增收渠道有限，一旦遇到自然灾害，农户脱贫的难度增加，更谈不上进行原始积累实现可持续发展。

发展普惠金融，促进金融扶贫，不仅要打破长期以来实行的禁止非金融机构之间发生信用关系的桎梏，放开民间信用，更是要大力发展金融科技和互联网金融。普惠金融之所以难以发展，客观上存在着成本高和结构化信息不易获取等难以逾越的技术障碍。金融科技与互联网金融的发展，恰恰提供了有效解决这些问题的渠道和手段。通过改变交易的基础设施，金融科技与互联网使交易成本大大降低，人们可以更加方便、快捷、低成本地进行交易；同时，金融科技与互联网金融还突出了个体特有的需求，有效实现了所谓"私人定制化"；另外，大数据、云计算、社交网络、搜索引擎等现代金融科技手段的运用，极大地丰富了金融业获取大众有效信息的渠道。

金融科技与互联网金融促进我国农村地区普惠金融和金融扶贫工作开展无疑是合理途径和发展趋势，然而其有效性是需要前提条件和基础的。目前，金融科技和互联网金融在服务和促进我国金融扶贫和农村普惠金融开展方面还存在诸如服务对象、基础设施、金融监管、人才教育等问题和不足。

在金融服务对象方面，农民等地理上受到排斥的人群不仅存在金融知识不足、接受能力差等问题制约，而且也存在对象本身的信息片面和不足问题。金融服务交易和资金安全性是弱势群体尤为关注的因素，相较于城市人群而言，农村地区居民金融知识和认知能力尤显不足，风险识别和防范能力较弱，同时，当前金融科技和互联网金融发展还处在初级阶段，金融服务的质量参差不齐，诈骗事件层出不穷，在一定程度上加剧了农户对金融科技和互联网金融的不信任感，观念上存在着对这种新型金融服务形式的抵触情绪。同时，也正是这种金融知识和观念认知上的不足，农村地区的金融信息和数据获取和整理更为困难。尽管农村金融服务需求确实存在，但过于分散和片面，需要积累大量的数据和信息，而这种数据和信息积累是漫长过程。金融科技和互联网金融交易主要依靠客户提供的身份证明、财产证明、缴费记录、熟人评价等信息评价客户的信用，在农村地区，这些信息不仅更易造假，同时更加片面，容易给信用评价提供错误依据，无法全面了解客户的信息。

在金融服务基础设施方面，与城市相比，农村地区无论在质量还是在数量上均存在较大差距。虽然近年中国农村地区硬件基础设施建设投入较大，网民数量急剧增加，电脑与智能手机的普及率呈现较大幅度提升，但与农村居民的庞大基数相比，这一比例仍然较低。农村地区金融信息服务的软件基础设施更不容乐观，目前政府间合作不强，未能实现征信系统的对接，各自形成信息孤岛，信用信息评价体系缺乏整体规划，农户信用信息缺乏统一的共享平台。目前，虽然我国在中央层面上已经出台了《征信业管理条例》等法规，但结合各地实际情况的地方性法律和规章很少，大部分农村信用体系建设缺乏可落地和可操作的法规章程，导致中国农村信用体系建设进程缓慢，也进一步阻碍了农村信用环境的改善。

在金融监管方面，金融科技与互联网金融监管构建尚未建立，法律法规不够完善和存在缺失。《关于促进互联网金融健康发展的指导意见》出台为实施具体监管、促进行业健康发展指明方向；《网络借贷信息中介机构业务活动管理暂行办法》正式发布为防范互联网金融风险、提升互联网金融效率提供了政策和制度保障；《互联网金融风险专项整治工作实施方案》实施为维护互联网金融稳定、优化互联网金融生态环境提供了手段和方法，但我国金融科技和互联网金融监管领域系统性和实质性的法律规范和制度仍然欠缺，当前监管办法和手段的实施效果也有待观察。至于金融科技和互联网金融在服务"三农"过程中更是由于涉及的对象较多，在政策实施过程中存在部门协调难、政策冲突、措施重叠等众多问题，有待进一步明确和完善。

在金融服务的人才建设方面，促进农村地区金融扶贫和普惠金融发展人才培养和教育严重不足，导致大量信息资源无法有效开发。由于农村地区人员整体素质不高，加之农村地区金融教育和信用体系建设缺乏持续的资金、人才和技术投入，他们对金融科技和互联网金融等利用现代信息技术和手段从事金融服务的理解和认知能力普遍不足。某些农村地区互联网金融平台缺乏金融合规意识，甚至存在着利用金融科技和互联网金融概念从事"伪创新"，创新缺乏实用性，业务流程不健全，创新脱离实际经济场景，无法解决金融痛点，阻碍了利用金融科技和互联网金融促进金融扶贫和普惠金融发展的力度和广度。

五　结论及政策建议

中国普惠金融萌芽形态早在改革开放之前就出现了，当时主要是农村信用社等形式，20世纪90年代初，中国的普惠金融正式开启了其发展进程。参照国际经验、有关研究成果以及中国的经济发展特点，中国的普惠金融实践历程大致可以划分为公益性小额信贷、发展性微型金融、综合性普惠金融和创新性互联网金融四个阶段。党的十八届三中全会已经将"发展普惠金融"写入《中共中央关于全面深化改革若干重大问题的决定》，并正式提出"发展普惠金融，鼓励金融创新，丰富金融市场层次和产品"。2013年，普惠金融更是被纳入中国国家战略规划，成为完善多层次中国金融体系的组成部分。2015年10月29日，中国共产党第十八届中央委员会第五次全体会议通过的《中共中央关于制定国民经济和社会发展第十三个五年规划的建议》中明确指出要"发展普惠金融，着力加强对中小微企业、农村特别是贫困地区金融服务"。2015年12月31日正式发布的《推进普惠金融发展规划（2016~2020年）》则着重强调"发展普惠金融，目的就是要提升金融服务的覆盖率、可得性、满意度，满足人民群众日益增长的金融需求"，同时"要创新金融产品和服务手段，加强普惠金融教育和金融消费者权益保护"。2016年1月27日，中共中央、国务院发布的一号文件中也强调要"加快构建多层次、广覆盖、可持续的农村金融服务体系，发展农村普惠金融，降低融资成本，全面激活农村金融服务链条"。2016年两会，国务院总理李克强在政府工作报告中也明确指出要"大力发展普惠金融和绿色金融"。这些政策性文件与指导性纲领对于普惠金融的重视，已经表明中国的普惠金融将会进入更为快速的成熟发展阶段。

本着提高金融科技和互联网金融在农村地区金融服务的参与度和认知度，针对金融科技和互联网金融在促进我国普惠金融和农村金融扶贫中存在的问题和障碍，在此，我们提出如下对策建议。

其一，充分利用金融科技和互联网金融理念、技术和手段，深化农村金融综合改革，强化农村地区金融科技和金融服务的启蒙教育。以金融科技和互联网技术为手段，以有效增加农村金融资源供给为主线，以促进农村地区普惠金融和金融扶贫工作发展为目标，深入推进农村金融组织创新、机制创新、产品和服务方式创新，加强金融服务支撑体系建设，推动金融资源向"三农"、小微企业和基层倾斜。同时，各地政府和监管部门应制订金融科技和互联网金融知识宣传教育的工作计划，通过广播、电视、网络等多个途径普及金融知识，宣传金融科技与互联网金融的相关政策，总结当地金融科技与互联网金融发展案例，通过树典型、搭平台等形式促进农民正确认识金融科技和互联网金融，为金融科技与互联网金融在农村地区发展铺平道路。

其二，加大农村地区征信体系和信息化基础设施建设力度，以政府引导、市场参与的方式进一步扩大其投资规模，尽快实现网络、基站等基础设施在广大农村地区的全覆盖。各地政府和金融部门必要时可通过财政补贴方式降低农民使用网络和手机的成本，鼓励贫困农户使用网络和手机，为推进农村地区金融科技与互联网金融业务的发展提供有利的硬件条件。同时，加快农村征信体系建设，开展农村信用体系标准化建设的宣传和引导，鼓励各地尽快制定农村信用体系行政规章或地方性法规，建设适应互联网金融和大数据征信业务开展的信息共享机制和平台，鼓励金融机构运用大数据、云计算等新兴信息技术，打造互联网金融服务平台，为农村客户提供信息、资金、产品等全方位金融服务。

其三，转变普惠金融和金融扶贫工作方式，完善农村地区金融科技和互联网金融监管体系。针对我国普惠金融事业和农村金融扶贫工作中重点和难点，在中央层面上，建立更加有效的"一行三会"联席会议制度，必要时可将公安部、工信部等单位纳入联席会议，强化对金融科技和互联网金融的全方位监管，为实现跨产品、跨市场、跨机构的全方位多维度监管提供组织保障。各级地方政府，充分利用金融科技和互联网金融技术和理念，深化农村合作金融机构改革，推动本地金融机构服务"三农"和小微企业的定位，地方政府和金融监管部门要逐步淡出行政管理，强化服务职能。同时，针对当前我国金融科技和互联网金融法律、法规和制度的不完善现状，各地政府和金融管理部门应因地制宜地制定地方金融科技和互联网金融管理法规，以规范和促进本地金融科技和互联网金融发展。

其四，规范发展普惠金融和农村新型金融组织，创新金融科技和互联网金融产品和服务模式。各地政府积极利用金融科技和互联网金融理念和技术，探索新型农村合作金融发展的有效途径，稳妥开展新型农村金融互助合作机构和农村小额信贷组织发展，持续向农村贫困人群提供融资服务。同时，引导本地金融机构采用金融科技新技术和新理念针对小微企业、贫困农户等特殊群体，量身定制和开发金融产品和服务，增强对弱势群体的金融扶持力度，实施精准扶贫。

其五，提升金融机构科技运用水平，降低农村居民融资成本。各地政府和监管部门鼓励和督促各类金融机构规范收费、合理定价，提高金融服务收费信息透明度，充分发挥金融科技和大数据征信在利率市场化定价方面的优势和特点，加强对金融机构利率引导，抑制融资成本不合理上升。规范和引导金融机构，采用金融科技和互联网技术手段，合理下放贷款审批权限，提高贷款审批效率，降低企业融资成本。

参考文献

陈建伟、陈银娥：《普惠金融助推精准脱贫的理论与政策思考》，《当代经济研究》2017年第5期。

杨贵仓：《农村互联网金融发展探析》，《经济研究导刊》2017年第7期。

徐敏、张小林：《普惠制金融对城乡居民收入差距的影响》，《金融论坛》2014年第9期。

刘树新：《广东省农村普惠金融发展的现状、问题及建议——基于广东12地市的调查》，市场与创新——2015岭南经济论坛暨广东社会科学学术年会分会场年会论文，2015。

大数据环境下金融信息与互联网征信及其在广东实践

杨克泉　黄国平*

摘　要： 互联网金融行业的不断发展以及大数据征信系统的出现，使传统的信息管理体制和法律法规条文明显不能满足新的发展形势需要。传统征信模式的数据和信息是"少而精"，而互联网征信模式的数据和信息则是"多而杂"。当前我国互联网金融信息服务和互联网征信体系管理体制既有信息安全、隐私保护以及制度实施等结构性的问题和挑战，也有数据共享、标准化建设等行业运行机制和监管方面存在的缺失。为此，需要在战略上加强信用文化建设，提升金融生态环境，在策略上完善政策体系，强化制度建设。

关键词： 互联网金融　信息　征信　管理体制　监管

一　前言

互联网金融与生俱来的"普惠金融"和"民主金融"属性为完善我国金融体系、填补信贷缺口、支持创业创新、促使民间金融阳光化等方面所具

---

* 杨克泉，经济学博士，上海立信会计学院副教授；黄国平，经济学博士，中国社会科学院金融研究所研究员。

有的战略性意义已经在国家层面上得到肯定和重视。① 发挥互联网金融化解和规避金融风险、降低交易成本、提高金融效率、促进和实现金融功能的优势，就需要建立以信息工具为核心的互联网金融信息管理机制和体系，发挥基于投资者保护目的，防范系统性金融风险，完善信息披露机制的大数据信息管理和征信体系。大数据信息管理和征信体系是互联网金融信息工具应用的基础，也凸显了互联网金融的信息优势。

2014年6月颁布的《社会信用体系建设规划纲要（2014～2020年）》（以下简称《纲要》），加上之前颁布的《征信业管理条例》②和《征信机构管理办法》，③初步形成了我国征信与信息服务行业的法律规范，使业务主体有法可依，正当权益得到了保护。互联网金融平台可积累交易数据，构建信用数据库，利用互联网上企业和个人的信息分析和定价功能，开发企业信用量化工具和个人信用评估工具，并与我国现有信用征信体系对接，④但是，随着互联网金融行业的不断发展以及大数据征信系统的出现，传统的信息管理体制和法律法规条文明显不能满足新的发展形势需要。⑤

因此，要发挥互联网金融降低交易成本、提高金融效率、促进和实现金融功能的优势，就需要建立和完善以信息工具为核心的互联网金融信息管理体制和法律体系，在规范市场准入、明确市场主体法律地位、促进竞争的市场环境条件下，建立互联网金融大数据信息管理和征信系统。

---

① 自从2014年政府工作报告中首次提出发展互联网金融以来，2015年11月3日，中国共产党第十八届五中全会通过的《中共中央关于制定国民经济和社会发展第十三个五年规划的建议》中也提出规范发展互联网金融，这是互联网金融首次被写入中央五年规划中。2016年7月27日，中共中央办公厅、国务院办公厅印发《国家信息化发展战略纲要》再次提到"引导和规范互联网金融发展，有效防范和化解金融风险"，这充分说明了国家在战略层面上积极推动和支持互联网金融健康发展。
② 2013年1月21日中华人民共和国国务院令〔2013〕第631号发布。
③ 2013年11月15日中国人民银行令〔2013〕第1号发布。
④ 2016年1月，央行印发《关于做好个人征信业务准备工作的通知》，要求芝麻信用、腾讯征信、前海征信、鹏元征信、中诚信征信、中智诚征信、考拉征信、华道征信等八家民营征信机构做好个人征信业务的准备工作。
⑤ 例如，目前的法律规范对于大数据征信数据处理的各个环节尚未做出定义明确界限，对于大数据征信中重点关注的个人隐私保护等问题尚未做出法律形式的规定。

二 大数据互联网环境下金融信息管理与征信理论原则

（一）基础信息的公共性与私人信息的市场化原则

根据公共产品理论，互联网金融信息按照公用程度的不同，可分为私人金融信息产品和基础（公共）金融信息服务。私人金融信息产品能够满足个体社会成员特定的金融信息服务需求（如个人信用评分和个人征信调查），而基础公共金融信息产品则是指能够满足全体社会成员的基本的金融信息服务需求（如中国人民银行征信中心之类的基础公共金融信息数据库）。互联网大数据时代下的金融信息资源配置中，基础性和公共性金融信息服务的政府供给应发挥杠杆效应，通过政府公共金融信息产品供应来调节供求关系，提高信息资源在全社会的配置效率。鉴于成本和资源的约束，政府对金融信息产品和服务的供给应根据信息"公共性纯度"进行安排。对于诸如基本的金融信息归集、整理、存储和交互等纯公共性的基础数据和信息系统的建设与管理应由政府提供，对于定制化和加工化的准公共性信息服务（如信用评估、征信调查等）应当本着"谁受益、谁负担"的原则，由私人、民间和政府共同解决其资金来源。对于投资咨询、金融交易等纯私人性质的产品和服务则完全交由市场配置。

（二）公共信息安全性和私人信息保密性原则

基于信息网络开放性与互联性结构特点，以及网络信息服务提供者在整体系统中所处地位，互联网环境下的金融信息服务的安全保障应以公共秩序与公共安全为价值目标，同时，尊重他人的隐私权，对私人信息进行保密。互联网信息的虚拟性并不排斥公共性，信息产生和传播背后反映的是人际关系发生互动的基本事实。不论信息互动和互联网空间表现形态如何，只要人们以言行方式聚集，展现的公共空间就得以形成，甚至某种程度上，虚拟性成就了网络信息空间特有的公共性。网络信息空间具有公共性意味着作为信息守护者和看门人地位的信息和网络服务提供者需为空间中所有用户承担信息安全保障义务，维护网络信息的公共秩序与公共安全。秩序关注的是网络信息空间内各类信息流的有序顺畅运行，安全强调的是不被破坏搅扰、自由流动的状态。秩序维持有助于确保安全，而对安全的保障也有利于秩序实现。公共秩序与公共安全这两项价值内生于网络信息社会，伴随其永久存在和发展。实践中许多危害公共秩序与公共安全的行为均是由于网络和信息技术存在缺陷导致。① 信息服务提供者以公共秩序和安全为价值目标承担信息安全保障义务，并非忽略对私人信息保护。信息服务提供者在信息产品与服务的生产、供应和消费各环节中都不应假借维护公共秩序和安全义务忽视私人信息保密性原则，侵犯个人隐私权益。保护私人信息，尊重公民隐私权既是对人性自由的尊重，也是基本的社会道德要求。公共秩序与公共安全着眼于不特定多数人利益，对其维护恰恰是最大限度地保护私人信息。②

（三）信息供给的真实性与弱势对手定规性原则

相对于现实物理世界而言，互联网世界中信息不对称问题更加严重。现行立法格局下，依赖互联网和信息平台的信息服务和交易从其诞生伊始就存在信息不对称方面的先天不足。互联网大数据时代下，信息和数据资源如同资金和其他实物经济资源一样，成为促进社会发展的生产要素。不同社会个体和组织在信息和数据控制及使用上存在"强弱"之分。③ 当信息和数据资产成为大家追逐的对象时，这种已有的对数据和信息控制及使用的"强势"和"弱势"之分不仅会加重信息不对称问题，而且会严重影响信息内容和

---

① 如2011年，程序员网站CSDN、天涯社区、美团网等网站数据库遭到黑客攻击，网络个人信息泄露事件曾集中爆发，上亿用户的注册信息被公之于众，其中，广东省出入境政务服务网泄露了包括真实姓名、护照号码等信息在内的约400万用户资料。
② 许多个体的私权受到侵犯往往是由于网络服务提供者未尽到信息安全保障义务所致。如家、汉庭等大批酒店的开房记录泄露事件，正是因酒店WiFi管理、认证管理系统存在信息安全加密等级较低问题，以致这些信息被黑客窃取、泄露，危及开房人的实际权益。
③ 一些有政治背景和经济实力的组织或个人控制着大部分数据信息的使用权，而其他一些弱小的组织或个人对大数据的使用能力和范围非常有限。

供给真实性。当强者成为数据资源的垄断寡头时,数据和信息变成了受少数人垄断和操纵的资源工具。为此,为减缓信息控制和占用上的不公平,保证信息交易和供给的内容真实性,最有效的办法就是赋予信息弱势方具有信息交易和信息供给规则的设定权。现实中,为保证信息弱势方规则设定权的顺利实施,需要政府站在信息弱势方立场,代表广大而又分散的弱势方的社会群体通过制度和立法手段来实现和实施。

(四)信息工具的风险转换和资产定价的内化性原则

互联网金融信息不对称与金融风险问题解决,应遵循与问题实质相匹配的范式,在以金融风险为介质的不完全竞争市场中,内化信息不对称成本,以资产定价模型的逻辑过程为参照,通过定价原则,实现从风险到信息的转化,进而将信息与风险问题,内置于以完全信息市场为依托的风险—收益逻辑中,其核心是金融风险定价及其信息转换,起源于金融本质问题中信息与风险之关联结构。通过"风险定价及其信息工具转换"解决信息与风险这一金融本质问题,当金融风险被定价后,道德风险和逆向选择等风险难题可转化为信息,内化于金融资产价格之中。[①] 互联网金融巨大的技术优势和信息优势,让金融市场的基本问题,从自由与管制的制度博弈,回归为直接面向金融市场不稳定性的关键要素——信息与风险关系问题。这也让互联网金融的法律规制问题,凝聚在以信用工具为核心规制互联网金融信用风险这一根本性问题上。即在一个规范市场准入、明确市场主体法律地位和促进竞争的市场环境的构建中,强化信息披露机制,提升系统性风险防范功能。

三 大数据环境下金融信息特征及征信(服务)模式

与传统金融数据和信息模式不同,互联网金融数据和信息具有自身特

[①] 事实上,2014 年 3 月出台的"英国众筹监管规则"就通过信用风险定价解决平台流动性问题,规定 P2P 网络借贷型众筹的最低资本金和风险资本金,其中风险资本金比例按照平台规模的扩大而递减,这也符合 2008 年金融危机后,巴塞尔协议Ⅲ确定的风险吸收原则。

点。如果说传统征信模式的数据是"少而精",那么互联网征信模式的数据就是"多而杂"。在互联网时代,包括互联网企业(腾讯、阿里、百度等)、电商平台(京东、苏宁易购、亚马逊等)、支付平台(支付宝、微信等第三方支付系统)和公共事业及缴费平台(如个人手机话费、打车软件、水电煤气费、物业费等)等收集和掌握了组织和个人用户日常生活、经营和社交的数据和信息,使传统的由银行为主的金融数据和信息有着无限丰富的可能性。互联网金融数据和信息是基于大数据时代背景产生的,其基本特征可概括为:规模体量大(volume)、复杂多样性(variety)、高速时效性(velocity)和价值密度低(value)。

首先,规模体量大。2013年以来,信息和数据的大爆炸,驱动众多行业、企业和团体关注大数据。目前,中国存储市场出货容量已达到EB级,① 可存储数据容量在10EB左右。其中,阿里、腾讯等互联网金融巨头拥有的信息和数据总量已达到百PB以上。互联网金融企业以开放心态,面向用户开放服务。为充分挖掘和利用这些巨大的数据和信息资源,这些互联网金融企业和平台,构建自己的IT架构和处理海量数据的服务平台。

其次,复杂多样性。互联网金融信息数据类型复杂多样性不仅体现在互联网金融数据信息种类既有结构化也有半结构化及非结构化方面,而且还表现在互联网金融行为多样性上。中国互联网络信息中心(CNNIC)提供的《第38次中国互联网络发展状况统计报告》显示,截至2016年6月,中国网民②达7.10亿,超过全球网民人数的一半。中国互联网普及率达到51.7%,超过全球平均水平3.1个百分点。网民数量上的持续增长,上网方式的多样化必然带来互联网信息数据的增多和多样性,同时,也产生形式多样复杂的互联网金融行为方式。由于互联网金融信息数据以开放的互联网为载体,通过利用大数据、云计算等高科技开展互联网金融信息和数据服务工

---

① 据IDC报告,2015年全球存储市场增长率为2.2%,但中国存储市场增长率为14.8%,贡献了全球11%的市场份额。1EB是1024^4MB,数据单位从小到大依次为KB、MB、GB、TB、PB、EB、ZB、YB等,每两个数量单位之间都为1024倍数。

② 所谓网民的概念,是指过去六个月间最少上网一次的人。

作，因此，互联网金融数据信息尽管形式复杂多样，但获取成本（尤其是边际成本）相较于传统的金融信息数据获取可能更低。

再次，高速时效性。互联网金融信息数据的高速时效性是指互联网金融信息数据汇总、处置和分析评估一定要及时高效，不能有长期延误，否则会带来重大损失。利用互联网平台从事金融服务，客户规模体量大，交互速度快，因此，信息数据提升速度亦呈现指数增长。这也致使互联网金融信息服务与传统金融信息服务（征信）在应用方式上也存在较大差异。传统金融信息的应用服务一般采取事先采集数据信息，分类清洗归档，并在数据库系统内贮存，需要时再提取的方式，即"数据采集—数据贮存—数据应用"模式。而互联网金融信息服务路径为"用户申请—数据采集—数据评估—数据应用"，这显然比传统金融信息数据服务所要求的速度时效高。

最后，价值密度低。目前，我国诸如银行金融机构等质量较高的金融信息数据是直接接入央行征信中心的金融基础数据库，互联网金融平台较难获得。互联网金融信息服务企业虽然在自身的产品和服务过程中获取了各种多元化的数据信息，但是数据信息来源渠道众多，数据结构复杂多样，对这些价值密度较低的数据信息进行有效整合难度较大。互联网金融信息服务平台只有通过强大的数据积累，利用大数据和云计算等先进手段进行数据挖掘，对价值密度较低的复杂数据进行深度分析，去伪存真，才能开发出高质量的金融信息服务产品。传统征信模式作为我国征信体系的根基，具有无可撼动的地位，而互联网征信模式由于其独特的优势，将逐渐发展成传统征信模式的补充。两种模式各具特点和优势见表1。

表1 大数据互联网征信模式与传统征信模式对比

内容	大数据互联网金融信息服务和征信	传统金融信息服务和征信
数据源	互联网平台和企业	商业银行等传统金融机构
数据获取方式	网络获取	调查和报告
数据质量	庞杂	精准
数据规模	PB级	TB级
核心价值数据	支付数据	信贷数据

续表

内容	大数据互联网金融信息服务和征信	传统金融信息服务和征信
数据属性	强交易性	强金融性
数据挖掘和分析	已展开	未展开或刚开始
发展阶段	初生阶段	成熟阶段
商业模式	市场化	（准）公共性和有限市场化
目标定位	未明	金融行业
信息服务和征信内容	商业调查和商业信用评估	金融信息调查、信用评级（评分）
服务对象	互联网金融从业机构，互联网商业平台	商业银行，监管部门和政府

根据互联网金融信息服务和互联网征信业务基础、数据涟源、服务方式等，我国互联网金融信息服务（征信）大概可分为以下几种模式：互联网金融平台信息中介服务模式、互联网金融平台信息共享服务模式、互联网金融信息大数据征信服务模式（见表2）。

表2 大数据环境下互联网金融信息服务和征信模式比较

运营模式	服务内容	应用范围	服务形态	典型代表	数据和信息来源	备注
互联网金融平台信息中介服务模式	金融信息咨询中介；金融投资服务中介	互联网金融平台融资者信用评估	自征信	网络借贷P2P平台；互联网金融众筹平台	线下征信；第三方金融信息和征信服务机构；中国人民银行征信中心	
互联网金融平台信息共享服务模式	信息查询；信用评分	互联网金融平台融资者信用风险评估	信息共享和第三方服务	网络金融征信系统（NFCS）；小额信贷行业信用信息共享平台（MSP）；中关村互联网金融信息服务平台	中国人民银行征信中心；互联网金融平台	
互联网金融信息大数据征信服务模式	信息咨询服务；信用评分和风险评估	互联网系统中客户各种金融、财务和消费行为等风险评估	自征信；第三方服务	宜信、网信等；芝麻信用、腾讯征信、考拉信用等；京东、苏宁等电商平台	中国人民银行征信中心；互联网中客户消费、社交，乃至日常活动；特定场景下行为信息和数据；线下征信	

目前，中国人民银行征信系统已经与大部分包括商业银行、小额贷款公司以及融资性担保公司等金融机构实现互联互通，数据来源广泛，沉淀量大，在我国金融信息服务和征信体系中处于绝对主导地位。互联网金融信息服务对象和征信主体则相对市场化、多元化。开展互联网金融信息服务和征信业务关键是对于高度非结构化和多元化的海量信息数据具有深度挖掘、整合和分析能力，这是开展互联网征信和互联网金融信息服务的前提和基础条件。现有的市场化征信公司（如中诚信、上海资信）、新兴电子商务企业（如京东、苏宁）及互联网公司（如阿里、腾讯、宜信、网信等）具有较大优势，势必将成为我国互联网金融信息服务和征信行业主力军。

四 大数据环境下互联网金融信息服务（征信）管理体制现状分析

随着互联网金融行业的不断发展以及大数据背景下互联网金融信息服务和征信系统出现，传统的管理体制和法律规范明显不能满足新的发展形势需要，造成当前我国互联网金融信息服务和互联网征信体系管理体制既有信息安全、隐私保护以及制度实施等结构性的问题和挑战，也有数据共享、标准化建设等行业运行机制和监管方面存在的缺失。

（一）互联网金融信息服务和征信管理与监管体制信息安全和隐私保护问题和现状

相较于传统金融信息服务和征信方式，互联网金融信息和征信服务更加依赖于开放式的互联网平台和技术，服务提供和信息获取都涉及数据检索、权限控制、身份认证、活动跟踪、数据传输加压加密等内容，互联网和大数据环境下的金融信息服务管理体系所面临的信息安全风险也更加突出。①

---

① 根据《中国互联网站发展状况及其安全报告（2015）》，我国信息安全环境不容乐观，针对我国境内网站的仿冒钓鱼站点成倍增长，境外攻击、控制事件不断增加，中国网站安全问题形势依然严峻；根据中国互联网协会2016年6月23日发布的《2016中国网（转下页注）

尽管我国《征信业管理条例》（以下简称《条例》）对金融信息服务和征信机构的相关活动划定了严格的边界和具体的操作秩序。但是大数据和云计算背景下互联网金融信息服务和征信业务一个重要特征就是数据信息采集的成本低，这可能导致从业机构在信息采集和征信活动中不能严格遵循相关法律规范。[①] 便捷的信息获取渠道、较低的信息获取和违法成本导致互联网金融信息服务和征信行业成为违法违规与道德风险事件易发地带，同时，也损害金融消费者和征信用户合法权益。如何提高和健全互联网金融信息服务管理体制，促进从业机构和人员在经营过程中自觉遵守相关法律法规，是我国互联网金融信息服务和征信行业管理和监管部门必须面对的重要问题。只有从制度上进行严格规范，在机制上让法律规范严格落地，才能保证互联网金融信息服务和征信行业健康、稳定和持续发展。

（二）互联网金融信息服务和征信数据共享和标准化建设问题和现状

2005年以来，央行相继制定和发布了《征信数据元信用评级数据元》和《征信数据交换格式信用评级违约率数据采集格式》等几项金融行业标准，促进了征信业评级机构的规范执业。但现实中仍存在较多问题：一是缺乏统一金融信息统筹协调机构，信息跨区域、跨系统调配与交流较为混乱；二是行业标准体系不尽完善，在具体操作层面上，缺乏量化、标准化的要求

（接上页注①）民权益保护调查报告》，从2015年下半年到2016年上半年的一年间，我国网民因垃圾信息、诈骗信息、个人信息泄露等遭受的经济损失高达915亿元。

① 例如，互联网金融信息服务和征信机构一般具有庞大的客户和信息资源，可能在客户不知情况下轻易地获取客户保密性数据信息，这违反了《条例》第13条之规定"采集个人信息应当经信息主体本人同意，未经本人同意不得采集"；又如，《条例》第14条明确规定"禁止征信机构采集个人的宗教信仰、基因、指纹、血型、疾病和病史信息以及法律、行政法规规定禁止采集的其他个人信息"，然而，互联网金融信息服务和征信机构可能基于大数据技术对信息进行深度挖掘和整合，从而不可避免地会采集到部分人群的敏感信息（例如病史、指纹、基因）和个人隐私（比如不动产登记信息、缴纳税款记录及金融账户交易信息），在没有履行事先告知义务或者征得被征信人同意的情况下将这部分信息纳入金融信息数据库，或者提供给相关合作方，作为其信用评估的重要依据。

与规范;① 三是各征信机构的信用数据仍处于相对封闭的状态,其系统设计也较标准化相去甚远,不仅标准缺项太多、信息采集范围较小,而且征信机构依托自有系统建立的信息标准体系之间互相不兼容。另外,尤其值得关注的,互联网金融从业机构的基础信息标准化工作还处于空白状态,尚未纳入我国金融标准化管理体制,互联网金融从业机构主体识别缺乏统一标准。

互联网发展改进和提升了社会基础信息收集和信息共享机制,但尚不能支撑真正意义上大数据征信和云计算服务需求和应用。从我国金融信息和征信体系开放性和统一性上看,我国现有金融信息管理和征信体系呈现高度分割与封闭特点。目前,在政府主导的金融信息服务和征信模式下,中国人民银行征信系统对我国金融信息服务和征信业发展起到了巨大支撑作用。但是,中国人民银行征信体系并没有包括企业和个人在金融系统以外的金融和信用信息,信息来源渠道较为狭窄。同时,允许接入中国人民银行征信系统的机构也相对有限,目前也没有向大部分互联网金融从业机构等开放。

对于互联网金融行业而言,短期内与传统金融业和其他公共事业行业和单位实现信用和金融数据信息的共享和融合还存在障碍,至于行业内数据信息共享和融合上,包括阿里、宜信等行业领先者确实在致力这方面的推动和建设工作,② 但也不是一蹴而就的,既需要行业管理和监管体制上的创新,也需要从业者之间的思维和心态上的开放和包容。

(三)互联网金融信息服务和征信管理与监管体系中的问题和现状

随着互联网金融行业的不断发展,行业参与者人数急速增加,互联网金

---

① 例如,征信工作缺乏接口交换标准、征信服务标准等核心标准,这直接增加了征信机构信息采集、整合和利用的时间成本,降低了运作效率,同时也为传统金融与互联网金融、线上与线下信息的共享、传播制造了无形的壁垒。
② 如阿里金融信贷平台已经向金融机构开放,为小微企业提供金融服务。另外,阿里也向政府开放了大数据产品和服务——阿里经济云图,各级政府可自主查询多维度的电子商务经济数据,这为全社会的互联网数据融合和共享提供了榜样。

融信息服务和征信管理与监管体制也面临新的发展机遇与挑战。目前，监管当局尚未对互联网金融信息服务和征信行业采取有效措施，大数据征信行业的监管法律体系尚未完善，监管策略和管理手段难以适应新形势下行业发展要求，监管人员大数据理念也有待进一步提高。

在监管法律和制度规范上，互联网金融信息服务和征信机构尚无明确的准入限制和标准。尽管《征信业管理条例》规定"征信机构是指依法设立、主要经营征信业务的机构。征信业务是对企事业单位信用信息和个人信用信息进行采集、整理、保存、加工，并向信息使用者提供的活动"。原则上，互联网金融信息服务和征信机构应和传统征信机构一样，属于《征信业管理条例》约束与规范范畴，但在具体措施上，监管部门缺少针对互联网征信机构的准入限制。互联网金融企业都在不同经营环节公开或私下采集用户信息，部分大数据机构在提供信用信息服务的同时，尚未得到征信业监管部门的批准或未在监管部门备案，其合规性存在风险。

在监管体系建设上，可能存在监管主体的缺位和监管范围出现真空。互联网金融虚拟性和无边界特征，导致部分从事信息服务和征信业务的互联网企业和大数据平台游离于监管之外。当前，由于各类机构自身发展参差不齐，不仅其提供的信息产品和服务的真实性和质量无法保证，还可能出现因监管主体缺位和监管范围真空而导致采集信息的泄露和滥用。

在监管方法和管理手段上，当前的监管策略和管理方法难以适应互联网大数据形势下对征信行业监管的要求。例如，现场检查和非现场监管是对征信业监管的两种传统方式，但在互联网环境中，面对虚拟化信息搜索和整合，现场检查这一基本监管手段似乎缺乏监管着力点；而非现场监管手段在以大数据征信为代表的互联网征信环境中，则缺乏时效性和连续性，难达到监管机构预期效果。

中国人民银行作为金融信息服务和征信行业主管机构，需要紧跟互联网金融发展潮流，洞察大数据背景下金融信息服务和征信的常态与基本规律，完善互联网金融信息服务管理体制机制，对以互联网征信为代表的互联网金融信息服务模式实行审慎的动态监管和有效规范。

五 互联网大数据征信在广东的实践与应用

信用市场被认为是互联网的下一个金矿。据估计，中国个人征信市场达千亿规模，而当前个人征信和企业征信的总规模则不到百亿。目前我国提供个人征信服务的"正规军"只有央行征信中心及其下属的上海资信公司。其中，征信中心作为央行直属事业单位，专门负责我国企业和个人信用信息基础数据库的建设、运行和维护。广东作为我国金融和高科技产业发达地区和领头羊，互联网大数据金融信息和征信发展与实践也一直走在全国前列。

（一）借助大数据征信，破解"融资难，融资贵"[①]

"融资难，融资贵"一直是困扰小微企业发展难题。为进一步改进小微企业金融服务，多措并举解决小微企业融资问题，广东银监局和广东省国税局、地税局建立银税合作机制，充分共享和利用小微企业的纳税信用评价结果，使纳税信用成为小微企业的信用资产。在监管部门和税务部门的通力合作和大力推动下，企业以税增信、银行以诚相"贷"，真正实现小微企业、银行机构、税务部门的三方共赢。

小微企业融资难，根本原因是小微企业自身企业财务制度不健全，银行机构与企业之间存在信息不对称，导致银行机构为达到风险防范和缓释的目的，通常会采取抵质押等担保手段。为打破小微企业融资困局，在广东银监局引导下，广东银行机构通过引入税务大数据，帮助银行机构补齐企业信息数据"短板"，有效缓解了银行与小微企业之间的信息传递障碍问题。比如，平安银行专门为小微企业开发了"橙e税金贷"信用贷款产品，无须任何抵押或担保，企业只需提供企业纳税数据查询授权和基础资料，就能申请获得最高 800 万元的贷款，能够较好地满足轻资产小微企业的融资需求。

传统银行信贷业务的线下人工尽职调查和审查方式，人力资源耗费较

---

① 王占峰：《广东：借大数据征信技术深化银税合作》，《中国银行业》2016 年第 12 期。

大、数据获取效率低、覆盖客户有限、融资便利性较差。为最大限度地便利企业融资，广东银行机构引入微众税银公众服务平台，采用大数据征信技术，将企业的"纳税信用"直接转变为"银行信用"，小微企业足不出户即可轻松获得数据提交、预授信申请、资信评估和融资申办等一站式服务。该平台通过经营行为分析、订单追踪和经营账目比对等大数据交叉分析方法，极大地优化了贷款申请和审批流程，小微企业在10分钟内即可获得融资能力评估，并基于自身纳税信息情况获得对应的预授信，一旦有资金需求最快7秒即可获得银行的无抵押贷款。目前该平台已覆盖广东省内广州、珠海、佛山等10个地市。

2015年7月，国家税务总局、银监会联合印发《关于开展"银税互动"助力小微企业发展活动的通知》以来，广东银监局和广东省国税局、地税局迅速响应，先后3次召开联席会议，签订《广东省"银税互动"助力小微企业发展活动合作备忘录》，并在全省范围内积极推动。目前广东银监局辖内19个地市均已建立"银税互动"合作机制，累计有80家各类银行机构与税务部门签署《"银税互动助力小微"合作协议》，"银税互动"在广东银监局辖内实现地域范围和银行机构类型全覆盖，并在韶关、河源等地率先推广至县区一级。

为配合"银税互动"工作的开展，广东银行机构通过设计专属信贷产品，以纳税评级信息为考量因素之一，为小微企业进行增信。比如，东莞银行清远分行与清远市国税局合作推出"出口退税账户质押贷款"，无须抵押物，凭国税局确认的申报退税额度即可获得退税额度90%的贷款，有力缓解了企业出口退税款未能及时到账而出现的短期资金困难，助力进出口企业"走出去"。

融资成本下降、贷款利率优惠为小微企业减负让利。经过监管部门持续开展的不规范经营清理等工作，银行机构对小微企业的息外收费大幅减少，收费标准日趋透明。同时，针对贷款期限与资金需求期限的不匹配间接推高小微企业总体财务成本的情况，监管部门还积极引导银行机构进行产品和服务创新，通过灵活设定计息和付息方式降低小微企业平均利息成本。比如，广发银行为按时足额纳税的小微企业发放用于短期生产经营周转的"税银通"贷款，最高信用贷款额度300万元、抵押贷款额度1500万元，贷款采用按日计息、随借随还的方式，日息低至0.19‰，年化利息仅7%~9%，通过广州市国税局、微众税银官网、广发微信公众号及线下网点皆可申请办理。

根据广东省守信联合激励、失信联合惩戒制度，广东银行业通过开发专属信贷产品、执行利率优惠政策、优化贷款审批流程等方式为符合授信条件的诚信纳税的企业提供融资支持。比如，潮安农信社开发"税易贷"产品，对生产经营状况正常、具备按期还本付息能力但缺少担保的小微企业，根据借款人纳税情况及纳税信用等级核定贷款额度，在满足小微企业融资需求的同时有利于提高小微企业诚信纳税的积极性。

（二）腾讯挖掘海量数据，构建个人评分

互联网金融的飞速发展迫切需要个人征信体系作为支撑，而最具互联网基因的腾讯征信可以通过海量数据挖掘和分析技术来预测其风险表现和信用价值，为其建立个人信用评分。腾讯征信的征信产品主要分为两大类别：一类是反欺诈产品，另一类是信用评级产品。反欺诈产品包括人脸识别和欺诈评测两个主要的应用场景。人脸识别主要应用在身份核实的相关场景，目前已应用在腾讯的微证券等产品上。欺诈评测是对客户的欺诈风险提供一个等级评估，等级越高提示欺诈风险越大。信用评级产品，目前可以提供运用的是信用评分和信用报告。此外，腾讯征信还整合已有征信产品根据不同的业务需求在贷前、贷中、贷后为金融机构提供整套的实时在线的风险管理解决方案。在贷前利用人脸识别和欺诈侦测为贷前审核把好关，尽量避免团伙欺诈和欺诈惯犯的混入，并根据已有的腾讯数据模型结合具体的金融产品、客户群体和场景提供个性化的风控决策，用征信产品将客户和金融产品深度结合。根据信用评估为客户提供不同的个性化金融产品。在贷中和贷后，根据客户的动态实时进行风险预警。

腾讯征信业务服务的对象主要包括两块：一是金融机构，通过提供互联网征信服务来帮助它们降低风险，能够为更多用户提供金融服务；二是服务

普通用户,用很便捷的方式帮忙他们建立信用记录,这些信用记录能反过来帮助他们获得更多的金融服务。目前已经与商业银行、消费金融公司、小贷及P2P公司、保险公司、金融服务公司开展合作。

腾讯征信的数据主要来源于两部分:一部分是腾讯体系的数据,如财付通的交易数据、QQ的社交数据等;一部分是外部的,比如教育信息数据。腾讯的互联网大数据征信主要运用社交网络上海量信息为用户建立基于互联网信息的征信报告。征信体系利用其大数据平台TDBANK,在不同数据源中,采集处理相关行为和基础画像等数据,并利用统计学、传统机器学习的方法,得出用户信用得分,形成个人征信报告。

微众银行的风险控制领域,腾讯征信无疑将承担重要作用。面对海量的用户,微众银行如何将"好用户"与"坏用户"分辨出来,从而准确放贷,关键在于需要对用户做一个比较准确的风险预测和评估,对于用户未来的风险逾期以及坏账的可能性进行预测。腾讯征信信用评分方面的数据分析和建模团队,除了运用金融机构使用的统计学方法外,还设计、运用征信业界最前沿的算法,从运行状况来看整个信用评分的模型分辨效果。

互联网征信相对传统征信而言是全新领域。例如,央行征信系统更新速度相对较慢,而腾讯数据则是实时数据。将这些数据与央行数据相结合,风险评判将更为有效。例如一个人申请了几张信用卡,央行更新系统较慢,用户申请信用卡还没有相关记录,而通过互联网征信则实时显示,从而保证了时效性。信用评判很大程度上是对用户风险能力的判断,而腾讯征信可以观察到用户各种各样的行为,是否经常上网,"钱"之外的各种社会行为,而这恰恰是腾讯等互联网大数据征信的优势所在。金钱只是一个维度,而互联网征信则可以观察到用户的几百个、上千个维度,从而做到更加全面、立体、及时。

六 结论及政策建议

互联网金融信息服务和征信体系建设是一项基础性的系统工程,也是互联网环境下经济社会发展过程的必然。近年来，我国互联网金融信息服务和征信体系都取得了令人瞩目的成绩，互联网行业中一些领头羊也在该领域进行了卓有成效的实践，互联网金融信息服务和互联网征信管理和监管体制也得了进一步改善。然而，互联网金融信息服务和互联网征信毕竟还是处于新生阶段的行业，必然存在着诸如金融信息安全、隐私保护和标准化建设等不足和问题。

为此，在战略层面上，其一，加强信用文化建设，提升互联网环境下的金融生态环境。一个国家和社会信用状况如何，其根本在于社会信用文化和金融生态环境。良好信用文化不仅容易形成普遍认可的价值观，更能营造良好的市场信用环境氛围。在一个具有良好信用文化的社会中，信用贯穿于社会经济生活的各个方面，诚实守信成为经济交易的基本准则。面对我国目前信用缺失问题，都可以把它归结为包括法律、社会、经济等一系列的信用制度不健全造成的，但从深层次上说更是一个文化问题。我国现阶段出现的社会信用缺失问题有着深刻的时代背景，甚至在一定意义上说，是历史发展的客观必然。既然这是历史必然，并且在短期内不能解决，那么我们在认真正视和对待它的同时，不应妄自菲薄，应从具体的法律和制度建设入手，规范和培育信用体系赖以存在的金融生态环境。

其二，明晰信息服务和征信体系的发展思路，构建互联网大数据背景下合理发展模式。政府主导的信息服务和征信体系与市场化征信体系是相辅相成的两套模式，两种模式同时存在既可满足信息充分性的需要，又能有效提升市场的资源配置水平。目前，我国经济仍处于转型关键时期，市场的完善程度仍不高，个体和企业的失信情况仍较为严重，我国的信用建设仍非常落后，使我国政府在市场中的供给地位仍比较突出，未来相当长时期内，我国政府还将是互联网金融信息服务和征信体系的核心力量。而这可能恰恰是当前我国建设市场化的互联网金融信息服务和征信体系的物质依靠和优势所在。这种优势既表现在立法以及行业的监管方面，同时也体现在大数据背景下互联网金融信息服务和征信体系所要求的信息共享、信息安全等制度建设方面。

在政策层面上，其一，加强互联网金融信息服务和互联网征信行业监管，转变传统监管方式和思路。探索建立符合互联网征信特性的监管方式，监管理念应从机构监管转向功能监管，监管重点要放在维护信息安全和保护个人隐私上，确保信息采集、信息提供的合法性。推进互联网金融和征信行业监管的技术升级（如应用云计算、大数据和区块链技术）和人才队伍建设，增强监管手段，充实监管力量，提高监管效能。

其二，推进金融和信用信息共享机制建设，提高征信行业标准化体系水平。针对目前互联网金融和互联网征信发展现状，充分发挥中国人民银行金融和信用信息主管机关的作用，严格按照《政府信息公开条例》等政策规定，确定信用数据、信息公开的范围、内容、格式，在保护信息安全和私人信息保密性的条件下为征信机构合理采集信用信息提供必要的条件。同时，建立统一的信息主体标识规范、征信基本术语规范，制定层级清晰、结构完善的征信业总体标准和基础类标体系，提高征信标准化工作的适用性与科学性。

其三，强化信息安全和个人隐私保护，完善法律保障体系。推动互联网金融信息服务和征信机构按照《征信机构管理办法》的要求落实信息安全等级测评制度，[1] 保障征信系统的安全、可控。完善企业和个人信用信息基础数据库的用户管理制度，对用户实行分级管理、权限控制、身份认证、活动跟踪。加强对金融机构、征信机构的宣传教育和业务培训，增强其业务能力和守法规范经营意识。结合我国基本国情，借鉴英美等国的立法经验和手段，[2] 立法加强对个人信息隐私权的保护，限制征信机构对个人征信主体信

---

[1] 我国《征信机构管理办法》第三十条明确规定：征信机构应当按照国家信息安全保护等级测评标准，对信用信息系统的安全情况进行测评。

[2] 例如，美国于1970年制定的《公平信用报告法》（*Fair Credit Reporting Act*）是美国保护个人信用信息重要的法律之一。它的立法原则是准确性、公平性以及对隐私的尊重与保护。《公平信用报告法》以上述三项基本原则为指导，合理确定征信的范围、信用报告的使用范围及对个人商业信用信息共享的限制。同时，还禁止以欺骗、侵扰、不公正的方式采集信用信息，禁止以私人访问的形式取得对当事人不利的信用信息，上述规范有效地保护了金融消费者的个人信息隐私权。又如，英国于1974年颁布的《消费者信用法》（*Consumption Credit Act*）和1998颁布的《数据保护法》（*Data Protection Act*）也都体现了保护消费者的立法原则，充分维护消费者的个人信息知情权，减少征信机构与消费者个人之间的信息不对称。特别是《数据保护法》还确立了个人数据保护的八项基本原则，为个人的信息和数据保护提供了基础性法律规范和纠纷解决参照系。

用信息的垄断以及合法权益的侵害，保护个人信息隐私权。

其四，完善正向激励机制，提高失信惩戒手段。所谓完善正向激励机制就是提高互联网和大数据环境下的信息披露质量和水平，减缓和消除因信息不对称所引起的逆向选择和道德风险，同时，在社会信用制度和金融生态环境建设过程中，坚持以培养和营造良好的社会信用文化作为核心和重点，形成诚实守信的社会氛围，显著降低守信者信用成本。同时，提高失信惩戒的手段和方法，通过建立诸如失信者"黑名单"系统，禁止失信者投融资参与等手段，提高其违约成本，使失信者在市场中无立足之地。完善的失信惩戒机制是互联网征信体系发展的有力保障和健全的重要标志。

其五，加强互联网征信制度和立法建设，提升管理和执行力度。相较于欧美国家成熟的征信体系和完善的法律规范，[①] 我国征信体系及其立法方面的建设由于起步较晚相对落后。加强和完善互联网和大数据环境下的征信立法和制度体系建设，是我们建立领先互联网金融信息服务和征信体系的基础条件，这不仅表现在需要构建宏观战略、前瞻性管理体制机制，更应细化到诸如人员管理、制度管理和标准化管理等具体操作层面。

其六，扩大互联网和大数据征信数据来源，提高互联网大数据征信模型准确性。互联网金融信息服务和征信体系核心来源于基于大数据技术的数据收集、整理、建模、提炼过程，这也意味着提高互联网金融信息服务质量和征信模型准确性必须扩大其基础性数据和信息来源。根据当前经济、社会和信息化发展现状，我国基础性社会信息数据既包括个人以水、电、煤、气为代表的基础信息，也包括个人教育、住房、司法、公共交通以及社保公积金等信息。目前，这些信息和数据散布于不同政府和公共事业部门的信息系统中，政府应推动各个政府内部信息系统的数据共享，从而为大数据征信风控系统提供最基础的数据来源。

---

① 例如，美国共有16部相关的法律制度，与其他国家相比，美国的每部法律都非常详尽，对所有可能的情况进行规定，并且在执行层面，具备很高的现实操作性。另外，在隐私保护方面，也具备体系化的法律法规，作为法律规定范围内的执行手册。

参考文献

Dougherty K., "Public goods theory from eighteenth century political philosophy to twentieth century economics", *Public Choice*, 2003, 117: 239 – 253.

Spence M., Job, "Market Signaling", *The Quarterly Journal of Economics*, 1973, 87 (3).

何飞、张兵：《互联网金融的发展：大数据驱动与模式衍变》，《财经科学》2016年第6期。

胡剑波、宋帅、石峰：《互联网金融信息安全风险及其防范》，《征信》2015年第4期。

黄国平：《模式异化的网络借贷风险管理与监管》，《财经问题研究》2015年第11期。

李真：《中国互联网征信发展与监管问题研究》，《征信》2015年第4期。

梅夏英、杨晓娜：《网络服务提供者信息安全保障义务的公共性基础》，《烟台大学学报（哲学社会科学版）》2014年第6期。

孙凡、杨周南：《大数据时代公共信息产品政府供给的策略研究》，《财政研究》2015年第8期。

王占峰：《广东：借大数据征信技术深化银税合作》，《中国银行业》2016年第12期。

杨东：《互联网金融的法律规制——基于信息工具的视角》，《中国社会科学》2015年第4期。

中国人民银行乌鲁木齐中心支行课题组：《我国征信活动中信息主体权益保护风险点分析及对策研究》，《金融监管评论》2016年第1期。

促进金融科技创新发展体制与机制

——深圳政策与实践

李 凯*

摘 要： 金融科技发展，深刻地改变着人们使用金融服务的习惯偏好，对传统金融业态产生重大影响。如何在包容金融创新、维护金融稳定、保障金融消费者合法权益等不同的价值目标之间取得平衡，是各国对金融科技在政策体系和金融监管方面面临的重要课题。2007年初，深圳市福田区率先出台《关于促进福田区金融科技快速健康创新发展的若干意见》，成为我国地方政府首个发布的金融科技专项政策。该政策从"总体要求""大力发展金融科技业态""加大对金融科技的扶持力度""营造良好的金融科技发展环境""建立金融科技风险防控体系""保障措施"六大方面出台了福田促进金融科技发展的多项措施。深圳政策与实践将为我国金融科技的发展提供宝贵经验。

关键词： 金融科技 政策 体制 规范发展 互联网金融

一 前言

2017年1月13日，美国总统奥巴马卸任之前，美国国家经济委员会发

---

* 李凯，经济学博士，深圳互联网金融协会副秘书长。

布了《金融科技框架体系》（A Framework for FinTech）白皮书（以下简称"美国白皮书"），全面系统地阐述了金融科技政策设计和监管策略的政策目标和基本原则。就金融科技服务的政策目标而言，"美国白皮书"从积极推动金融服务创新创业，拓宽安全、经济、公平的资本募集渠道，发展普惠金融和增强民众的财务健康，应对金融稳定风险，推进21世纪金融监管框架建设，确保国家金融竞争力等方面，设定了金融科技发展目标。就金融科技发展和监管基本原则而言，"美国白皮书"提出了以更宽广的视域来审视金融生态系统，时刻注重保护金融消费者权益，发展普惠金融和增强民众的财务健康，了解并规避潜在的技术偏见，最大限度地提升金融服务透明度，努力实现互操作性和技术标准的和谐统一，将网络安全、数据安全和隐私保护贯穿始终，增强金融服务基础设施的效率和效能，确保金融稳定，继续加强跨部门协作等十大原则。"美国白皮书"政策目标和基本原则的宣示，为金融科技行业的发展和监管提供了框架式的蓝图。

金融科技的发展，深刻地改变着人们使用金融服务的习惯偏好，对传统金融业态产生重大影响。如何在包容金融创新、维护金融稳定、保障金融消费者合法权益等不同的价值目标之间取得平衡，是各国对金融科技在政策体系和金融监管方面面临的重要课题，"美国白皮书"为我们提供了全面了解美国金融科技监管制度设计的视角。尽管中美两国金融科技发展的背景和基础不可能完全一样，但是无论是政策制定和制度设计的理念，还是一些具体的措施，无疑都具有启示性和借鉴性的意义。面对新兴业态快速发展，我们需要从增强国家金融竞争力和吸引力等各方面对快速发展的金融科技在政策和监管方面进行引导和鼓励，以促进金融科技良性、健康发展。

2017年全国两会期间，中国人民银行周小川行长指出，中国人民银行高度鼓励发展金融科技，特别是网络科技、数字货币、区块链等新技术。鼓励科技类企业向普惠金融方向发展，逐步改变贫穷偏远地区金融服务差、基层金融服务不足的现象。同时，我们既要鼓励发展，也要防范风险，对于发展过程中遇到的不健康行为要不断规范。

二 金融科技行业发展及展望

根据全球金融稳定委员会（Financial Stability Board）对"金融科技"的界定，金融与信息技术相互融合，创造新的业务模式、新的应用、新的流程和新的产品，从而对金融市场、金融机构、金融服务的提供方式形成非常大的影响。从实践角度来看，当下金融科技的外延包括了支付清算、电子货币、网络借贷、大数据、区块链、云计算、人工智能等领域。金融科技业务发展正在对银行、保险和证券等传统金融领域核心业务产生颠覆性影响。

根据埃森哲（Accenture）报告，2016年全球金融科技投资超过200亿美元，亚太地区的金融科技融资规模翻番，中国贡献了亚太地区投资总额的九成，规模达到了102亿美元。亚太地区的前十大金融科技投资均发生在中国大陆和香港地区，包括蚂蚁金服、陆金所、京东旗下的消费金融子公司均完成了超过10亿美元的融资。当前，全球主要地区的金融科技投资交易量大幅上升，尽管中国只占全球投资交易量的3%，投资金额占比却达到了43%。金融科技投资包括三大主力，即传统金融机构、新兴科技公司和风险投资。传统金融服务机构清楚地认识到来自行业外的颠覆力量，正在加大对金融科技的投资，数家银行、证券和保险公司宣布积极探索诸如区块链、大数据和金融云等高端技术。新兴科技公司在支付、贷款和交易金融等领域中，作为非传统的参与者异军突起，市场竞争日趋激烈。风险投资机构则在积极物色大批有创意、有能力、敢想敢干的创业者，与各类初创企业开展合作，探索众多新兴领域的金融技术解决方案。

在金融科技领域，未来几项新技术的发展很可能会爆发出巨大的商业价值。一是区块链，降低了交易和信任风险，降低了金融机构的运营成本，在征信、股票交易、P2P的跨界支付、汇兑、结算方面有着重要作用。二是大数据和商业智能，支付有金融和数据的双重属性，支付场景拥有的数据资源是进一步发展为信贷、征信等复杂金融业务的基石。社交媒体可以整合个人消费领域、安全领域的众多信息，直接转化为金融服务的提供平台。搜索引擎可以将用户流量引入金融领域，未来可以方便地使用大数据开展智能分析。三是人工智能，可能使中低端的分析活动被大面积替换，在时间维度上进行预测，完善风险定价模型，减少情绪化干扰，优化博弈的策略。无论是金融机构还是金融科技创新企业，一旦构建起整个生态系统，在资本市场上就会获得较高的估值，这实际上是对其底层数据以及先进技术的认可。

中国金融科技业务活动也主要集中在传统金融机构、新兴互联网科技公司以及数据和信息支持服务（通信、基础设施、相关专业服务）机构，主要的业务类型包括互联网支付、网络借贷、众筹融资、互联网销售与理财、消费金融、企业金融服务、互联网征信与金融信息服务等几大类。尤其值得关注的是中国知名的新兴科技（互联网）公司，它们参与金融科技的路径各不相同。例如，阿里巴巴是电商场景，首先有交易，有支付和大数据，然后再延伸到信贷、征信、借贷和众筹。腾讯有很强大的社交场景，由社交到微信红包，从红包再到微信支付，之后进入个人消费，再到小额信贷、保险等领域。百度和京东最近也有许多创新的业务，如应用搜索场景和网络流量、介入人工智能和大数据金融等领域。

中国是金融科技的受惠者，也是全球金融交易最活跃、支付最便利、成本最低、效率最高的国度之一。根据艾瑞咨询（iReseach）报告，[①] 2016年中国网络资管规模超过2.7万亿元，网络信贷余额超过1万亿元，这些业绩的背后潜藏着更大的业务空间。互联网短平快的特点，在交易规模上实际可将存量市场放大数倍。而伴随着互联网高频的特点，金融科技的长尾价值将得到凸显。预计2020年，中国互联网金融核心业务市场规模将超过12万亿元。在行业高速发展的过程中，金融科技将更多地参与到优质资产生成的过程中。

与国外不同，中国金融科技的起始点并不是金融科技行业本身。金融科技这个词在较长时间内都是以互联网金融这个概念存在的，这种以战养兵的发展模式导致目前科技还需要依附实际的金融业务，很难独立存在。这也给了中国绝大部分中小型互联网金融公司一种额外的价值，使以往以业务规模论英雄的评判模式，逐步向单位产值方向转移。对行业来说，这既是机会，

---

① 艾瑞咨询：《夜明前——2017年中国金融科技发展报告》，2017。

也是风险。它给了中小互联网金融公司崛起的契机，但同样也加速互联网金融行业内部的整合。在中国金融科技领域，宏观环境使一部分非金融科技企业可以迅速在金融科技领域建立自己的优势，巨头对各方面资源的吸引力，已经让它们成为左右竞争格局的关键要素。

广义的金融科技可以认为，只要是用程序代码介入的业务，均可以算作金融科技业务。从研究的角度，这显然是不科学定义，但是中国网络用户并不具备专业鉴别能力。这样带来的弊端就是2016年后，市场上突然涌现大量金融科技公司，并且在政策对互联网金融收紧的压力下，很多公司出于生存和营销的需求，开始标榜自身的金融科技概念。综观中国各产业的发展历程，羊群效应贯穿始终，前期大量从业机构蜂拥而至后，必然导致行业吸引力大幅下降，行业发展存在隐患。基于此，在目前金融科技发展环境中，应以最开放的态度关注和扶持金融科技公司的发展，但是要以最严苛的审核标准梳理行业发展情况，并提供实质性的支持和帮助。市场经济环境下，只有被市场认可的金融科技机构，才可能在未来行业发展过程中，起到正面作用，而被市场认可的标志，就是产生科技营收。

中国在互联网金融、网络支付等金融科技相关业务领域制定了系列政策法规，监管体系不断完善，但是，有关金融科技本身的政策法规和监管体系在国家和中央政府层面上还尚未出台。目前，北京、上海和深圳等金融科技发达地区，本着诸如提高本地竞争力、促进行业健康发展等不同目的和角度制定了相应的专项政策。以下，我们以深圳为例进行分析和解读。

三 深圳金融科技政策与实践[①]

2014年初，深圳颁布了《关于支持互联网金融创新发展的指导意见》，成为国内首个发布实施的互联网金融专项政策。2007年初，深圳市福田区

---

① 林瑞敏、黄晓宁、李凯、笑言：《福田率先出台促进金融科技发展专项政策——力争5年内打造成为有国际影响力的金融科技中心》，《深圳特区报》2017年3月21日。

率先出台《关于促进福田区金融科技快速健康创新发展的若干意见》，又成为我国地方政府首个发布的金融科技专项政策。该政策从"总体要求""大力发展金融科技业态""加大对金融科技的扶持力度""营造良好的金融科技发展环境""建立金融科技风险防控体系""保障措施"六大方面出台了福田促进金融科技发展的多项措施。

（一）打造国际金融科技中心

依据该政策描述的蓝图，福田区的金融科技发展目标，可以概括为打造"一个中心"，形成"四个区"，建设"七个平台"，种好"三块田"：力争在五年内将福田区打造成为有国际影响力的金融科技中心，成为国内金融科技研发核心区、总部聚集区、企业孵化区、创新政策试验区，建设智能算法、资讯数据、智库培训、信披监管、融资路演、沙箱标准和争议解决七大服务平台，构建充满活力的蜂巢生态体系，充分发挥国家金融科技的试验田、示范田和高产田作用。

福田区金融科技发展目标

一个中心：有国际影响力的金融科技中心。

四个区：国内金融科技研发核心区、总部聚集区、企业孵化区、创新政策试验区。

七大平台：智能算法、资讯数据、智库培训、信披监管、融资路演、沙箱标准、争议解决。

三块田：国家金融科技试验田、国家金融科技示范田、国家金融科技高产田。

该政策的起草历时5个月，进行了广泛调研。政策的出台得到了深圳市金融办、中国人民银行深圳市中心支行、深圳银监局、深圳证监局、深圳保监局、福田区政府、深圳证券交易所等多个政府部门与监管部门，平安集

团、国信证券等金融机构，深圳市金融信息服务协会、深圳市银行业协会、证券业协会、保险同业公会等行业组织的大力支持。

（二）金融科技创新发展势头猛

金融科技是指技术带来的金融创新。基于大数据、云计算、人工智能、区块链等新一代信息技术及相关自然科学技术创新的金融科技正全面应用于支付清算、借贷融资、财富管理、零售银行、交易结算、风险管理等金融领域，深刻改变着金融生态与环境。

2016年被称为"金融科技元年"，继互联网金融之后，金融科技正在成为新的风口。英国、美国、新加坡、澳大利亚等发达国家均把金融科技上升为国家发展战略进行布局。金融科技在我国发展也非常迅猛，受到国家政府重视，2017年3月，金融科技中的重要技术——人工智能首度被列入政府工作报告。

目前，深圳、北京、上海、广州、杭州等均在积极发展金融科技。其中深圳金融创新活跃、高新技术产业发达，毗邻规模庞大的国内国际两个市场，具备将全球最顶尖的金融科技和学术研究与良好的产业基础和丰富的应用场景相融合，打造具有全球影响力的金融科技中心城市的条件。深圳市政府高度重视金融科技的发展，相继出台了多项政策措施，全面促进科技与金融的高效结合，推动全市金融科技的发展。2016年12月，深圳召开了首届"中国深圳FinTech（金融科技）峰会"。目前，深圳正筹建FinTech（金融科技）联盟和研究院；启动FinTech（金融科技）创客大赛；鼓励区块链等金融科技关键技术的示范应用。

（三）向湾区经济的金融名城进发

福田区是深圳市的金融核心区，也是中国三大金融集聚区之一。辖区金融业增加值占福田全区GDP的比重达34.1%，占深圳全市金融业增加值的43.6%。金融总部机构聚集，全市67%的持牌金融总部机构落户福田。福田区银行、证券、基金、期货、信托、保险等持牌机构业态全面，并拥有中国两大证券交易所之一——深圳证券交易所。福田区金融机构龙头企业实力突出，平安集团和招商银行两家金融企业进入世界500强。

这些实力雄厚的金融机构不仅形成了良好的金融生态环境，而且具有能力和实力率先推动金融科技业务落地，形成标准，创造标杆，助力深圳建设金融科技国际创新中心。因此福田区有条件、有实力在金融科技方面明确愿景，积极应对，创造条件，把握机遇。福田区在金融科技领域的重磅政策出台，表明了区政府打造国际一流金融科技中心城区的决心、实力与优势。

在粤港澳大湾区国家战略发展布局的背景下，福田未来还将打造香蜜湖国际金融街、河套"港深创新及科技园"，积极发展总部经济和金融科技中心。福田正以其多年积淀的金融发展优势和敢为人先的创新精神，向湾区经济的金融名城进发。

四 结论及政策启示

目前，全球金融科技不断升温，已经从边缘转向主流。2016年8月，国务院发布《"十三五"国家科技创新规划》，提出促进科技金融产品和服务创新，建设国家科技金融创新中心等，金融科技发展迎来重大利好。金融科技新技术的运用正在改变金融行业的生态格局，其总体趋势有以下几点。

首先，行业竞争激烈，去泡沫化趋势加快。随着金融科技不断发展，资本市场对该领域愈加了解，投资人将不再会进行广泛投资，而是集中投资该领域的佼佼者。未来，那些仅仅想凭借金融科技这个概念而获得投资的投机平台成功概率越来越小，伴随着竞争的日益激烈，那些小公司会逐渐被大公司所吞并，市场将会出现区域龙头割据的局面。

其次，科技和数据驱动，传统业务升华。数据和金融科技两大驱动力量，借助这两者驱动，智能性、便捷性、低成本成为金融科技变革传统金融的切入点，为金融行业在未来的发展中带来更多机遇，升华以中介、通道功能为核心的传统金融业务。

最后，以技术优化产品形态，以创新提升服务层次。金融科技企业核心价值是技术和服务。随着市场的成熟，金融科技公司的市场扩张方式将从现有产品的渗透，转化为通过不断创造推出新的产品，完成与现有产品的整合，然后依靠更好的技术，来实现产品和服务之间的无缝连接，技术的核心作用将会更加凸显。

参考文献

林瑞敏、黄晓宁、李凯、笑言：《福田率先出台促进金融科技发展专项政策——力争5年内打造成为有国际影响力的金融科技中心》，《深圳特区报》2017年3月21日。

丁冬：《美国金融科技政策与监管框架白皮书的启示意义》，《上海人大》2017年第3期。

艾瑞咨询：《夜明前——2017年中国金融科技发展报告》，2017。

王广宇、何俊妮：《金融科技的未来与责任》，《南方金融》2017年第3期。

附录：

关于促进福田区金融科技快速健康创新发展的若干意见

为深入贯彻落实《"十三五"国家科技创新规划》、《关于促进互联网金融健康发展的指导意见》、《深圳市金融业"十三五"规划》、《深圳市福田区金融业发展"十三五"规划》等文件精神，抢抓金融科技发展机遇，推动福田金融核心区建设，实现福田金融业创新发展、提质升级，打造现代金融产业高地，助力深圳打造全球科技产业创新中心，现提出如下实施意见：

一、总体要求

（一）指导思想

紧紧抓住全球金融科技加速发展的重要机遇，将金融科技作为福田打造现代金融产业高地的重要突破口，以更具前瞻性的视野、更富包容性的态度、更有创新性的举措大力推进，始终坚持服务实体经济发展、助力深圳建设一流现代化国际金融中心城市的基本原则，积极营造适合金融科技创新发展的条件和环境，推动科技手段从金融服务、渠道、产品、风控等领域全面深化金融产业变革，牢牢守住不发生区域性、系统性金融风险的底线，全面推动金融科技产业在福田快速、健康、创新发展。

（二）**发展目标**

力争在五年内将福田区打造成为有国际影响力的金融科技中心，成为国内金融科技研发核心区、总部聚集区、企业孵化区、创新政策试验区，建设智能算法、资讯数据、智库培训、信披监管、融资路演、沙箱标准和争议解决七大服务平台，构建充满活力的蜂巢生态体系，充分发挥国家金融科技的试验田、示范田和高产田作用。

二、大力发展金融科技业态

（三）**支持金融机构运用信息科技加快升级金融基础设施**

支持深圳证券交易所等龙头金融机构通过金融云等方式输出IT能力，服务有需要的银行、证券、保险、基金、信托等金融机构完成自身业务信息系统的云端化，提升金融系统基础设施对最新信息技术成果的运用水平。

（四）**支持银行业运用金融科技优化业务流程**

在依法合规和风险可控的前提下，鼓励银行业金融机构运用大数据、人脸识别等身份验证技术和二维码、近场支付等支付技术提升开户和支付效率，运用区块链、智能合约、物联网等技术优化联合贷款对账、票据、信用证等业务流程，运用虚拟现实和增强现实等技术优化终端用户体验，运用人工智能、数据挖掘等技术加强风险控制。

（五）**支持证券业运用金融科技创新业务**

支持深圳证券交易所、前海股权交易中心等机构充分运用区块链等技术开展交易撮合、登记结算和信息披露等业务创新。着力推进区域性股权市场登记托管信息共享，提升中小企业股权转让、资产管理业务和中介机构信用信息透明度。重点扶持发展智能投顾行业，拓展个性化的财富管理业务。

（六）支持保险业运用金融科技积极开展业务创新

鼓励保险公司运用物联网、大数据、人工智能等技术，开发基于用户生活和产品使用习惯的创新保险产品。鼓励相互制保险公司运用区块链和智能合约技术实现小微企业、建筑工程、生命健康等特定场景下的创新应用。鼓励保险行业依托大数据和人工智能等技术优化欺诈检测效能。

（七）鼓励新兴金融科技业态创新

鼓励辖区新兴金融业态运用区块链、大数据、云计算、人工智能等技术开展业务创新并防控风险。鼓励供应链金融企业探索运用物联网和智能合约技术提升运行效率；鼓励融资租赁企业运用区块链技术解决租赁资产登记信息共享等难题；鼓励P2P网贷企业、要素交易平台、企业和个人征信机构等运用云计算、人工智能等技术创新信用评级、债权登记等业务流程。支持有关金融机构积极探索争取央行数字货币试点。

（八）鼓励运用金融科技创造社会价值

鼓励运用金融科技健全绿色金融体系。鼓励深圳证券交易所、排放权交易所、碳资产管理公司、第三方认证机构等优化升级绿色金融全流程服务体系。鼓励建设基于区块链和智能合约技术的绿色资产开发和绿色债券审核及交易平台。鼓励开展国际合作，参与绿色金融国际标准制定。推动金融科技手段在社会和公益金融领域的应用，鼓励公益捐赠、慈善信托、社会影响力投资和公益创投机构开展创新实践、优化信用体系，并深化教育、医疗、社区、养老等领域的公益金融国际合作。

三、加大对金融科技的扶持力度

（九）吸引集聚金融科技企业

规划金融科技产业集聚区，引导金融科技企业集聚发展。支持金融科技企业在合法合规的前提下按程序进行工商注册登记并按规定在企业名称和经营范围中使用"金融科技""金融信息"等字样。对新设立或新迁入的金融科技企业，根据其业务规模、客户流量、税收贡献及产业联动效应等综合情况，参照市、区相关产业政策予以支持。

（十）大力支持金融科技重大项目

积极对接市创新驱动战略各专项计划，争取金融科技、数字货币等基础研究机构、实验室、服务平台等落户福田。支持在福田建设金融科技基础设施，建立金融科技研究院、博士后工作站和创新实践基地，开展前沿技术攻关，开展金融科技专题培训项目和e-learning平台建设。支持建立辖区金融科技创新项目与深圳电子认证服务机构的高效衔接机制。

（十一）充分发挥政府引导基金作用

探索设立金融科技专项产业引导基金，大力发展金融科技孵化器，加大对重点金融科技创新项目的支持力度，吸引集聚技术先进、特色突出、经营规范的金融科技企业在福田注册落户。探索设立金融科技海外并购基金，积极搭建境外金融科技项目信息平台，大力引进国际先进的金融科技企业和创新项目。

（十二）支持金融科技企业多渠道融资

对处于种子期、初创期、成长期的金融科技创新项目加以培育。促进金融科技企业和境内外风险资本对接。支持金融科技企业上市或在全国中小企业股份转让系统、前海股权交易中心等挂牌融资。支持金融科技企业运用企业债、公司债、可转债、短期融资券、中期票据、资产证券化等进行融资，拓宽资金渠道。支持银行、小贷公司等向金融科技公司发放贷款。

（十三）大力培养引进金融科技人才

综合运用政府组团招聘、网络招聘、市场招聘、定向猎取等方式引进金融科技领军人才、高级管理人才和高级专业人才。鼓励金融科技企业、金融机构和科研机构招收金融科技博士后、组建研究智囊机构等，开展金融科技创新研究并进行人才储备。打造猎头和人才交流平台，完善职业经理人市场，优化金融科技公司治理。金融科技企业的高层次人才符合我区认定条件的，可按《关于实施"福田英才荟"计划的若干措施》（福发〔2016〕1

号）享受我区关于人才引进、子女教育、医疗保障等方面的相关扶持政策。鼓励金融科技企业建立实习基地并予以相应的补贴。

（十四）支持发展金融科技行业组织

支持相关行业协会在福田区举办专题研讨、培训、论坛等活动，建设产业合作社群服务平台，组织会员研发关键技术、共性技术、行业标准，推动区块链、大数据、人工智能等新技术在具体场景的实际应用。

四、营造良好的金融科技发展环境

（十五）稳步推动数据资源开放共享

依据相关的信息安全规定，探索在合理范围内向金融科技企业开放政府信息，进一步推动金融科技的应用与发展。联合福田区各部门统筹规划，明确各部门数据共享的范围边界和使用方式，协调厘清各部门数据管理及共享的义务与权利，依托区政府整合区级数据建立统一共享交换平台。联合行业协会规范数据标准，提升政府数据共享标准化程度。探索组建金融科技信息服务平台，积极推动符合条件的金融科技企业接入人民银行征信系统，支持具备资质的信用中介组织开展金融科技企业信用及规范运作评级，增强市场信息透明度。

（十六）优化金融科技配套服务体系

加强信息安全、大数据储存、金融云和宽带基础设施建设。推动会计、审计、法律、咨询、评估等中介服务机构专业化、高端化发展，为金融科技企业提供优质的专业服务。

（十七）加大金融科技宣传推广力度

鼓励金融科技企业与国内外知名媒体和财经信息平台战略合作，全面推进福田金融科技的品牌宣传。支持联合伦敦、硅谷、中国香港、新加坡等境外金融科技中心，打造具有国际影响力的金融科技论坛。引导支持金融科技企业积极参加金融博览会、融资洽谈会等活动。支持有关协会开展评比，针对金融科技创新人才与项目设立金融科技创新奖。

五、建立金融科技风险防控体系

（十八）发挥金融科技行业组织自律功能

鼓励金融科技领域各类行业组织制定发布自律公约，加强行业自律规范，推动行业健康发展。强化金融科技市场经营主体守法、诚信、自律意识，树立金融科技企业服务经济社会发展的正面形象，营造诚信规范发展的良好氛围。

（十九）加强金融科技信息安全

积极配合相关监管部门开展网络与信息安全保障的监管活动、制定监管细则和信息安全标准，引导金融科技企业提升信息安全水平，妥善保管客户资料和交易信息，不得非法买卖和泄露客户信息。

（二十）加强金融科技风险防控

加大对金融科技的监督管理、风险监测及处置力度，依法严厉打击利用互联网平台进行的非法集资、非法支付结算和非法证券等各类金融违法犯罪活动。加强金融科技企业和从业人员的信用约束，切实维护金融秩序。充分发挥纠纷调解机构作用，加快推进金融科技纠纷处理、争议协调、法律咨询、消费者维权等制度建设。鼓励有关机构研究金融科技风险缓释机制并开发相关产品。积极申请市场管理和金融监管部门在福田探索金融科技联合监管，稳妥推进金融科技创新发展。

（二十一）加强金融科技投资者风险教育

建立健全投资者教育体系和金融消费者权益保护制度，加强投资者金融知识普及和风险教育，提升全社会对金融科技的认知度和风险防范意识。

六、保障措施

（二十二）建立金融科技产业发展部门联席会议

建立由区经促局、科创局、发展研究中心、投资推广署（金融发展事务署）等组成的福田金融科技产业发展部门联席会议，聘请行业专家组建金融科技专家咨询委员会，研究推动福田金融科技发展的重大项目和重大问题，联席会议由分管金融的区领导牵头，办公室设在区投资推广署（金融发展事务署）。

（二十三）加大财政资金扶持

金融科技企业可按规定申报我区相关产业发展资金的扶持和奖励，区投资推广署（金融发展事务署）会同区相关单位做好资金的申报、审核、报批和下达资金等工作。金融科技人才补贴按照"福田英才荟"计划操作。

（二十四）推进落实重点项目

制定年度金融科技专项规划，明确福田金融科技产业发展的重点项目和重点工作，建立重点项目储备库，对重点项目和重点工作进行动态管理，实施重点项目责任制和评估机制，确保落实推进。

（二十五）加强市、区金融科技政策联动

发挥市区金融科技政策配套叠加效应。

财富管理中智能投顾及其在广东发展

李根 梁振兴 宋杨[*]

摘　要： 智能投顾通过机器人取代传统投资顾问，可以有效地解决财富管理业务服务群体下沉所带来的难题。智能投顾依托互联网和移动互联网，通过人工智能制定的投资策略或资产配置方案，不仅可以做到在服务客户时依照客户的个性和特点提供定制化服务，其提供服务的边际成本也降到几乎为零。目前，广东省的智能投顾提供的服务涉及股票投资和基金投资。提供智能投顾服务的机构背景也较为广泛，不仅有金融科技创业企业，也有持牌的证券咨询顾问公司和大型商业银行。

关键词： 智能投顾　财富管理　人工智能　大数据　监管

一　前言

由于财富的类型多样，对财富的管理方式也繁多，财富管理的界定范畴较为宽泛，甚至与财富相关的诸如税务规划、移民规划等也有时被认为属于财富管理。目前一般意义上认为，财富管理是指以客户为中心，设计出一整套全面的财务规划，通过向客户提供现金、信用、保险、投资组合等一系列

---

[*] 李根，中国社会科学院投融资研究中心研究员；梁振兴，中国社会科学院投融资研究中心研究员；宋杨，中国社会科学院投融资研究中心研究员。

的金融服务和产品，对客户的资产、负债、流动性进行管理，以满足客户不同阶段的财务需求，帮助客户达到降低风险、实现财富增值的目的。财富管理服务的范围可以包括从现金储蓄及管理、债务管理、个人风险管理、保险计划、投资组合管理乃至退休计划及遗产安排等。以服务客户需求为核心的财富顾问往往需要在不同市场、不同资产管理机构（包括商业银行、证券公司、基金公司、信托公司、私募等机构等）之中，寻找同类产品中表现最优的产品，而不仅仅是销售本机构的产品。从这个角度来看，资产管理业务和财富管理业务二者应该属于产业链上下游的关系，资产管理机构作为金融资产供给方，而财富管理机构起到沟通投资者和资产管理机构间桥梁的作用，实现客户需求与特定金融产品或服务的匹配，承担金融资产销售渠道的功能。

财富管理应该是集利率理论、现代投资理论、风险管理理论、生命周期理论、公司金融与家庭金融理论于一体的综合性经济金融活动。就供给角度而言，通过投资组合的构造和风险管理为客户提供一系列的产品组合，并销售给合适的客户。从需求的角度看，投资者需要了解自身的生命周期阶段，并以家庭为单位进行投融资规划，进而实现家庭的效用最大化。因此，作为财富管理机构，既要能够为客户提供优秀的投资组合管理服务，又要能够充分地了解客户的需求特点，为客户提供家庭财务、税收和保险规划服务。因此，财富管理应具有以下特征：一是全面性，能为人们提供一对一的一站式理财服务，它涵盖了个人、家庭和事业的一揽子综合金融和增值服务解决方案，在某些情况下，也会需要法律、税务和企业管理等相关专业服务；二是专业性，可以为人们寻找到适合自己的风险收益比的投资机会，确保资产能带来可预期的增长。同时，由于个体情况差异很大，各类别投资资产又各不相同，需要财富管理顾问具有相当程度的专业知识、较强的专业技能和丰富的经验背景。

随着中国市场经济的繁荣发展，公司和企业等法人主体所持有的财富逐渐积累，也面临财富保值、增值的问题，企业财富管理应运而生。家族办公室就是直接为财富管理客户提供家族企业管理和财富增值的金融服务机构。近年来，针对小微企业沉淀资金的理财产品也逐渐出现，财富管理的客户范围已经从个人拓展至任何需要专业财富管理服务的客体。

二 中国财富管理市场发展概况

自我国改革开放开始,中国经济迅速腾飞,社会经济及财富都得到快速增长,国家在经历从计划经济向市场经济转型发展的阶段,居民开始积累个人财富。自1990年开始,中国的财富管理市场开始起步。最初,银行定期存款是最重要的居民投资手段,其中国库券由于利率较高,成为人们争相投资的产品。

1990年和1991年,上海证券交易所与深圳证券交易所相继挂牌营业,为企业股票买卖提供了集中交易场所,中国股市也正式诞生。彼时中国股份制改革尚属起步初期,可供交易的公司股票较少,整体市场规模也较小。并且股票交易以区域性试点为主,股票市场的发行和交易缺乏全国统一的法律法规,缺乏统一规范和集中监管。随着改革深入的步伐加快,中国上市公司的数量逐渐从最初的13家增长至超过千家,沪深两市之外还出现了在香港和美国上市的H股和N股。市场规模扩大催生了基金业的发展,1998年我国第一只证券投资基金诞生,2001年我国第一只开放式基金发行。

自2003年开始,我国财富管理市场逐渐突破原先的选择少的困局,理财产品不再局限于债券、股票和基金,银行理财产品开始出现、黄金投资逐步放开、房地产步入黄金十年、企业债开始被人们所知,股票投资也脱离了原先的二级市场买卖,高净值个人开始参与原始股投资、定向增发、并购等。

随着《基金法》全面实施,基金专项资产管理子公司业务开始发力,继银行之后,保险公司、证券公司相继进入公募资管行业,资管市场进一步放开、充分竞争的格局已经形成,形成了现今的大资管、泛资管时代。包括第三方理财、互联网金融等在内的各类机构,不断尝试金融创新以满足各类投资者日渐复杂和多元的投资需求。

近年来,互联网技术的创新和进步极大地推动了财富管理和投资理财理念在社会大众中的普及,一系列基于互联网和计算机技术的创新理财产品脱颖而出,为原先没有获得金融服务或未被充分服务的社会大众提供了投资和财富增值的机会。

目前我国对财富管理行业的政策及监管主要是对财富管理行业的各细分领域实施分割的机构监管。这是由于我国长期的分业监管体制决定的,中国人民银行负责货币政策、金融稳定、金融服务、金融市场监管,银监会负责对银行、金融资产管理公司、信托投资公司及其他存款类金融机构监管,证监会主要负责证券经营和服务机构的监管,保监会负责对保险公司及保险中介机构的监管。因而各类出台的政策主要限制在特定行业内,尽管在金融市场长期运行过程中,监管机构积累了充足的经验,已经发展出一套完整且有效的监管办法和政策,但在大资管时代,泛资管机构大量出现,财富管理行业作为投资者与投资资产接触过程中的重要中间机构,其所涉及的金融行业和资产类别往往跨度极大,一方面,财富管理机构需要面对不同的监管部门,大大地增加了机构合规成本;另一方面,监管部门囿于职能,难以了解财富管理机构的全面信息,造成信息孤岛效应,增加了监管成本(见表1)。

表1 财富管理相关政策

发布部门	发布时间	监管法规	相关内容
中国银行监督管理委员会	2015年12月	《网络借贷信息中介机构业务活动管理暂行办法(征求意见稿)》	将网络借贷界定为信息中介机构,通过负面清单形式界定网贷业务的边界,明确网贷机构不能从事的十二项禁止性行为,并对备案登记、信息披露和风险管理提出了要求
中国基金业协会	2015年12月	《私募投资基金募集行为管理办法(试行)》	将私募基金募集活动分两种:私募基金管理人直销;具有基金销售业务资格且为基金业协会会员的机构代销。强调了银行或券商等第三方监管资金安全,明确了券商和银行的责任,有助于防止私募违法吸纳资金;在完成合格投资者确认程序后,募集机构应给予投资者不少于一天的投资冷静期,投资者在冷静期满后方可签署私募基金合同;明确限制通过微信朋友圈等新媒体向不特定对象传播私募产品信息

续表

发布部门	发布时间	监管法规	相关内容
最高人民法院	2015年8月	《最高人民法院关于审理民间借贷案件适用法律若干问题的规定》	规范了民间借贷行为标准,为正确审理民间借贷纠纷案件提供了准则
中国人民银行	2015年7月	《非银行支付机构网络支付业务管理办法(征求意见稿)》	规范非银行支付机构网络支付业务,防范支付风险,保护当事人合法权益
中国人民银行	2015年7月	《关于促进互联网金融健康发展的指导意见》	规范互联网金融市场秩序,明确互联网金融监管责任,科学合理界定各业态的业务边界及准入条件
中国期货业协会	2014年12月	《期货公司资产管理业务管理规则(试行)》	明确放宽期货公司开展资产管理业务的准入门槛,将申请资管业务资格的净资本要求从5亿元降低至1亿元,最近一次期货公司分类监管评级从不低于B类B级降至不低于C类C级,同时规定期货公司开展资产管理业务不再设行政许可,采取登记备案制,由协会负责期货公司资产管理业务的登记备案和日常自律管理
中国证券业协会	2014年12月	《私募股权众筹融资管理办法(试行)(征求意见稿)》	规定股权众筹应当采取非公开发行方式,并设定了相关自律管理要求。投资者必须为合格投资人;投资者累计不得超过200人;平台只能向实名注册用户推荐项目信息。众筹项目不限定投融资额度,充分体现风险自担,平台的准入条件较为宽松,实行事后备案管理
中国证券监督管理委员会	2014年8月	《私募投资基金监督管理暂行办法》	规定不得将其固有财产或者他人财产混同于基金财产从事投资活动,但不禁止私募基金管理人跟投行为
中国证券监督管理委员会	2013年8月	《证券公司参与股指期货、国债期货交易指引》	规范证券公司参与股指期货、国债期货交易行为,防范风险
中国证券监督管理委员会	2013年4月	《证券投资基金托管业务管理办法》	规范证券投资基金托管业务,维护证券投资基金托管业务竞争秩序,保护基金份额持有人及相关当事人合法权益

续表

发布部门	发布时间	监管法规	相关内容
中国证券监督管理委员会	2013年3月	《证券投资基金销售管理办法》（修订版）	规范公开募集证券投资基金的销售活动,促进证券投资基金市场健康发展
中国证券监督管理委员会	2013年3月	《关于规范商业银行理财业务投资运作有关问题的通知》	对商业银行理财资金投资非标准化债券资产的贷款管理和风险管理提出了具体要求

三 财富管理行业的金融与科技融合：智能投顾

长期以来，传统的财富管理服务主要面向高净值人群，一般而言是个人持有可投资资产超过600万元人民币的群体，而规模更大的一般投资者群体则缺少财富管理服务。在早期，一般家庭可投资资产较少，因此可投资的资产范围也较小，对于财富管理的需求较弱，更多的人仅能通过银行定期存款实现财富保值。但是随着家庭收入的增加，资本市场的发展，个人的投资途径不断拓展，如何合理有效地通过投资来进行财富的管理成为一般家庭也存在的需求，这一需求催生了财富管理服务群体下沉的趋势。然而如何服务好这类群体仍然存在着诸多障碍，其中最为主要的就是传统的财富管理业务需要为客户配备专业的投资顾问，因此其成本较高，服务容量存在明显上限。一方面如果为一般家庭也配备同样的专业投资顾问，对于财富管理机构来说较难实现盈利。同时财富管理顾问的成本较高，一般而言，享受专业投顾提供的服务往往需要收取投资者1%~3%费用，而中低收入人群难以承受财富规划服务所需支付的高昂顾问费用；另一方面，如果为了扩大服务群体范围而选择简单增加投资顾问团队的规模，也会带来管理上的障碍，为确保投资顾问的服务专业程度和合规程度会导致机构过度臃肿，于企业发展不利。这也就是财富管理领域长久以来一直存在"十万美元困境"的原因。

随着科技和金融的深化，在投融资领域诞生了P2P网络借贷、互联网股权众筹业态，通过移动设备代替现金进行支付的群体规模也在不断扩大，金融科技的这一广泛应用趋势也蔓延到了财富管理行业。目前的重要实践形式就是人工智能与财富管理结合所产生的智能投顾服务。通过机器人取代传统投资顾问，可以有效地解决财富管理业务服务群体下沉所带来的难题。大数据、云计算、移动互联网、人工智能等新兴技术的发展，使规模化、低成本、面向普罗大众的私人定制成为可能，中低端的大众理财成为财富管理行业的新发展。技术变革带来了财富管理的服务创新和模式创新，通过应用现代投资组合理论，以量化算法为个人投资者制定结合主观风险偏好、客观风险承受能力以及理财目标的资产配置方案，也即当下时兴的智能投顾服务。

好的理财建议有助于投资者克服限制条件和偏好束缚，建立自己的最佳投资组合。投资顾问需要对不同类别的资产预期收益和风险以及各类资产的相关性强弱有充分的了解。此外，需要对投资者生命周期模式有了解，把握不同年龄阶段投资者的不同需求。因此一个好的投资顾问需要有大量的学习和训练，投资者需要为此付出较高的成本。机器人理财顾问技术，是一套布置好的软件程序，通过人为设置和机器学习，以低成本掌握相关专业技能，为投资者服务。并且不受人为因素的影响。机器人执行的依据是客户信息，而真人理财师则具备与客户深入讨论，透彻理解客户需求，并提供额外增值服务的优势。机器人投顾通过预置算法结合机器学习技术，实现一套系统服务多人，在充分保证公平对待不同客户的同时，针对客户风险偏好和风险耐受程度专门配置资产方案，确保了对金融消费者销售金融产品的适当性原则。最为重要的是，一套机器人解决方案实现了接近零边际成本，随着使用用户的增加，财富管理的门槛被降到普通的中产阶层家庭也能接受的程度。

自 2008 年起，美国 Betterment、Wealthfront、FutureAdvisor 等第一批智能投顾公司相继成立，在智能投顾市场深耕细作，经历了缓慢却稳定的增长。随着人工智能、大数据分析等技术的发展，智能投顾在 2015 年突然呈现爆发式增长态势，智能投顾代表公司 Betterment 于 2016 年 3 月获得 1 亿美元 E 轮融资，资产管理规模 40 亿美元，估值 7 亿美元，在过去的 15 个月，资产规模增长了近 30 亿美元。另一家代表公司 Wealtfront 于 2014 年获得

6400万美元的D轮融资，目前资产管理规模30亿美元左右。美国的传统金融机构意识到其对传统投顾市场的威胁，亦纷纷成立智能投顾部门，或通过收购创业公司，涉足智能投顾领域。2015年5月，Charles Schwab上线智能投资组合服务后，不到三个月时间吸引24亿美元投资，以及3.3万多名客户，目前该项服务资产管理规模超过40亿美元；2015年8月，全球最大的资产管理公司Blackrock收购了机器人投顾初创公司FutureAdvisor，次年三月，高盛收购线上退休账户理财平台HonestDollar。

随着我国居民家庭财富稳步增长，中产阶层日益扩大，财富管理市场空间巨大，但投资渠道稀缺，经过一轮P2P市场的洗礼，互联网理财开始广泛被接受并且流行，同时大众的风险意识也有所提高，年轻一代对互联网财富管理更加认同。在这个背景下，2014年底，智能投顾概念开始引入我国，随后大量的科技创业企业开始出现，2015年下半年以后，传统金融机构也大力布局智能投顾方向（见表2）。

表2　国内部分智能投顾概览

平台名称	上线时间	产品特色	资产配置范围
独立第三方财富管理机构打造的智能投顾平台			
微量网	2014年6月	以量化投资和社交投资为核心的股票、期货策略平台；投资者绑定交易账户后，可一键跟单	A股
资配易	2014年6月	提供A股交易策略，策略模板、交易指令等均由机器建模并自主执行	A股
胜算在握	2014年7月	提供针对A股市场的自建组合或跟随组合、黑马股票、解套专家、仓位优化等智能投顾服务	A股
钱景私人理财	2014年8月	根据用户风险偏好、财务状况、家庭结构等因素，定制理财配置方案，并提供一站式购买流程操作体验	国内公募基金为主
理财魔方	2015年3月	客户定位中产阶层，以严格的风险控制为主要导向，均以国内基金构建投资组合	国内公募基金为主
财鲸	2015年8月	主打海外主体资产配置，与美国嘉维证券合作	多支海外ETF
蓝海智投	2015年10月	主打海外资产配置，可实现美股开户、全球配置、自动交易、自动风控等一系列智能投顾功能	多支国内ETF和QDII、多支海外ETF

续表

平台名称	上线时间	产品特色	资产配置范围
独立第三方财富管理机构打造的智能投顾平台			
7分钟理财	2015年10月	"理财机器人+真人资深投资顾问",依托微信平台提供私人管家式投顾服务;不生产或买卖理财产品	基金、私募、P2P、银行产品、保险等
投米RA（宜信）	2016年4月	资深投资专家团队精选海外ETF基金和国内ETF基金,通过评测投资者的风险偏好和风险承受水平,由算法建模提供9类不同的RA投资组合	全球ETF投资组合、国内ETF基金
慧理财	2016年7月	以量化策略选股为切入点,结合宏观面、基本面、技术面和市场情绪等因素进行建模形成策略	A股、期货、债券基金等
基于互联网公司业务创新的智能投顾平台			
京东智投	2015年8月	主要依托京东金融丰富的产品线,提供定制化的智能投资组合	固收、票据、基金、保险等领域中京东金融覆盖的产品
同花顺iFinD	2016年3月	实时结合情境对大盘重大拐点做出判断、筛选高胜率投资机会,在情境变化时自动切换策略	A股
蛋卷基金（雪球财经）	2016年5月	旗下斗牛二八轮动、安睡二八平衡等具有自行调仓的性质,可提供类似智能投顾的服务	A股、美股、港股
传统金融机构推出的智能化投资服务平台			
中国平安"平安一账通"	2016年1月	依托集团优势,全面整合平安银行、保险、投资全领域金融服务	平安集团旗下各类基金、票据、P2P网贷理财产品
嘉实基金"金贝塔"	2016年4月	背靠嘉实基金,主打服务于国内投资者的社交组合投资平台	A股、嘉实基金各类产品
广发证券"贝塔牛"	2016年6月	嵌入广发证券易淘金APP,提供股票和大类资产配置(ETF为主)两类智能投顾服务,支持一键下单	A股、多支国内ETF
招商银行"摩羯智投"	2016年12月	嵌入招行APP,根据投资者的投资期限和自身风险承受等级,匹配投资组合并制定其目标—风险策略	国内公募基金为主

资料来源：华创证券。

从现阶段来看，虽然财富顾问的建议优于机器人的建议，但两者结合的综合建议已经超过单独的人的建议。事实上，优秀的财富顾问本身也倾向于使用这些软件替代自己完成一些繁复冗杂的分析工作。对于低净值的大众投资人来说，投资顾问的成本都过高，机器人则将投资顾问技术和专业的投资建议以较低成本带给他们，可以享受到此前因为门槛过高而无法享受到的专业投顾服务。而在服务高净值的投资者时，则可以通过人+机器人的结合，为投资者提供更加综合的建议。

四 广东省智能投顾行业发展及其风险

（一）广东省智能投顾发展现状

广东省是我国金融经济最为活跃的省份之一，不仅高净值人群规模庞大，一般家庭收入水平也较高，2016年广东省居民人均可支配收入已经突破3万元。巨大的社会财富催生出对财富管理的强大需求。然而，广东省目前的投资顾问数量远不足以充分满足服务投资者，截至2015年末，中证协和中证登方面的数据显示，投资者和协会注册投顾的比例超过了3000∶1，而要做好投资顾问服务，一名投顾所服务的客户最多也不可能超过50名。广东省的大量中小投资者没能力也没办法得到专业的财富管理顾问服务。

智能投顾依托互联网和移动互联网为载体，通过人工智能制定的投资策略或资产配置方案，不仅可以做到在服务客户时依照客户的个性和特点提供定制化服务，其提供服务的边际成本也降到几乎为零。目前，广东省的智能投顾提供的服务涉及股票投资和基金投资，其中股票投资是通过对个人的投资风格和风险偏好评测后由人工智能提供相匹配的可操作股票以及配套的操作策略；而基金投资则是提供匹配投资者的投资目标和风险偏好的基金配置组合。提供智能投顾服务的机构背景也较为广泛，不仅有金融科技创业企业，也有持牌的证券咨询顾问公司和大型商业银行。

随着智能投顾行业的发展，其监管缺位的问题逐渐暴露并为社会所关注。2016年8月19日,证监会新闻发言人曾表示,未经证监会注册,擅自从事公募证券投资基金销售业务的,证监会将依法对相关机构和人员进行处罚。一旦发现互联网平台未经注册、以智能投顾等名义擅自开展公募证券投资基金销售活动的,将依法予以查处。2016年6月12日,江苏证监局下发《关于证券期货经营机构与互联网企业合作开展业务自查整改的通知》,强调互联网投顾平台有义务对投资顾问服务人员的资质进行审核;投顾平台也需取得证监会许可,未经许可开展此类业务属非法经营证券业务的活动。2017年4月13日,山西证监局发布通知点名7家提供智能投顾销售基金服务的公司,指出上述互联网平台并未取得基金销售业务资格。目前,广东省尚未对智能投顾做出要求或规制,但可以预见,在全国整体监管趋严的形势下,势必对广东省智能投顾行业的发展带来影响。

(二)广东省智能投顾案例分析

1. 好股快

好股快是由广州市万隆证券咨询顾问有限公司于2016年1月推出的智能投顾服务。好股快目前包括三个服务模块:智荐、智投、智断。智荐以大数据量化模型为核心,以分析短线个股为主;智投以广州万隆的投资分析体系为核心,以提供智能投资策略为主;智断以海量数据库及市场舆情为核心,以问股解套辅助用户决策为主。

好股快主要为投资者提供股票选择和股票操作的建议,通过人工智能技术制定匹配投资者个性的定制股票与操作策略。具体而言,好股快通过投资者输入的资料从个性测评与投资目标两个维度判断用户的风险偏好。在用户风险确定的情况下,通过多因子风控策略模型,在股票风险与收益率上寻求平衡,并通过买卖信号监控、量化手段制定适合该用户的个股操作策略。其人工智能还可根据不同行情,配置不同操盘手法与策略方案,通过跟踪行情,及时提醒投资者调整相应的仓位配置。

2. 摩羯智投

摩羯智投是由招商银行于2016年12月推出的智能投顾服务,其特点主打人与机器的融合方式,即运用机器学习算法,并结合招商银行财富管理实践及基金研究经验,在此基础上构建的以公募基金为基础的、全球资产配置的"智能基金组合配置服务"。摩羯智投通过提供一套资产配置服务流程,根据客户自主选择的"目标—收益"要求、构建基金组合,由客户进行决策、"一键购买"并享受后续服务。其服务流程包含了目标风险确定、组合构建、一键购买、风险预警、调仓提示、一键优化、售后服务报告等,涉及基金投资的售前、售中、售后全流程服务环节。此外,摩羯智投在向客户提供基金产品组合配置建议的同时,也增加了较为完善的售后服务。比如,摩羯智投会实时进行全球市场扫描,根据最新市场状况,去计算最优组合比例,如果客户所持组合偏离最优状态,摩羯智投将为客户提供动态的基金组合调整建议,在客户认可后,即可自主进行一键优化。

(三)广东省智能投顾行业风险管理与监管

智能投顾自2008年在美国兴起后,获得空前的发展。智能投顾传入中国后,得益于互联网金融的快速发展、被动管理偏好提升,以及个人投资者对投资需求的增加,智能投顾逐渐兴起并受到青睐。随着行业快速发展,我国监管部门也开始重点关注智能投顾行业的动态。尽管当前并未有针对智能投顾制定专门的监管法规,但是主流声音均认为智能投顾业务涉及的包括证券销售、证券投资咨询行为已经在现行法律体制下有相应的规定。

对于证券销售行为,尤其是智能投顾较多涉足的公募基金代销业务,证监会制定的《证券投资基金销售管理办法》要求从事基金销售业务的,应向工商注册登记所在地的中国证监会派出机构进行注册并取得相应资格,并设定了专门的准入条件。目前一些智能投顾公司通过与持牌机构合作的方式,已经实现其业务的合规合法化。

但是对于证券投资咨询行为,证监会规定证券投资咨询业务是指取得监管部门颁发的相关资格的机构及其咨询人员为证券投资者或客户提供证券投资的相关信息、分析、预测或建议,并直接或间接收取服务费用的活动。然而广东省不断涌现的智能投顾公司中,仅少数是在证监会认证的证券咨询机构,相当多的公司没有"证券投资咨询"业务牌照。从中国证券业协会公示的信息来看,目前市场上共有84家机构是证监会认证的并持有证券投资咨询牌照,其中北京、上海、深圳地区持牌机构最多,分别有19家、15家、11家,其次广东地区(不含深证)有7家(见表3)。2010年证监会发布的《证券投资顾问业务暂行规定》,提出利用软件工具或终端设备提供证券投资建议行为应当执行该规定,此外根据《证券法》规定未经国务院证券监督管理机构批准,任何单位和个人不得经营证券业务。这就造成了智能投顾机构所提供的业务存在违法的潜在风险。

表3 广东省(含深圳市)注册证券投资资咨询机构

单位:万元

机构名称	注册地	注册资本
广东博众证券投资咨询有限公司	珠海市	3500
广东科德投资顾问有限公司	广州市	3000
广州广证恒生证券研究所有限公司	广州市	4468
广州汇正财经顾问有限公司	广州市	100
广州经传多赢投资咨询有限公司	广州市	2500
广州市万隆证券咨询顾问有限公司	广州市	5500
广州越声理财咨询有限公司	广州市	500
深圳大德汇富咨询顾问有限公司	深圳市	1000
深圳怀新企业投资顾问股份有限公司	深圳市	10000
深圳君银证券投资咨询顾问有限公司	深圳市	100
深圳市国诚投资咨询有限公司	深圳市	500
深圳市启富证券投资顾问有限公司	深圳市	1720
深圳市新兰德证券投资咨询有限公司	深圳市	2000
深圳市优品投资顾问有限公司	深圳市	10000
深圳市中广资本管理有限公司	深圳市	1400
深圳市中证投资资讯有限公司	深圳市	2400
深圳市尊悦证券资讯有限公司	深圳市	5000
深圳市珞珈投资咨询有限公司	深圳市	1000

资料来源:整理自中国证券业协会投资咨询公司信息公示。

目前对于智能投顾较为直接的规定是证监会发布的《关于加强对利用"荐股软件"从事证券投资咨询业务监管的暂行规定》(以下简称《暂行规

定》)。《暂行规定》主要包括三个方面的内容。第一，明确了"荐股软件"的界定标准。凡具备以下一项或多项证券投资咨询服务功能的软件产品、软件工具或者终端设备均属"荐股软件"：一是提供涉及具体证券投资品种的投资分析意见，或者预测具体证券投资品种的价格走势；二是提供具体证券投资品种选择建议；三是提供具体证券投资品种的买卖时机建议；四是提供其他证券投资分析、预测或者建议。明确向投资者销售或者提供"荐股软件"，并直接或者间接获取经济利益的，属于从事证券投资咨询业务，必须取得证券投资咨询业务资格。第二，进一步明确了证券投资咨询机构利用"荐股软件"从事证券投资咨询业务的监管要求。具体要求是，加强对业务资格、产品类别、收费方式等的信息公示；了解客户，揭示产品的特点和风险，将合适的产品销售给适当的客户；规范营销服务环节，实行全面留痕管理，禁止不当营销宣传。强调在各业务环节中，履行投资者教育和客户权益保护义务。第三，进一步强调对利用"荐股软件"从事非法证券投资咨询活动的，依法予以严厉打击；同时，对证券投资咨询机构及其工作人员利用"荐股软件"从事证券投资咨询业务中的违法违规行为，依法予以严肃处理。

事实上，广东省已经发生过因为未经许可提供投资建议而犯罪的案例，广东省广州市中级人民法院在2015年审判了一例违法从事证券投资咨询业务构成非法经营罪的案件。2011年5月，被告人符某在广州市注册成立广州市金追踪科技信息有限公司（以下简称"金追踪公司"）后，先后纠合被告人符某、黄某甲、叶某、梁某、郭某甲、潘某甲通过金追踪公司及包括黄某甲于2012年9月成立的广州市宏启信息有限公司、叶某于2013年4月成立的广州市昌捷信息科技有限公司等代理经销商，向广东等地的多名股民销售"金追踪金融终端系统"的软件（分为黄金版、白金版）以牟取非法利益，并在金追踪公司QQ群内分析股市的价格走势、建议买卖股票时机等证券投资咨询业务。其中符某负责金追踪公司的全面管理，黄某甲、叶某负责各自公司的经营销售，符某负责金追踪公司的财务管理，梁某是金追踪公司的销售经理，郭某甲负责软件的技术支持，潘某甲负责"金追踪金融终端系统"软件的售后服务。公安机关经侦查，于2013年9月3日将符某、黄某甲、叶某、符某、梁某、郭某甲、潘某甲抓获归案。审理认定金追踪系列软件内容符合中国证券监督管理委员会关于荐股软件的定义，是典型的荐股软件。而符某、叶某均未取得具有证券投资咨询和证券从业执业证书，并通过他人销售荐股软件直接获取经济利益，其行为均属于从事证券投资咨询业务，构成非法经营罪。

五 结论及政策启示

智能投顾依靠现代投资理论为其客户提供财富管理的服务，而其业务开展的保障则以人工智能、大数据技术为支撑。相较于传统的财富管理服务方式，智能投顾具有三个方面的显著优势：服务成本低，服务效率高；通过海量数据信息分析做出科学决策；系统时刻学习升级，能快速应对变化。针对广东及全国智能投顾业务开展中存在的问题和不足，在此提出如下建议，以供决策参考。

其一，完善监管法律法规，为智能投顾发展创造良好的金融环境。目前广东省在智能投顾的专门规定方面仍存在空白，其行业发展几乎处于无监管的状态，广东应当吸取互联网金融其他业态发展的经验教训，尽早完善智能投顾的监管体制机制，促进行业健康良性发展。智能投顾服务的核心仍然是提供投资咨询建议，针对其业务核心，从业机构应当遵照《证券投资顾问业务暂行规定》等相关监管文件的要求，其通过人工智能等科技手段提供服务的方式与传统投顾服务差异较大，对此建议借鉴英美经验，依据智能投资顾问在实际运行中所产的各类风险，对智能投顾在产品设计、用户服务、监管等方面制定法律法规、明确监管范围。

其二，构建信息披露制度，提高投资信息透明度。作为投资决策与风险控制的重要依据，信息披露的内容：一是关于平台智能决策系统的数据获取、信息参数以及计算方式等，此类信息是判断平台给出的投资决策是否具有合理性的关键；二是投资产品的核心信息，包括投资方式、利润来源与分配方式、相关风险等；三是智能投资平台的运营信息，包括有关平台的治理结构、风险控制措施，与其他投资产品提供机构关联情况，自身投资产品的风险与在投资建议中所占比例计算方式等信息。此外，对客户投资存在的风险、投资买卖点等信息做到每日告知，使投资人能够时刻了解智能投顾进行的投资操作及盈亏情况。信息披露制度的落实有赖于信息披露责任制度的落实，应建立信息披露责任机制，明确平台等各类参与主体的信息披露责任。披露的信息应当达到法定标准，各责任主体需要确保内容的真实性、完整性、及时性，便于投资者及时获取和理解。而披露的方式则可以利用互联网金融信息化的特征，以电子化的方式通过平台或其他便于获取的渠道向公众披露。同时，平台应当接受监管机构的信息监管，定期向监管机构提交其所披露的信息。

其三，构建智能投顾监管框架，预防第三方恶意破坏市场。对投顾代理源代码建立公证制度，通过第三方公证机构审核，确保投顾不存在恶意和蓄意破坏市场情况发生；建立智能投顾代理注册备案制度，对于在实际使用中，完全不需要人工干预的智能代理，其设计开发者和使用者都需要注册备案，约定至少一个自然人或法人作为被监管主体，对其行为承担责任。

其四，强化信息管理，保障消费者权益。加强对消费者个人信息的保护，明确消费者信息的使用方式，避免因泄露或者滥用消费者信息而产生纠纷；以适当性、纪律性、刚性风险约束为标准，向中小投资者提供事前、事中和事后的保护措施，切实保障中小投资者的消费权益。

金融云及广东金融业"云化"之路

孙　健*

摘　要：云计算作为一种新型的 IT 服务模式，是对传统 IT 商业模式的彻底转变。它通过将计算任务分配到大量计算机构成的虚拟资源池中，以供客户进行动态使用并实现按需付费。目前，无论是政府还是企业，都纷纷构建了与其相关的云计算服务。金融云服务通过构建基础资源架构，突破异构虚拟化、分布式海量存储、大规模资源调度与管理等云计算关键技术，建设服务营运、服务管理、开发部署和运维管理平台，解决服务计量、应用开发和自动化部署和运维一体化等关键技术问题，构建完善的金融云产品平台。金融云服务平台提供的可定制、可扩展的多租户金融服务，有利于提高金融行业数据中心资源利用率，减少系统建设成本和运维管理负担，助力众多中小金融机构提升精细化管理水平，加快业务发展步伐，应对日益迫近的利率市场化和金融脱媒化挑战。同时，也将促进各类金融产品更加高效地向国内三、四线城市及广大农村地区输送，更广泛地满足城乡金融需求。招商银行金融云和腾讯金融云作为我国云计算领域杰出代表，为广东金融业"云化"之路进行了有益的探索和发展。

关键词：　云计算　金融云　数据中心　虚拟化　分布式计算

---

* 孙健，中国银行软件中心工程师。

一　前言

云计算作为网络环境下计算资源的交付和使用技术，目的是实现计算资源能够像自来水和电一样按需供应。云计算以新的计算资源交付和使用方式作为出发点，将从根本上颠覆传统信息技术。云计算是一系列复杂技术的综合运用和细分演化。同时，云计算应用将会推动新一轮工业革命发展。

2015年以来，云计算产业格局风起云涌，公有云服务竞争更加激烈，私有云服务需求不断扩大，混合云逐渐成为云计算的主流模式。2015年，全球以IaaS、PaaS、SaaS为代表的云服务市场规模达522.4亿美元，增速20.6%。预计2020年，全球云服务市场规模将达到1415.3亿美元。作为云计算先行者，北美地区仍占据市场主导地位，其中，美国占据全球市场56.5%的份额，增速达19.4%。2015年亚洲云计算市场全球占比12%，其中，中国占5%市场份额。[①] 2017年1月，阿里巴巴公布，截至2016年12月31日，云计算付费用户数量同比翻番。从2015年第二季度开始，阿里云营业收入连续七个季度保持三位数增长，并在2016年第一季度迈过10亿元门槛，到第三季度达到17.64亿元，比上年同期的8.19亿元增长115%。同时，云计算业务付费用户数量从2016年第一季度的50万，增长到第三季度的76.5万，同比增长100%。2016年，腾讯公开提出："对腾讯来说，互联网+的基础设施第一要素就是云"，这标志其把腾讯云业务提到了战略高度上，腾讯云在整个腾讯架构体系中的地位得到了肯定。在腾讯2016年第三季度的财报中，腾讯云以"支付相关服务和云服务"的名义发布该部分营业收入达49.64亿元。2016年7月，百度正式宣布进军云计算领域，打造三位一体的云计算平台，并同时发布了天算、天像、天工三个平台级解决方案，看得出蓄势待发之势。

随着国家"互联网+"战略高歌猛进，如何在传统经济向新经济转型

[①] 数据来自中国信息通信研究院编著的《云计算白皮书（2016）》。

的过程中利用新IT来创造性地促进金融行业改革、转型、升级，进而提升服务能力成为金融行业及其信息化建设提供商的必修课题。2016年两会，国务院总理李克强在政府工作报告中再一次提到促进大数据、云计算、物联网的广泛应用。2016年7月，银监会正式发布《十三五科技指引》，明确提出未来5年银行业60%以上的业务系统上金融云，75%的场景实现智能运维。金融机构纷纷开始寻找合适的解决方案来帮助自身迅速创新、开拓新业务、提升服务水平。金融云作为金融科技的核心技术，势必为广东金融业实现传统金融IT战略向金融云战略的转型做出重要贡献。

二 云计算的基本模式和关键技术

（一）云计算基本模式和构架

在标准模型中，云计算通常体现为3种服务交付模式：IaaS（基础设施即服务）、PaaS（平台即服务）、SaaS（软件即服务）。另外，如FaaS（框架即服务）、BaaS（流程即服务）等其他服务模式都可以纳入上述3种模式之中。

基础设施即服务（IaaS，Infrastructure as a Service）。该模式中，计算能力、存储、网络或者其他基础性计算资源，甚至是组合而成的虚拟数据中心等，都是可能提供的服务。用户可以在IaaS之上安装和部署平台或者应用程序，而不需要管理和维护底层物理基础设施。

平台即服务（PaaS，Platform as a Service）。在该模式中，用户部署采用特定编程语言、框架或工具开发的应用程序，而不用关心基础设施是什么样、在哪里。用户可以用它来开发、测试和部署应用程序、管理数据等。

软件即服务（SaaS，Software as a Service）。该模式中，用户通过网络能够使用服务商运行在云基础设施之上的应用。用户通过各种终端登录服务门户，使用相关应用系统，并按照使用量支付费用。用户不需关心应用如何实现，以及运行在什么样的硬件平台上，也不用考虑运维等问题。

云计算通常有四种部署方式：公有云、私有云、混合云和社区云。公有云就是由第三方云计算服务商部署的云计算平台，用户通过租用的方式使用云服务；私有云就是企业或机构为内部使用而建设的云计算平台。混合云和社区云是衍生概念。如当一个企业的私有云不能满足需要，但又不值得去扩张云计算中心，那么就会租赁公有云部分资源使用，同时，在技术上已能够实现私有云和公有云无缝对接，这就是混合云。社区云是指云基础设施由若干个组织分享，以支持某个特定的社区。类似于私有云，社区云可以是该组织或第三方负责管理，可以是场内服务，也可以是场外服务。

云计算形式上是服务的交付，其本质上又体现为能力交付。IaaS本质上是云服务客户配置和使用计算、存储和网络资源的一种云能力；PaaS本质上是云服务客户能使用云服务提供者支持的编程语言和执行环境，部署、管理和运行客户创建或获取的应用的一类云能力；SaaS本质上是云服务客户能使用云服务提供者的应用的一类云能力。

（二）云计算的核心和关键技术

1. 虚拟化

虚拟化就是在构建一个逻辑层的基础上，将物理资源与用户使用分开的技术。虚拟化技术屏蔽底层复杂性，用户可以按照简单方式使用IT资源，将用户从物理硬件和软件绑定中解放出来，使用户可以自主选择优化和组合IT资源，为资源弹性服务提供了强大技术基础。虚拟化具有四个重要特征。

其一，兼容性。虚拟化产生的虚拟机在逻辑上应与物理计算机看起来一样，具备完整计算机必备的所有组件（如CPU、内存、磁盘等）。由于虚拟机是逻辑上机器，脱离硬件对软件的约束，理论上能够兼容所有标准的操作系统、应用和设备驱动程序。

其二，封装性。虚拟化另一个重要功能就是封装性。封装性基本原理是通过软件把虚拟机需要的虚拟硬件资源（CPU、内存、磁盘）、操作系统和应用捆绑在一起。封装后产生的虚拟机可以自由地移动和复制，就如同复制一个文件。由于是软硬件一起进行封装，不需要用户重新安装驱动程序或者重新安装应用,这大大提高了部署的效率。

其三,隔离性。封装后虚拟机可能共享了一台物理计算机,但虚拟化的隔离技术,确保虚拟机之间互不影响。也就是说,即使其中一台虚拟机死机,在同一台物理计算机上运转的其他虚拟机仍可以正常使用。

其四,硬件独立性。独立虚拟机的逻辑性,使用户可以灵活配置虚拟计算机组件,这种配置可以和物理机完全不同,例如,不同的虚拟机可以安装不同的操作系统(Windows,Linux 等)。

目前,虚拟化最常见的两个应用场景是实现对服务器的合并和桌面虚拟化。服务器合并就是指把分布在多个不同物理机上的应用合并安装在一台有多台虚拟机的物理机上。桌面虚拟化就是用户通过客户端访问服务器上封装的虚拟机,用户体验与现场物理机相同,用户客户端现场性能不再是用户体验的关键,而是取决于后台虚拟机的配置。虚拟化最有用的两个价值在于将资源进行"池化"和将用户需求与物理基础设施的绑定进行分离。资源池化后,通过资源再分配的过程就能把资源使用过程的缝隙挤压掉,也就是说可以定义最小化的资源单元,实现最大化地利用资源。将用户需求和基础设施分离,就实现了资源使用的弹性和灵活性。

2. 分布式计算

分布式计算顾名思义就是把一个大任务分解成很多小任务并分配到不同计算资源上进行计算处理。分布式计算能够有效解决成本、效率和扩展性之间的平衡。从 20 世纪 80 年代开始,分布式计算一直受到计算机科学研究的重点关注。事实上,大家熟知的 SOA(面向服务的体系结构)、网格计算、Web service 和 Hadoop 平台等都属于分布式计算范畴。

云计算之前,网格计算是分布式计算典型代表(网格计算基本思想是通过把分散在互联网各处的硬件、软件、信息资源联结成为一个巨大的整体,从而使人们能够利用地理上分散于各处的资源,完成各种大规模的、复杂的计算和数据处理任务)。网格计算也是一种互联网级别的分布式计算方式,关注点在利用互联网上分布的计算资源。网格计算是最接近云计算的概念,但网格计算以关注社会化资源利用为出发点,实现集中并行处理大型计算任务，这种服务与普通企业的需求不匹配。但是，网格计算技术为云计算的发展奠定了关键的技术基础。

分布式计算可能是除虚拟化之外云计算的最重要支撑技术之一。① 虚拟化技术通过物理资源"池化"后，按需求重新组织资源，实现物理资源最小化分割，解除了用户和物理资源绑定，实现资源的弹性供应。而分布式计算方法解除用户和大型应用系统绑定关系，与虚拟化解除用户与物理资源的绑定有异曲同工之妙。

分布式计算孕育了云计算，同时，也重新塑造了云计算环境下的应用和服务形态。分布式计算作为云计算关键技术，为不同地理上分布的计算资源有效利用提供了关键支持，同时也为复杂的大数据应用提供了简单可行的计算方式。

3. 软件定义一切

软件定义一切（SDX）是云计算向纵深演化的最新发展。SDX 逻辑是把计算机资源通过池化封装、隔离从而实现人们利用计算资源的自由。目前，SDX 中成熟和应用化的概念包括 SDN（软件定义网络）②、SDS（软件定义存储）、SDDC（软件定义数据中心）。

SDX 方案的逻辑是通过软件技术方法实现人们对资源使用与物理资源本身进行切割和解除绑定。SDX 蕴藏着深刻内涵，解除了使用者与物理资源之间时空绑定，使现实时空中分布的物理资源得以在虚拟世界集中使用。

---

① 以 Google 云计算为例，它的分布式数据存储系统 GFS、分布式数据管理系统 Bigtable 都是典型的分布式计算案例；开源的 Hadoop 平台也是典型的分布式计算实例。尤其近两年大数据概念的兴起，为分布式计算找到了全新的应用目标。

② SDN 是目前网络通信领域最重要的发展方向之一，它是 2008 年由斯坦福大学提出的一种网络技术路线，其中 OpenFlow 模型是实现 SDN 的代表。OpenFlow 提出的是一种新型网络交换模型，它要解决的实际上是控制权的更迭：传统网络中数据包的流向是人为指定的，虽然传统的网络设备交换机、路由器拥有控制权，却没有数据流的概念，只能进行数据包级别的交换；而在 OpenFlow 网络中，统一的控制服务器取代路由器，决定所有数据包在网络中的传输路径。OpenFlow 网络由 OpenFlow 交换机、FlowVisor 和 Controller 三部分组成。OpenFlow 交换机进行数据层的转发；FlowVisor 对网络进行虚拟化；Controller 对网络进行集中控制，实现控制层的功能。OpenFlow 的目的是把流量控制从硬件中分离出来，实现在软件层面网络重新架构。

SDX 也可以看作虚拟化和分布式计算的统一逻辑,是云计算最新的深化方向,目的是为了人类更好地利用计算资源。

SDX 重要功能不仅仅是一个技术逻辑,更重要的是一种全新的思维逻辑。这种思维逻辑不仅针对计算资源,应该还能够延伸到所有资源。其本质逻辑就是让资源与利用解除绑定关系,从而提升利用的自由度。如果说云计算出现,把人类对计算的理解提升到一个新高度,那么,SDX 发展把人类对云计算的理解又提升到了一个更高层次。

三 云计算在金融领域应用——金融云

(一)金融云功能及其标准化建设

金融云促进金融创新发展,有效解决我国金融信息化建设中发展的不平衡问题。金融云通过提供科技支撑,使中小微金融机构更加专注金融业务的创新发展,实现集约化、规模化与专业化发展,促进金融业务与信息科技的合作共赢。同时,虚拟化、可扩展性、可靠性和经济性使金融云能提供更强的计算能力和服务能力,为金融创新提供技术和信息支持,降低中小微金融机构的金融服务门槛,推动普惠金融发展。

云计算虚拟化技术带来的物理资源的重复使用和能耗节约等优势,推动了这一技术的快速应用。同时,随着国家安全战略在金融行业的实施,传统金融机构不断探索分布式架构和开源技术应用,减少或摆脱对国外控制的技术和产品的依赖。新兴互联网企业为应对具备突发性、高并发等特点的互联网业务,率先向分布式架构转型,探索应用分布式云架构和开源技术,实现快速扩展、高冗余、自主可控。如阿里、腾讯等根据自身业务发展经验,开始构建金融公有云,尝试为中小金融机构提供金融云服务。

根据金融行业特点和金融云发展实际需要,金融云标准体系建设应包括基础、技术产品等通用标准,以及能体现金融业特点的服务、安全、应用等标准。具体地说,金融云标准体系包括通用类、安全类、服务类、应用类共四大类。其中，通用类标准主要包括基础设施、软件硬件、网络构架等技术产品方面的标准，这些标准专业性强，主要依赖信息产业及主管部门已有或正在研制的相关标准，金融行业作为应用部门直接应用已有的通用标准。而服务、安全、应用类标准，将直接体现金融业特点和个性化要求，需要组织力量进行研究。

金融云服务标准。金融云服务标准在参考已有的涉及云服务设计、部署、交付、运营和采购，以及云平台间的数据迁移等通用的相关标准的基础上，重点聚焦金融云服务准入、资质、服务能力、质量评估、交易异常的责任分担、赔付等内容，保证金融行业重点关注的业务连续性、可靠性等。其中满足了金融云服务的准入、资质要求可增强金融云服务的可信性；服务能力要求和质量评估可增强金融云服务的可靠性；交易异常责任分担解决业务正常开展面临的保障问题等。金融云服务标准是标准体系的重要内容，需要重点投入精力研制。

在金融云安全标准制定中，对安全技术和产品标准、安全基础标准等通用标准直接应用已有标准，而体现金融业特色的云安全标准主要围绕数据安全与隐私保护、可信服务研制金融与安全标准。如敏感数据的定义，私人信息的安全保护和披露，传输、存储加密，云密码服务，数据损毁、丢弃的处置，数据一致性保护和校验等。金融云安全标准是顺利开展金融云服务的基础，科学、合理和实用的金融云标准体系建设是大规模开展金融云服务的前提。

（二）金融云服务能力建设及架构体系[①]

目前公有云的服务对象仍然是以互联网企业为主，但是运行关键业务（Mission Critical）的企业非常少，既有服务质量方面的问题，[②] 更有安全方

---

① 本部分主要内容引自高旭磊《招商银行关于金融云的思考》，《中国金融电脑》2016年第8期。
② 例如，2014年，大型的公有云就出现了多起严重的宕机影响在线服务的事件，其中亚马逊AWS CloudFront DNS 服务器宕机超过2小时，导致一些网站和云服务的内容传输网络全部下线。Microsoft Azure 公有云出现了4次严重的宕机事件，累计时长超过20小时，导致大量用户无法使用。

面的制约。① 另外，监管方面的要求以及金融云可用性和支持服务也是企业主要考虑的因素。尽管目前现有的各类云服务和云技术距金融云需求还有很大的差距，但是，金融云能有效促进金融创新发展，有效解决互联网金融下业务发展迅猛、快速变化以及由此带来的信息安全问题，实现集约化、规模化和专业化发展，促进资源合理配置，实现业务与信息科技的合作共赢，代表着金融科技的未来发展方向。

1. 金融云服务能力设计目标

金融云服务能力设计目标是满足利益相关方诉求。通过对利益相关方诉求进行分析，得出金融云目标；通过对金融云目标进行分析，推导出支撑目标所需的服务能力；通过对服务能力进行整合与划分，得到金融云各级服务能力域。金融云的建设需要关注技术的创新和组织架构的改进，不断测试、创新、研究并对现有业务系统进行优化，同时培养包括计算、存储、SDN网络以及云平台等云计算领域专业人才，从而达到完善云运维、云服务团队建设和后台支撑。

与其他行业不同，金融业是国内最早完成信息化的行业之一，技术环境复杂多样。金融云建设需要考虑金融行业各种复杂的需求，如多方的互联互通、多样的基础环境需求、多变的访问控制等。同时，与传统公有云不一样，金融云的设计必须考虑合作伙伴、分支机构、组织内外的互联互通。

2. 金融云基础环境与安全体系

信任是金融业生存的基石，安全则是金融业的生命线。金融业是被高度监管的行业，必须符合金融业监管、风控和审计的需求。在金融云的建设和发展过程中，最大的问题就是安全问题。使用金融云服务的金融机构，数据存于云中，脱离用户掌控，由于存储环节数据加密难题还未得到有效解决，数据废弃、物理损毁等无法确保彻底销毁，加剧了用户对数据机密性保护的

---

① 根据 2015 年 3 月云安全联盟发布的 *Cloud Adoption in the Financial Services Sector Survey* 报告，在被调查的对象中，100% 的金融机构都认为安全问题是使用公有云的主要顾虑。其中，60% 的金融机构担心数据机密性，56% 的金融机构担心对数据失去控制权，55% 的金融机构担心数据泄露，51% 的金融机构担心合规和法律问题，42% 的金融机构担心数据丢失。

顾虑。同时，由于大量金融机构共享金融公共云资源，局部风险很容易被扩散、放大，成为全局风险。就监管来看，金融云应可以支持银行、证券、保险等不同业务，IT混业运行特点明显。当前有关金融云的标准、法规还不完善，跨行业、跨区域、跨境公共云面临监管差异和纠纷。另外，由于多租户共享资源，用户数据和系统边界模糊，司法取证存在困难，从而造成金融云面临很高的监管和法律风险。

为了解决这些安全问题，一是要有高度安全可信的基础环境。云基础平台为云中的应用运行提供基础网络、虚拟机等资源，在基础平台中，若网络隔离或虚拟机管理不当，将可能导致数据泄露等问题。为规避此类风险，可分别采取基础网络隔离、虚拟化加固方案加以保护。例如，可以采用物理隔离的方式对业务数据网络、管理网络和存储网络进行划分；在虚拟化安全中，对Hypervisor层进行安全强化，实现对虚拟机的安全隔离。针对云计算灵活调度、动态扩展、按需快速交付的特点，采用基于SDN和NFV的安全策略体系。例如在SDN控制器上的可定义的、自适应的安全策略，可管理的全局安全策略。

二是满足高度监管要求的风控和审计标准。金融业IT的一大特点是需要满足金融业相关监管机构的风控与审计，为此，金融云需要建立一个为用户、管理员、监管机构审计员提供事后审查、审计的模块。此模块收集云中的日志、事件、数据，结合审计规则发现已经发生的或者潜在的违规事件，如用户非正常登录、敏感数据被查看等，并通知相关的管理员或审计员。审计模块主要包括日志收集分析、网络流量收集与分析、审计规则应用、违规或潜在风险告警功能。

三是保证数据和信息安全。用户的数据在存储、传输、备份过程中可能被嗅探、复制、篡改，因此有必要在对外传输、应用内部处理、存储时进行数据的加密。

3. 金融云架构体系

目前许多的公有云服务提供商由于过度追求利润，在基础设施方面的投入不足，主要依赖于上层应用或者网络来保障业务的高可用性。而金融业的数据中心由于监管的要求、自身业务的重要性，从基础设施开始就会提供高可用的网络、存储、系统、数据库及中间件、虚拟化和数据中心架构。金融云高可用性不仅在物理基础设施上采用较高的可用性设计方案，同样需要在涉及云的各要素方面采用高可用方案。金融云构架设计见图1。

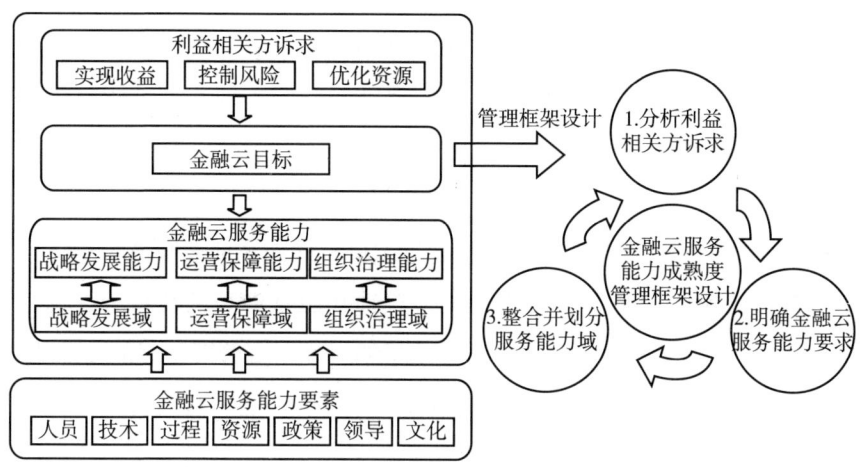

图 1　金融云构架设计

四　金融云在广东金融科技领域的实践与应用

（一）招商银行的金融云战略转型

作为金融云战略转型的先行者，招商银行确立了"一体两翼"的战略体系和"打造融合体验与科技的中国最佳零售银行"的目标。招商银行在信息科技建设上重点投入的新领域就是云计算，通过建设专业的金融云服务团队和跨多平台的金融云服务能力，招商银行能够有效地应对金融"云化"在可靠性、可用性、安全性及行业监管等方面带来的挑战，达成金融云实现收益、优化资源和风险控制的最终诉求。从最早的信息孤岛到数据中心，再到两地三中心，进而发展到云网融合，招商银行在信息技术应用方面向来不是保守者，而是拥抱互联网的实践者和创新者，不仅走出了金融行业信息化建设的探索之路，更是成功完成了落地实践。

相比于政务云、教育云等的发展，金融云的发展还处于局部云化和实验试点阶段，但是，金融云的发展黄金期即将到来。作为中国金融业信息化建设先行者和实践者的招商银行正在积极探索布局云时代核心技术的创新应用，将金融IT系统从成本中心转化为利润中心。招商银行创新性地成立了招银云创（MBCloud）公司，将其IT系统30年稳定运行的成功经验和金融IT的成熟解决方案向金融同业开放，服务于社会，推动普惠金融的发展。

作为典型代表，招商银行全新推出的CBS5财资管理云服务，充分体现了招行现金管理在"云"技术方面的成熟应用，从简单的数据云存储、到应用云计算、再到金融云服务，全面体现了招行在财资管理领域的专业优势。同时，CBS5全新推出两大领先市场的特色资金管理功能"跨境资金管理"和"E+财富管理"，不仅利用"云"在大数据处理方面的优势，更好地进行财资管理数据挖掘分析，更为集团的财资管控搭建了智慧的应用管理平台。

跨银行现金管理平台（CBS）是招商银行针对跨国公司、集团企业、财政事业单位等机构类客户资金管理需要，融合招行在现金管理领域的专业优势和成熟经验打造的专业财资管理系统。早在2011年，招商银行就发布了具有ECD电票、投资理财等特色优势功能的CBS4。时隔三年，CBS5在CBS4的基础上创新研发了跨境资金管理、E+财富管理两大应用模块，全面支持交易结算、账户管理、流动性管理、内部资金转移计价、资金预算管理等18项财资管理功能。

通过与SWIFT及境外银行直连，实现CBS对境外账户数据与境内账户数据信息的整合应用，能够帮助客户开展境内外资金池联动管理、境内外资金调拨。支持多币种、多语言、跨时区的业务处理，助力中国企业提升全球竞争力。尤其是在境内外双向资金池的设计方面很多的功能均为业界首创，全球领先。

CBS5可以与招行引爆互联网金融领域的小企业E家平台完美融合，客户可以方便快捷地通过CBS5购买为企业专属定制的高收益产品,不仅能够满足企业集团高流动性下的投资资产配置,也能够为高端个人客群定制高收益产品。

(二)腾讯金融云——构建云上金融新生态

腾讯金融云致力于为金融业提供合规、安全、创新的云服务,将"生产力云化"落地到具体的金融业务上,携手合作伙伴共建云上金融新生态。腾讯金融云由腾讯云与金融应用线合作共建,将会充分发挥腾讯在云计算及金融领域的技术和经验优势,更加贴近金融业务互联网化创新需求。腾讯金融云满足金融机构对流量渠道、大数据、技术、服务提升等方面的需求,为银行业、保险业提供更全面、更专业的行业解决方案。它将以云技术为基础,开放腾讯18年海量数据运营能力、业界领先的公有云服务能力和强大的业务架构分布和容灾能力,携手合作伙伴共建云上金融新生态。

基于腾讯多年的云服务经验,腾讯金融云为金融及泛金融行业提供深度的解决方案,在合规性、安全性和创新性等方面亮点频频。安全方面,腾讯金融云依托腾讯安全平台精心打造的防火墙体系,汇聚业内资深安全专家,以十多年安全技术积累和问题处理经验,不仅为企业有效抵御各种安全攻击,同时提供漏洞修复、溯源取证、防御建议、数据泄露检测等一系列专业安全服务,甚至打造专享攻击防护能力以及协同防御方案,保障金融业务安全。在对金融至关重要的金融大数据方面,腾讯金融云依托腾讯十数载的积累,将为合作伙伴搭建一键式独享大数据分析平台,提供精准个性化用户分析报告及反欺诈风控、数据分析等数据应用。

目前,腾讯拥有2万多台集群调度,实时处理数据,每天所接入的数据量和实时处理的数据量已经达到5万亿条和1.5万亿条的规模,通过深入挖掘其中的客户价值,可以有效提升数据分析和商业决策效率,降低金融风险,精准触达目标用户,为合作伙伴创造更大的商业价值和用户价值。

通过配套的金融服务和金融云平台的结合,腾讯金融云将真正为金融机构提供"拎包入住"的一站式行业解决方案。腾讯FiT副总经理、金融合作和政策部负责人马晓东表示,根据金融云的特点,企业是否有一个很好的平台,对能否取得进一步的发展至关重要。腾讯将秉承"开放、共享"的态度,与合作伙伴一起探索金融发展新趋势。依托多年海量的互联网产品运营运维经验,腾讯金融云已与众多在金融领域深耕的合作伙伴达成了战略合作,共同驱动金融领域的"云化"创新。

(三)平安金融云——提升平安三大业务板块

中国平安作为中国大型金融控股集团,充分利用金融云提升平安三大业务板块。无论是壹钱包、平安好房,还是平安好车、陆金所等为各类互联网应用提供金融支撑的无外平平安的三大业务板块:保险、银行和投资。从技术角度来讲,中国平安开发的所有互联网应用都归于云平台,比如支付云、社交云、积分云、健康云、资产云,前端的APP只是产品的展现,在后台,其实是针对客户的需要从云平台拉东西。

作为平安金融云前端应用的"壹钱包",其主要功能是金融增值、消费支付和聊天,简言之,就是"微信+支付宝钱包"。"壹钱包"的金融增值服务里,包含一款支持"先消费后付款"的产品——"借钱宝",最长有30天的免息期,申请额度在50~10000元。通过借钱宝申请贷款不需要抵押物,在"壹钱包"内即可完成从申请到获取额度全过程。"借钱宝"是中国平安旗下的小贷公司深圳信安小额贷款公司和平安付共同开发的小贷产品,依据小额贷款的风控模型进行额度审批。另外,"壹钱包"应用中现金增值产品"活钱宝"则是平安大华基金旗下的货币基金日增利,活钱宝支持T+0赎回至银行卡,最快1分钟内到账。

作为平安金融云的另一个应用,"平安好房"主要分为三个业务模块,即新房交易、二手房交易和平安好管家。目前,平安好房已经和万科、绿地等多家地产商进行合作,平安好房并不收取任何的广告费用,新房和二手房交易都将实行免费措施。"平安好房"希望作为纯粹的中介平台,吸引买家和卖家发布信息,并在该平台上直接成交,绕过传统的线下中介。

事实上，房地产中介不仅提供了房地产评估、交易代理、经纪、咨询等服务，更多的是充当了信用中介的作用，买卖方即便在房产电商平台上达成交易意向，仍然需要借助线下中介完成整个交易流程，以减少道德风险。另外，房地产中介协助办理房地产评估、过户、银行按揭、物业管理、产权归属证明、凭证等服务，也是其工作含金量的体现。"平安好房"则是协调使用整个集团多个业务板块的资源，构建这套完整的中介平台。通过免费发布楼盘广告、免费撮合、免费提供完善的中间平台以促成成交。而成交以后，才是"平安好房"利润所在。

平安好房的真正盈利点在于成交后提供的金融增值服务，比如银行按揭，为租房、首付等提供分期付款等。由此看来，平安好房更像是"引流获客"的入口，将线上客户引入平安其他业务板块，通过为客户提供金融增值服务获取收益。另外，平安大华基金的"日增利"也嵌入平安好房设计中，其被称为"好房宝"。"好房宝"主要为平安好房上产生的抵押金、预付金等存量资金提供增值服务。

五 结语

云计算作为一种新型的 IT 服务模式，是对传统 IT 商业模式的彻底转变。它通过将计算任务分配到大量计算机构成的虚拟资源池中，以供客户进行动态使用并实现按需付费。目前，无论是政府还是企业，都纷纷构建了与其相关的云计算服务。金融云服务通过构建基础资源架构，突破异构虚拟化、分布式海量存储、大规模资源调度与管理等云计算关键技术，建设服务营运、服务管理、开发部署和运维管理平台，解决服务计量、应用开发和自动化部署及运维一体化等关键技术问题，构建完善的金融云产品平台。金融云服务平台提供的可定制、可扩展的多租户金融服务，有利于提高金融行业数据中心资源利用率，减少系统建设成本和运维管理负担，助力众多中小金融机构提升精细化管理水平，加快业务发展步伐，应对日益迫近的利率市场化和金融脱媒化挑战。同时，也将促进各类金融产品更加高效地向国内三、四线城市及广大农村地区输送，更广泛地满足城乡金融需求。

参考文献

李山河、辛颖：《银银平台，中小银行的贤内助》，《金融电子化》2014年第2期。

杨青峰：《云计算时代关键技术预测和战略选择》，《中国科学院院刊》2015年第2期。

赵义斌、沈一飞：《金融云标准化体系建设研究》，《金融电子化》2015年第6期。

赵义斌、沈一飞：《金融云发展面临的问题及应对策略研究》《金融电子化》2015年第11期。

中国信息通信研究院：《云计算白皮书（2016）》，2016。

高旭磊：《招商银行关于金融云的思考》，《中国金融电脑》2016年第8期。

应用案例篇

Application Cases

团贷网：以科技为驱动，推动创新金融发展

方 龙[*]

摘　要： 团贷网借力互联网金融行业发展的重大机遇，结合自身的资源和优势，以"让金融更简单"为企业使命，秉承"信息中介、小额分散、线上经营、合理定价、专注主业"五大原则，立足金融服务、金融科技、金融平台三大方向，积极拓展创新金融领域服务，加大金融科技研发力量投入，全面利用大数据、云计算及人工智能等互联网信息创新技术，实现了风险控制和运营决策的智能化、高效化，同时设立"大数据实验室"项目专注于金融科技的研发与应用，打造由科技驱动的"数字"普惠金融，形成"金融+科技+产业+实业"的生态圈。

关键词： 金融科技　普惠金融　风险管理　互联网金融　信用评估

---

[*] 方龙，中国社会科学院国家金融与发展实验室研究员。

一　概述

团贷网集团（工商登记主体为派生科技集团股份有限公司）于2011年在东莞成立，注册资本10亿元。团贷网集团依托"世界制造工厂"深厚的产业基础和科技发展规划，聚焦实业、科技、金融三大战略投资方向，致力于成为一家以"大数据、人工智能、互联网科技"等技术力量驱动产融结合、提升产业运营效率的投资服务集团。集团旗下品牌"团贷网"（www.tdw.cn）是国内领先的综合性金融科技服务平台。截至2017年8月31日，平台累计交易金额达到1047.3亿元，累计注册投资用户超过633万人，帮助近百万家企业及个人完成融资，处于行业领先地位。

团贷网在互联网金融、信息服务以及大数据风控方面具有丰富的经验和雄厚的实力。2013年以来，团贷网投入研发资金累计超过5000万元，立项并转化了科研项目32个，科技成果转化率100%。截至目前，团贷网拥有软件著作版权32项、软件产品称号8项、高新技术产品10件，拥有行业领先的核心系统4套，先后被认定为国家高新技术企业、广东省经信委"互联网+金融"试点项目、工业和信息化领域电子商务试点单位、东莞"倍增计划"南城试点企业、东莞市成长型企业、电子商务创新示范企业等。团贷网不断加强对技术的投入，积极推进大数据、人工智能等科学技术与金融创新的融合，让金融更简单。

二　金融科技的实践与应用

在金融科技1.0时代，金融与互联网科技的初次结合，让金融产品的交易方式从线下转到了线上，简化了业务流程，改善了用户体验，使金融服务更加便利，实现了普惠金融，同时为更多创新服务奠定了基础。而在2.0时代，智能化是金融科技的重要发展方向，金融与创新科技的深度融合则是金融科技2.0的主要任务，大数据应用、区块链、智能风控、智能运营等均是金融科技2.0的主要目标。

团贷网集团从2014年就开始实施金融科技2.0的战略布局。在金融科技2.0时代，团贷网以大数据为基础，通过智能化科技驱动，借力机器学习、知识图谱等手段实现智能化的分析决策，为用户带来全新的金融体验，推动现代金融与创新科技的深度融合。

团贷网搭建了统一规范的数据平台，构建了采用分布式技术的数据仓库，接入经过严格筛选的涵盖第三方征信、大数据、反欺诈等方面的近20家提供商的高质量数据，为团贷网的金融科技研发与应用提供了扎实的基础。

目前，团贷网已将部分金融科技成果应用在风控与运营方面，实现了风控、运营的智能化、高效化；同时，设立了大数据实验室项目，专注于高端金融科技的研发与应用，该项目将在用户研究、智能投顾、智能运营、联合建模、学院交流、快速业务响应平台（基于R语言）等方面开展深度研究，为团贷网持续输出金融科技，保证团贷网金融科技竞争力。

（一）大数据智能风控系统

团贷网利用金融科技在智能风控方面的运用包括三方面，一是线上智能风控（主要通过天秤系统实现），二是线下传统业务实现科技升级，三是针对电商的智能风控（主要通过云镜系统实现）。

1. 线上智能风控——天秤系统

天秤系统是团贷网自主研发的由一系列系统平台组成的互联网金融大数据智能风控系统，包含反欺诈引擎、信用风险评估及贷后管理三大功能模块，依靠大数据技术，建立强大的风控机制，有效地识别欺诈风险，刻画用户资质特征并进行量化风险评估，从贷前、贷中、贷后严把风控关，实现风控的标准化、模型化、智能化，形成独具特色的风控体系。

天秤系统使用HDFS分布式存储，Spark Streaming流式计算，Spark Core、Spark SQL离线分析，ETL数据抽取转换，nginx负载均衡等技术，Random Forest、SVM、Neural Network algorithm、Boosting、Bagging、朴素贝

叶斯等数据发掘算法进行研发，可用于应对垃圾注册、账户盗用、虚假资料包装、联合骗贷、机构代办、异常提现等欺诈风险；信用等级低、隐藏失信历史、多头借贷等信用风险；以及黑客攻击等安全风险。

从功能模块来看，天秤系统主要包含欺诈识别、模型配置、信用报告、额度建议、数据产品服务功能模块（见图1）。

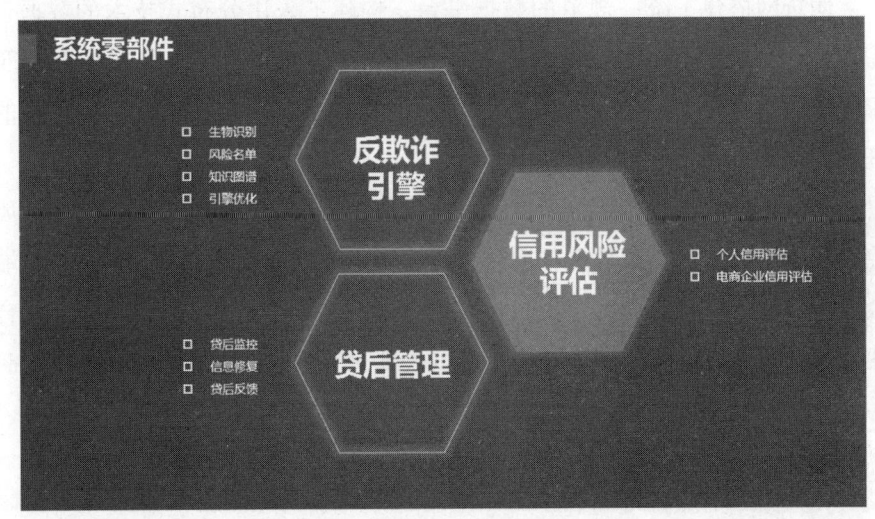

图1　天秤系统功能结构

（1）风控决策引擎：可对所有数据维度进行管理配置，可随时配置反欺诈、授信、专家规则中涉及的维度、系数、规则及流程；支持交叉验证，支持不同的计算方式，支持不同产品不同流程多套规则并行配置，支持沙盒测试，以及对模型效果综合评估。同时引擎可自动根据新申请及贷后数据自动更新通过机器学习所得到的自动审批、综合评分等模型。

（2）综合授信：根据用户身份特质、行为偏好、人脉关系、履约能力、信用历史等维度对用户进行综合评分，并基于信用分计算维度生成个人信用报告；可按产品类型实时查询平台历史用户通过授信模型各环节评分和权重，根据人群特征和产品类型分析用户额度分布（见图2）。

（3）反欺诈引擎：可按产品类型、不同环节实时查询平台历史用户在

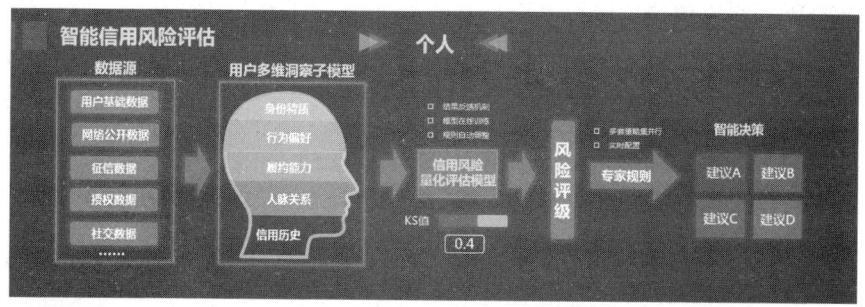

图 2 天秤系统综合授信功能

各环节过反欺诈决策流的结果;分析各反欺诈流程整体拒绝率、通过率、人工审核率的变化,详细分析各模型中不同规则的拒绝率,对规则大类和小类分布分析;模型智能识别欺诈名单,也可以人工录入欺诈名单和负面信息;可根据用户姓名、手机号、身份证进行自助风险查询和舆情查询;可对用户设备、通讯录、通话记录、IP 等连接起来生成关系图谱(见图3)。

图 3 天秤系统反欺诈引擎功能

(4)贷后管理:根据用户贷后行为实时监测用户可疑行为,即时做出警告,以便贷后管理人员做出相应的预警措施;提供手机通讯录分析、用户聊天记录分析,通过地理位置分析能清晰展示用户的活动范围,当用户超出居住地、工作地、户口所在地会在地图上告警,方便催收人员跟踪不良用户。

从借贷的流程来看,天秤系统的智能风控完整应用在贷前、贷中、贷后三个阶段，相比传统的风控手段具有明显优势，具体应用如下。

(1) 贷前方面，可以实现智能录入与审核，在天秤系统的帮助下，用户在申请阶段需要填写的信息可以被自动识别，例如系统自动识别身份信息、银行卡信息。在信息录入的同时，系统可以做到随填随审，用户每录入一块信息或者每进入一步新的操作，系统随即触发相应的审核机制。用户录入全部信息后，审核通常已基本完成。目前，贷前审批基本可以实现全自动化，人工只负责对部分客户的信息做最终核查或对由于系统问题造成误判的客户进行捞回。在大数据风控系统深度介入之后，单均审核时间缩减到 5 分钟以内，同时自动化审核程度高达 85%，整体审核效率大幅提高。

目前，天秤系统积累的个人信息维度超过 5000 个，各产品授信、反欺诈模型超过 60 个，自动审核模型的 KS 值达到 0.4 以上，系统可直接通过 17% 的借款申请，拒绝 45% 的借款申请，反欺诈调用量每天超过 5 万次，授信调用量超过 5000 次，单条平均处理时间仅需 5 秒。在现有物理条件下，天秤系统每天可以支持 400 万次以上调用量，速度与用户体验都远胜传统的审核方式。

(2) 贷中方面，可以实现智能监控，通过关联匹配，风险排查等方式对用户在还贷期间出现的异常行为进行分级并预警，比如用户卸载 APP、在其他平台出现逾期、在项目群中发布违规信息等，提前告知贷后的同事跟进用户的还款状况，以避免违约风险。

(3) 贷后方面，天秤系统可以实时监测分析用户可疑行为，如手机通讯录分析、用户聊天记录分析，通过地理位置分析，以便贷后管理人员做出相应的预警措施。此外，天秤系统可以实现自动分案，系统根据不同的逾期等级可以将案件自动分配给不同的电催小组，同时依据电催人员各自的业务能力智能化地分配工作任务，以达到工作效率的最大化，目前 M1 催回率可达到 80% 以上，M3 + 逾期率处于 1.2% 的较低水平，处于行业领先水平（见图 4）。

团贷网的天秤大数据智能风控系统打破了小贷公司、担保公司传统的以资产抵押产生信用的思路，通过对企业生产过程的深入研究，形成一套通过

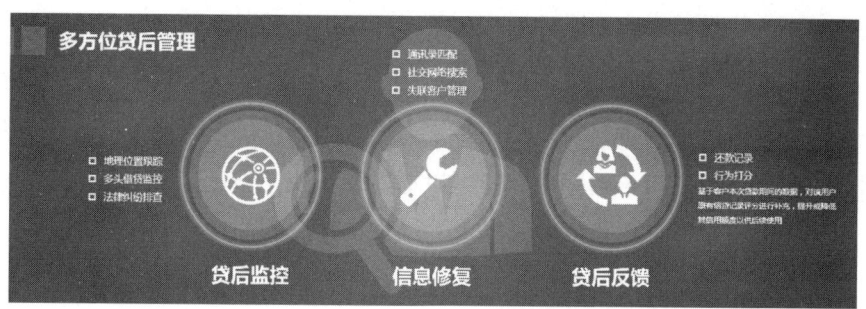

图 4　天秤系统贷后管理功能

对生产过程进行评估而产生信用的体系,并将其运用到风险管控的实践中。以生产过程的数据化模型为基础,代入历史生产数据,对未来生产结果做出预测,再以预测的统计学结果产生信用。

通过天秤大数据智能风控系统,团贷网降低了人工审核的时间和成本,提高了整体的审核效率,降低了交易成本和金融服务的门槛,解决了企业融资难题,真正做到普惠金融、助力实体经济,推动自主创新和科技成果转化。

2. 线下传统业务实现科技升级——业务智能管理系统

车贷、房贷是常见的传统借贷业务,也是团贷网最早开展的业务模式。传统的审批流程是:借款人需要在线下网点办理业务并提交材料(如征信报告、通话详单、银行流水、户口本、资产证明等),业务人员需要对用户面谈、初步评估、初步审核,业务人员初审通过后仍需要由上级审批。传统的审批方式复杂、效率低下,贷前审批时间往往超过 1 天,不能满足有急切借款需求的用户。

针对这种传统的业务模式,团贷网进行了科技升级,可以大幅提高线下传统业务的效率,主要包括提交资料、资产评估、信用审核、贷中监测四方面。

(1) 提交资料方面,团贷网开发线上资料提交入口,根据不同业务的进件标准以及资料要求,通过电子化的形式将提交资料的方式从线下转移到线上,减少用户收集资料和提交资料的时间成本。

(2) 资产评估方面,团贷网利用爬虫技术等手段实现了从线上公开信息获取房产、车辆等资产的价格，帮助评估师更快地给出资产估值结果。

（3）信用审核方面，团贷网运用大数据风控技术，对用户提交的资料及资产信息进行风控审核，以替代传统人工线下面核的复杂流程。运用大数据风控技术除提高审核效率外，还可以通过系统快速验证传统审核难以发现的问题，如交叉验证用户的收入情况与房产价值，判断用户欺诈风险；结合房产所在地的房价水平及征信报告记录预估用户的还款能力等。

（4）贷中监测方面，团贷网实现了结合用户贷中还款表现及车辆、房产使用情况，构建逾期预测模型，预测逾期风险，使贷后管理人员可以提前制定风控策略。同时通过贷中监测，系统可以从中筛选出资质良好的客户并提供额外服务，从而提高用户黏性。

3. 针对电商的智能风控——云镜系统

电商客户是一类较为特殊的群体，他们的主要业务都在线上进行，在传统的贷款审核中很难体现他们的借款资质，进而导致电商客户较难在传统的贷款业务中成功贷款。金融科技的应用，为电商融资提供了极大帮助。

云镜系统是由团贷网自主研发的一款专注于电商借款的大数据风控系统，通过切入电商供应链交易环节，接入电商平台的信息流、现金流、物流数据进行交叉验证。系统通过对信用数据和非信用数据模型的分析，结合电商行业数据分析模型，实现还原借贷人真实模型，从而完成智能风控评审（见图5）。

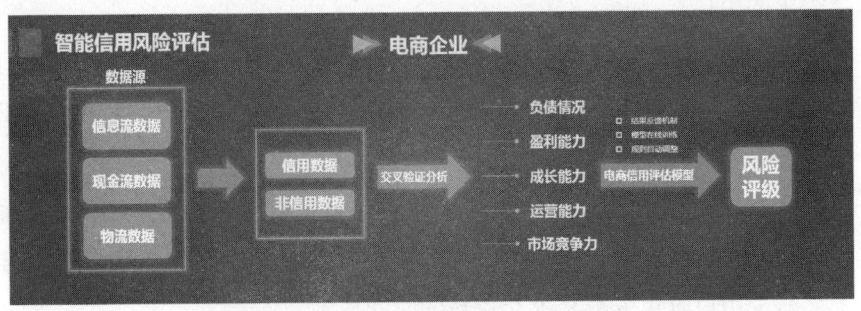

图5 云镜系统风控评级参考流程

云镜系统底层数据涵盖大数据风控模型和系统、行业风险分析系统、过程管理控制风险系统、动态授信系统、客户风险预警系统、客户信用管理系统、客户分级管理系统，通过立体的多维度分析系统，可清晰展示电商客户的实际情况，动态把握客户的偿还能力，从而达到智能授信，动态管控风险。系统全实时动态追踪，将风险止于初期（见图6）。

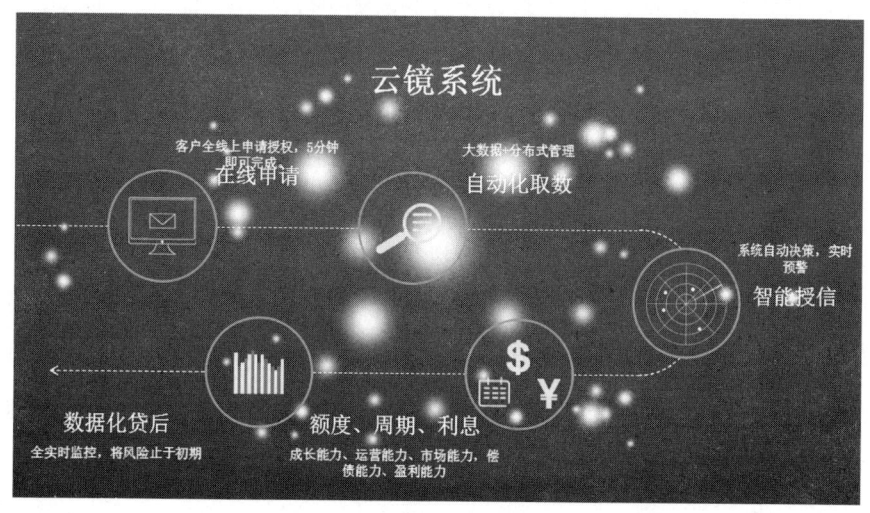

图6　云镜系统结构

云镜系统作为金融科技在现实中的应用，对于电商客户来说，最大的意义是云镜系统在"本来没用的"的信息中挖掘出了"有用的"信息，使电商客户能简便、快捷地获得融资。

云镜系统在电商客户贷款方面的运用，可以从贷前、贷后两方面展开描述。

（1）贷前方面，与传统的借贷审核不同，团贷网通过云镜系统，可以在线对电商客户进行审核，效率极高。贷前审核主要运用以下3种模型。

数据清洗模型，当电商客户提供足够的信息及流水数据，包括平台数据、银行流水数据、第三方支付数据等交易行为数据时，系统可以自动匹配行业参数对客户数据进行合理的抓取及清洗。

行业风险模型，云镜系统在充分整合多维数据资源的基础上，结合对电商业务的数据理解，建立一套行业风险模式系数，包括行业、个人等参数,如行业退还货比、毛利等参数,若客户提供的数据异常于参数,将进行预警。

反欺诈模型,通过大数据的获取,对客户的核心信息再次甄别,如企业、个人、店铺、综合流水、信用等匹配,有效筛选欺诈客户。

(2)贷中方面,团贷网可以在线实时监控电商客户的运营信息,能实时监测到异常,监测效率远远超过传统的监测手段。

云镜系统通过大数据风控,还原企业真实的运营情况,灵活快捷,大大提高了效率,减少时间成本,5分钟线上完成申请,最快当天解决借款。同时,用户的额度可循环使用,降低了用户的借款成本,随借随还,自由把控,资金灵活也稳定了企业的运转。此外,云镜系统可实时监控电商运营数据,动态追踪,有效降低风险,提升风控效率。

团贷网大数据智能风控系统化解了传统民间金融因风控信息不对称而产生的违约风险,极大地降低了互联网金融业务风险。当前在风控体系上,团贷网实现线上线下风控手段结合,形成立体式审批,多维度、多角度审慎调查项目风险,确保项目风险最小化。

(二)智能运营决策系统——BI 经营决策系统

团贷网作为互联网公司,致力于用互联网技术不断提升公司的运营决策效率。团贷网自主研发的 BI 经营决策系统,利用人工智能和大数据等技术手段,为公司在经营层面、决策层面提供更多依据和支持。

BI 经营决策系统是将数据从原始信息变为决策信息的一种解决方案,这个过程与知识共享和知识创造紧密结合,完成了从信息到知识的转变。它的"智能"体现在可以将发现数据规律的方法和决策思路传授给计算机,由计算机来进行部分或全部规律发现、分析预测与决策工作。

团贷网的 BI 经营决策系统建立于 2015 年初,到目前为止已经迭代了将近 30 个版本。结构图见图 7。

随着团贷网业务的不断发展,产品类型不断丰富,数据维度以及数据量不断扩充,数据仓库不断完善,底层原始的数据资源得到有效的整合,数据

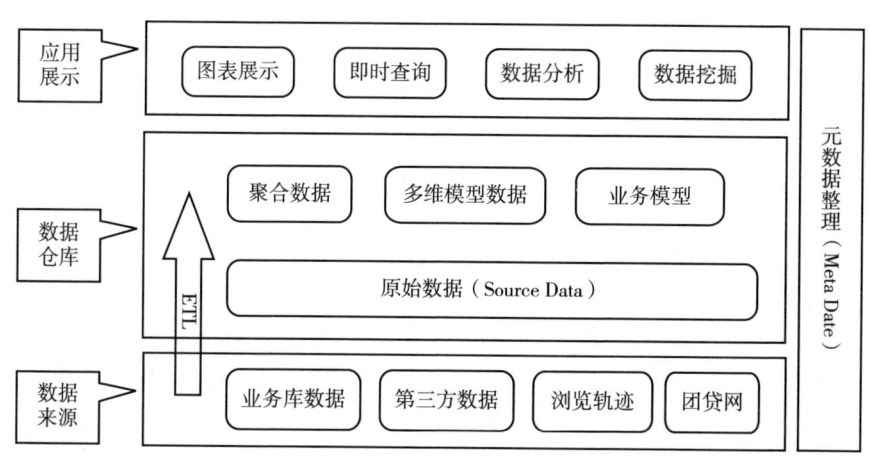

图 7 BI 经营决策系统结构

分析、数据挖掘技术得以有效应用。目前，团贷网 BI 经营决策系统共涵盖了包括用户、投资、借款、活动等在内的 7 大块 52 类报表，可以实时监控团贷网各方面的数据表现。

在此基础上，BI 经营决策系统为智能运营提供了极大帮助，如用户画像、礼品管理、信息与广告管理、项目管理、项目运营监控等，实现了"千人千面"。

所谓"千人千面"，即是根据营销场景以及用户数据采用对应的推荐子模型进行个性化运营的手段，智能运营的功能可以精确识别每一个人在每一个时刻每一场景下的需求情况并进行精准营销，不仅增强用户的平台体验感，提高用户对平台的黏度，也提高了用户转化率，降低了运营成本。千人千面的实现来自两大功能模块，一是用户画像、二是精准营销。

（1）用户画像：用户画像是出于精准营销的需要，主要依靠对用户行为的深入分析和挖掘，把握客户的兴趣偏好和个性化需求，从而投其所好（见图 8）。

团贷网搜集用户的基础数据、行为数据、交易数据、平台社交数据等，多维度分析并构建用户画像，通过聚类分析、文本挖掘、自然语言处理等技术，挖掘用户的生命周期、自然特征、社会特征、偏好特征、消费特征并对用户群体进行细分，为精准营销提供决策支持。例如团贷网通过交叉分析用户年龄、操作习惯、地区分布，去挖掘用户的社会及偏好特征与投资习惯之间的相关性，从而针对不同类型的客群优化投资体验。

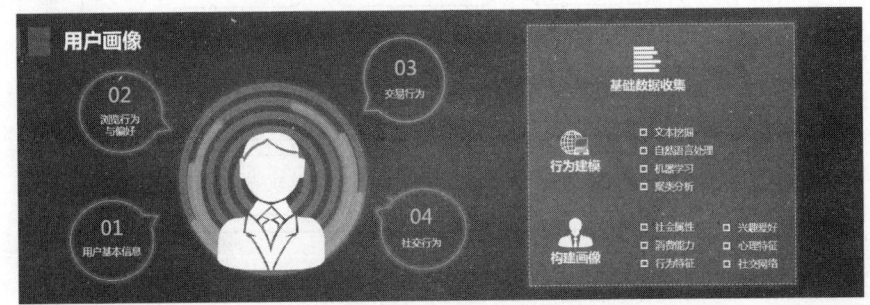

图8　用户画像功能

（2）精准营销：在用户画像的基础上，运营部门通过系统可以为不同的用户配置不同的礼品类型以及数量，为不同的客户配置投放不同消息与广告，达到精确营销的目的，有效降低营销成本、提高营销效果（见图9）。

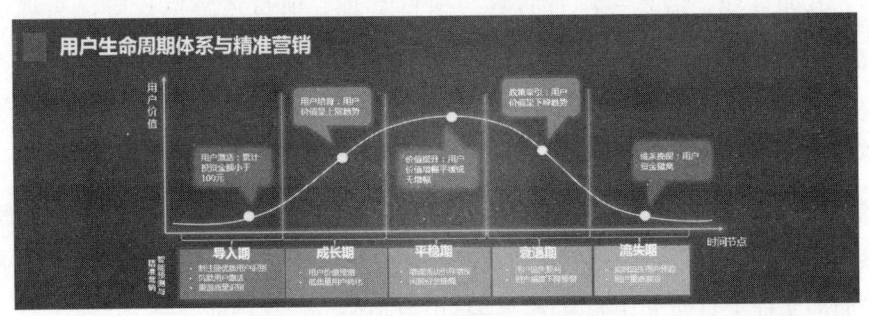

图9　用户生命周期体系与精准营销功能

通过BI经营决策系统可以监控到用户对哪个业务板块感兴趣、注册用户的转化率、用户在平台投资的生命周期，BI经营决策系统将这些数据反馈给运营、产品、营销等部门，为经营决策提供依据。

（三）大数据实验室项目

团贷网将金融科技应用在风控与运营方面，实现了风控、运营的智能化、高效化，此外还设立了大数据实验室项目，持续专注于高端金融科技的研发与应用。该项目将在用户研究、智能投顾、智能运营、联合建模、学院交流、快速业务响应平台（基于 R 语言）等方面开展深度研究，让团贷网时刻处于金融科技的最前沿。大数据实验室项目的主要内容如下。

1. 用户研究

用户研究指通过深度访谈、焦点组座谈会、观察调查等定性研究方法，了解用户的行为特征、习惯、心理、需求，再结合定量研究，通过描述性统计或者聚类、回归、时序、社交网络分析等统计挖掘方法，验证用户的选择行为。用户研究将应用在品牌推广、移动产品设计、金融产品设计、数据产品设计等多个场景。

2. 智能投顾

智能投顾旨在充分了解投资者的风险偏好和投资偏好，然后提供匹配其风险等级的"个性化"的投资组合。

智能投顾能够在不断变化的市场中，根据用户的喜好，自动、准确、快速地筛选出与用户投资相关的金融市场信息，并以合适的形式呈现信息，最终帮助客户做出投资决策。也可以通过智能调仓（再平衡）工具自动为用户提供买卖建议，从而有效地控制其投资组合的整体风险。

3. 智能运营

团贷网将在智能运营领域继续深耕，将通过数据挖掘方法，基于对用户画像的描绘以及用户生命周期的研究，探索与实现智能运营的业务上的应用，目标是为了在更复杂的场景下分析与决策以及进一步提高运营的自动化程度。

4. 联合建模

为提高自身及合作方的建模能力，团贷网将实行联合建模，应用于不同场景，满足不同业务需求。若合作机构为数据服务商，则以双方联合模式，共同对数据进行分析,输出定制化的、有效的风控数据维度、政策或者模型;若合作机构为资产端公司,可在为对方提供数据服务的同时,结合对方业务类型为对方定制风控模型,提升合作机构的风控能力。

5. 学院交流

团贷网与高校开展大数据合作项目,提供实践场地及场景,交流数据挖掘算法技术及大数据应用方法。具体开展形式有如下两类。

一是与高校大数据实验室合作,提供科研场景,开展一系列以金融数据为基础的研究开发工作,如大数据分布式存储和查询、Hadoop/Spark 性能优化与功能增强、机器学习算法与系统、大规模文本语义分析、大规模 web 信息挖掘集成等。并可与高校一起承担省级或国家级的大数据相关研究课题。

二是针对大数据风控或运营等应用课题,以解决实际线上金融服务问题为目标,基于集团累积的真实用户数据,与高校联合,面向高校学生或社会金融人才组织开展金融大数据分析竞赛,向全球大数据金融人才征集更为有效的大数据算法及模型,深入挖掘用户价值,为用户提供更好的金融服务。

6. 快速业务响应平台(基于 R 语言)

快速业务响应平台是一个基于 R、MySQL、shiny server 等软件环境开发的运营和风险决策总和管理系统。它的便利之处在于可以快速响应和支持运营、风控的数据模型需求。该系统在几小时内就可以实现部分临时需求的上线供相应部门使用。

常见应用场景如下:满足财务、行政、人力、运营、客服等部门的临时数据报表需求;满足运营、市场中心的用户生命周期、用户画像分析及个性化投放需求;满足信贷、风控等部门的大数据风控模型构建需求。

三 结语

团贷网顺应创新金融发展的重大机遇,结合自身的资源和优势,全面利用大数据、云计算及人工智能等互联网信息技术,在风险控制、内部管理等方面实现创新,进一步扩大金融服务的覆盖面。目前已使线上、线下的贷款业务在风控方面实现智能化、高效化，满足了日益增长的融资需求，已使运营决策变得智能化、精准化，有效降低了运营成本，提高了运营效率。

未来，团贷网将继续发力金融科技，推动"大数据实验室"计划，通过提供开放、智能、多元化综合金融服务，提高金融服务的可得性、包容性和开放性，全面做好传统金融的有益补充。

小牛科技引领金融"犇跑"应用与实践

孙 健[*]

摘　要： 小牛在线坚持"科技引领金融"之路，持续往"金融云""大数据应用""区块链""智能投资"四大方向发展，打造先进的IT组织，强化基础支持核心业务，携手小牛各业务公司开拓创新，牵头探索互联网新业务模式。积极启动金融科技战略，将大数据、风控、人工智能作为主要的风险控制手段，引入先进的科学技术打造大数据风控平台，推动多方合作机制，与国外征信巨头FICO、环联、益博睿等建立深度合作伙伴关系，收集不同领域和维度的第三方大数据，推进普惠金融信用体系构建。

关键词： 金融云　大数据　区块链　风险控制　普惠金融

一　概述

深圳市小牛在线互联网信息咨询有限公司（简称"小牛在线"）是隶属小牛金服旗下的普惠互联网金融平台，是中国互联网金融协会首批会员。于2013年6月成立，注册资本1.03亿元，汇集国内外知名银行、证券、互联网、电子商务行业大批优秀人才。截至2017年6月，累计交易额已经突破600亿

---

[*] 孙健，中国银行软件中心工程师。

元，注册用户高达480万。作为中国领先的线上智能理财服务平台，秉承"让财富自由犇跑"的理念，旨在让投资和融资变得更透明、简单、高效，实现全民财富的保值增值。

二 大数据风控体系结构

在过去几年，小牛在线始终坚持"科技引领金融"之路，持续往"金融云""大数据应用""区块链""智能投资"四大方向发展，打造先进的IT组织，强化基础支持核心业务，携手小牛各业务公司开拓创新，牵头探索互联网新业务模式。积极启动金融科技战略，将大数据、风控、人工智能作为主要的风险控制手段，引入先进的科学技术打造大数据风控平台，推动多方合作机制，与国外征信巨头FICO、环联、益博睿等建立深度合作伙伴关系，收集不同领域和维度的第三方大数据，推进普惠金融信用体系构建。

公司致力于成为国际一流的金融科技创新企业，为客户提供便捷、智能、安全、人性化金融服务平台，支撑中国金融服务创新发展。目前，公司已经完成包括"大数据平台""风控系统""用户画像"在内的十多个金融系统，并获得80多项专利。

小牛的大数据风控系统的架构以大数据平台为基础，它接入了外部的征信数据、爬虫平台的数据以及黑名单服务的数据，风控平台调用大数据平台的数据构建欺诈模型、准入模型、授信模型、贷后预警模型、催收模型等，而人工智能服务，通过生物识别技术、反克隆技术的引入，能比人眼判别的更有保障和高效，整体提升了企业的反欺诈能力。经营分析门户主要是对经营的财务数据和用户数据进行分析。大数据风控系统见图1。

大数据风控平台的目标为：①实现风控的标准化、自动化、实时化、规模化；②提高风控准确率，提高审核效率；③建立数据精细化风控运营体系，实现具备快速适应和优化能力的良性闭环。意义：①模型：通过机器学习等算法建立风控模型，实现风控的标准化，提高风控准确性，在确保进件量的前提下，降低逾期率；②系统：研发风控平台等技术系统，以及人工智

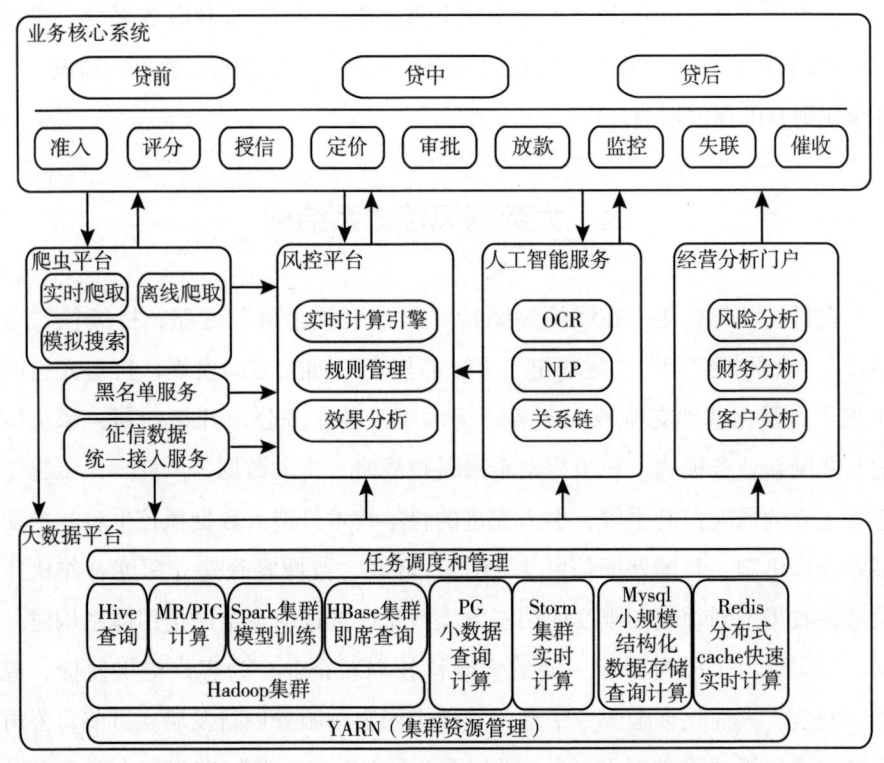

图1 小牛在线大数据风控系统

能服务,在确保整体指标的前提下,降低人工介入,进而提高件均审核时间,提高审核效率,降低人工成本,实现规模化;③数据:引入更多的外部免费数据,通过解析/清洗/NLP等技术提取数据价值,扩展风控因子,提高风控全面性;④体系:基于互联网技术、大数据技术,建立一整套技术体系,全面支撑传统金融向普惠金融+互联网的转型。

三 科技与金融融合发展实践与应用

(一)大数据平台

公司在内部打造了hadoop系列大数据平台,将自身积累的百万级的用户数据与非传统金融数据、网上爬取的征信数据、行为信息相结合,运用大数据人工智能等技术,进行精细化运营。针对这个大数据平台,公司做了很多分层管理,包括数据源层、存储计算层、应用工具层、数据集市层等,采用目前最先进的互联网分布式的计算架构。具体的架构图如图2。

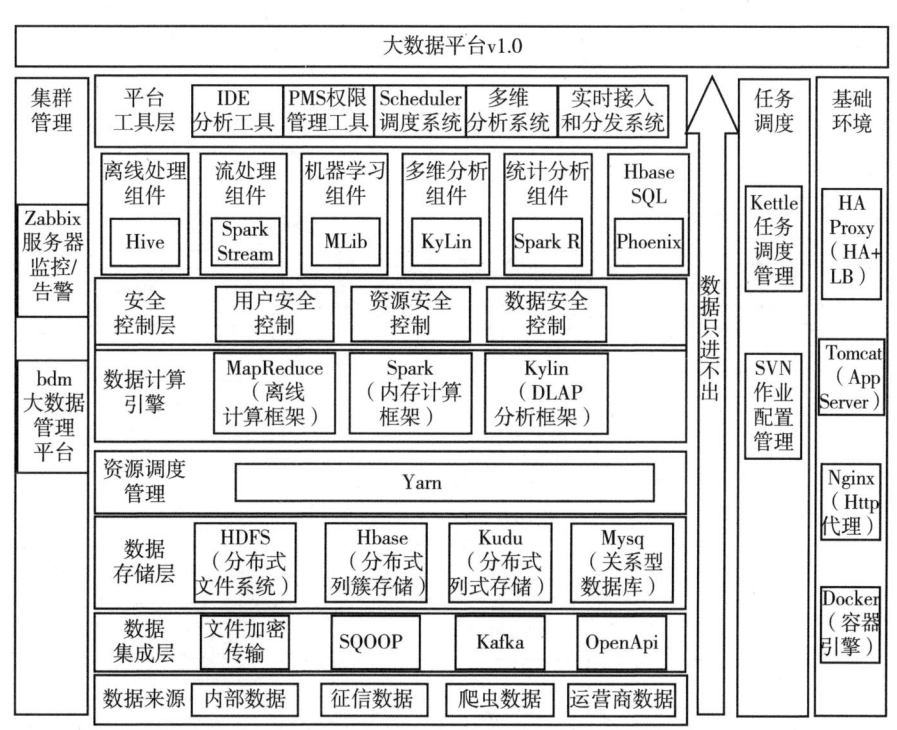

图2 小牛在线大数据平台结构

目前大数据平台具有:①海量数据的存储功能(TB/PB级别);②海量数据的离线(文件、DB抽取)或实时(API)数据接入;③海量数据的复杂、快速(实时)的计算;④数据架构的设计、模型设计开发、数据管理解决方案;⑤权限、调度、开发等平台管理系统,并部署了严格的数据安全处理方案。

(二)爬虫平台

为了能够获取资产端用户更多的数据,企业构建了强大的爬虫平台,该平台采用离线分布式爬虫平台和定时定向爬虫平台两种方式获取数据。其中定时定向爬虫平台通过用户账号和密码从人行征信报告、运营商数据、社保、公积金、网查电话、公司名称以及一些媒体上爬取数据。另外，离线分布式爬虫平台主要是从工商、法院网站、各行业失信人员网站、竞品信息、黑名单库等地定期爬取非结构化的数据，通过 ETL 清洗转化成我们需要的结构化数据，结构图如图 3。

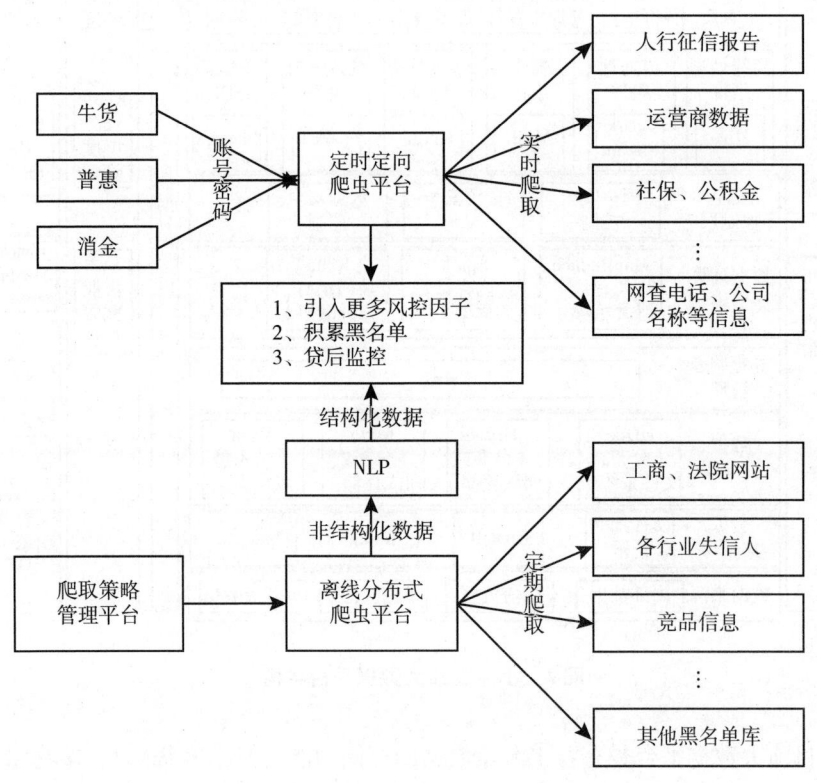

图 3　小牛在线爬虫平台结构

爬虫平台主要应用场景有以下几种。

（1）贷前反欺诈，通过网上用户数据等实时核对客户信息。通过地址、公司、电话等联系方式来核对客户是否存在欺骗行为。

（2）贷前黑名单，爬取各渠道信息扩大黑名单库，有效降低放贷风险。

贷前征信数据库，通过客户提供的用户名和密码等实时爬取个人征信报告、运营商通信记录、支付宝交易记录等，用技术降低采购成本，并防避虚假伪造信息。

（3）贷中监控，监控已借贷客户的网上信息，一旦发现有违约风险，可及时采取相关措施。监控客户所属行业、公司信息，及早发现稳定性风险。

（4）贷后失联修复，抓取120万+全国各省市村干部联系信息，一旦出现客户失联情况，通过获取客户相关联人联系方式更早更快地找到失联客户。

（三）黑名单和征信数据统一接入服务

1. 黑名单服务

黑名单服务目前打通小牛集团所有用户，提供实时查询用户历史贷款行为的服务；建立用户关系链，提供对于用户、联系人、邮箱、地址等多种联系方式的关系查询服务；通过算法定义用户的黑/白/灰等级及原因，提供查询。

2. 征信数据统一接入

为了更好地评估用户信用等级，企业在建设风控时少不了采用外部数据。为了更好地管理外部数据，企业正在建立一个制度规范的数据接入平台，并制定了一套有效的数据质量测试标准，对征信数据统一进行测评、规划、采购和接入，使集团及各业务部门可以在获取到最优价格、最低的时间成本的同时，也让征信数据的质量得到保障。纵观业内多数企业外部数据的使用情况，不少是直接使用外部数据供应商提供的网页查询页面，或者根据业务需要直接把外部链接接入企业的系统，没有数据库支持，也没有足够的数据测试来保证金融企业在使用这些外部数据时的有效性与稳定性。小牛在线高度重视外部数据的有效管理，基于自建的统一接入平台，研发了一套严谨的测试算法，在业内属于首创。目前小牛在线已完成30多家征信公司的数据测评，接入了22家征信数据，涵盖了人脸识别、银联数据、运营商、车辆信息、黑名单、社保数据等六大类内容,超过 70 个可用变量。目前,该平台提供了一整套应用方案与服务响应标准,已经全面为公司提供服务。它能够为公司商务谈判争取更多的利益,在技术上统一对接,可以提高对接效率,避免重复开发。

(四)风控平台

公司的大数据风控平台基于大数据平台的数据,统一接入外部数据和通过 Web 爬取外部网站风控数据设计和开发风险数据集市,并对风险数据集市构建相应的规则和模型,引入机器学习技术的风控模型训练和研发,最终提供完整的风控自动化、风控平台实现规则/模型的自动化、风控效果分析、ABtest、实时发布生效等功能。小牛在线自主开发了一体化风控模型,主要包括反欺诈模型、准入模型、授信模型、贷后预警模型、催收模型等。在模型规划方面,企业将模型分成借贷流程模型与反欺诈功能模型:借贷流程模型包括准入、授信、贷后预警模型,覆盖借贷 ABC 阶段;反欺诈功能模型包括反刷单、交易反欺诈等。模型开发主要流程涉及业务分析、数据清洗、特征项挖掘、模型构建、模型评估、模型监控等方面,最终旨在实现自动化风控审批,直接将融资用户还款能力评估与还款意愿评估融合在一起,输出最直观的放贷依据。主要的机构见图 4。

目前,企业完成了平台金融产品的准入和授信的模型研发。从特征维度上看,主要包括基本属性、履约情况、社交网络、电商偏好、家庭特征等 18 个维度;从算法使用上看,本次普惠使用的模型不仅仅有传统的逻辑回归算法,还有基于深度学习的 CNN、随机森林、BP 神经网络等 22 种算法,基本涵盖了深度学习领域常用和最前沿的算法;从逻辑复杂度上看,模型采用了超过 500 个变量,2000 次迭代,20000 个逻辑节点,复杂度可类比互联网巨头 BAT 的相关产品,能有效防止黑色产业链破解风控模型;从模型指标上看,评分卡 K-S 值为 0.325,AUC 在 0.72~0.80 区间,Gini 在 0.4 以上,相比市场上的第三方建模公司公布的模型指标数据,该指标在业内属于领先水平,模型指标可以有效降低逾期风险,更好地保证投资人的资金安

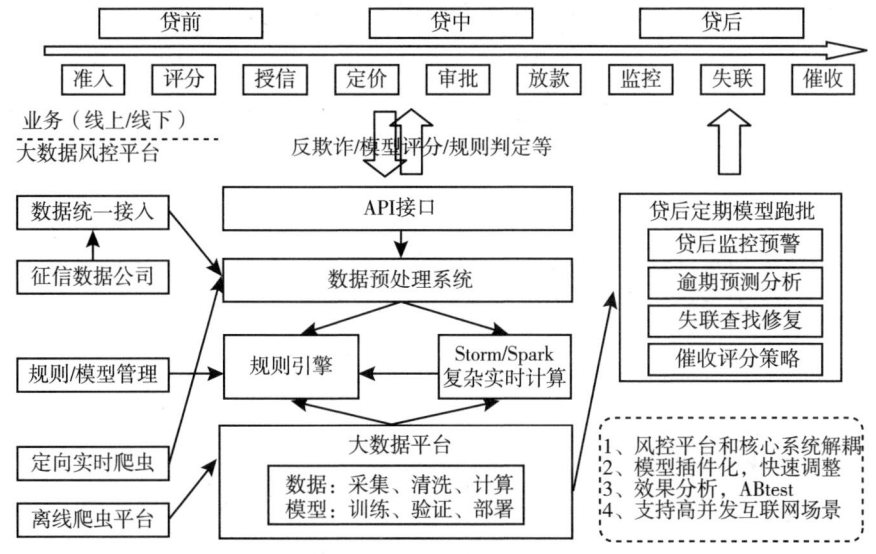

图 4 小牛在线风控结构

全，目前正在申请相关专利。另外，为了更好地了解风控的对象，小牛在线为每个投融资用户打造个性化标签，试图还原融资用户行为，掌握用户习惯，提升大数据风控的效能。

小牛在线的用户画像已经完成第一期，目前正在进入第二期开发阶段，该阶段会用更深层次、更多维度去刻画用户，通过数据将用户的画像更全面地展出来。一期的用户画像共 6 个面、33 个维度和 300 + 属性，分别是基本画像、社会活动画像、公共事业画像、金融画像、平台行为画像、深层画像，已覆盖用户超过 370 万，输出 73 个标签。多数企业的用户画像应用都是在围绕用户生命树开展的，包括获客、营销、推广、维系等方面的。用户画像在小牛在线的应用范围也很广泛，很多与风控相关的应用也被业界认为是业内的创新应用。为了使风控模型更加精准，一方面小牛在线激活了长期沉淀的用户纸质征信报告，利用 OCR 技术进行了上百万份的纸质征信报告的结构化（把个人的人行征信报告的内容录入数据库），增加模型考察的维度；另一方面，小牛在线不遗余力在人脸识别、图像识别、文字识别投入，并引进生物识别技术、反克隆技术等技术，整体提升了企业的反欺诈能力。为了有效降低信用风险和操作风险，提高审核效率，实现全自动放款服务。小牛在线建立了基于大数据平台部署的大数据风控实时引擎。它作为风控模型、风控规则、外部数据的运算承载体，可以提供模型规则的实时计算服务。

为保证风控模型的开发质量和实施效果，小牛在线所有的风控模型都参考模型建设和管理技术行业标准进行开发、评估和文档归档。全面遵循这些要求有利于模型的建设、使用、监控、审批、上线。

（五）人工智能服务

1. OCR 文字识别

目前主要是对文本或图像资料中的文字和版面进行识别。用户提交扫描件的身份证、征信报告、房产证、驾照、企业执照等各类申请材料，OCR智能识别平台通过 deep learning 除噪、旋转、分裂、文字识别并结构化；全程无纸化操作，替代人工录入，提高录入效率，整个识别流程自动化、标准化、智能化。最后获取。结构化好的数据，通过 ETL 将其直接导入 Hadoop 平台，供风控建模使用。

2. 自然语言处理（NLP）

通过 word2vec 对自然语言进行学习，对爬虫获得的非结构化文本进行结构化后入库，再通过机器学习的方法对文本信息进行主题分析、舆情监控，从而及时发现政策风险、用户个人信用风险等。自然语言处理主要识别人类语言，进行语言结构化、语言主题提取、情感检测等。对来自新闻、微博、微信、论坛、征信、法务文书之类的文本数据，进行 LDA 主题学习。

3. 关系链

关系链主要通过图论算法对金融担保圈、黑产、团伙、社交关系等进行识别。它主要通过申请人信息、社交联系人信息、手机联系人信息，通过图论、遗传算法等对爬虫数据、第三方数据、申请贷款填写的关系人数据进行挖掘，计算出企业之间、个人之间、企业与个人之间的联系，在贷前可用于发现团伙、黑产、担保圈信息，从而抵制恶意诈骗，在贷后可用于逾期客户追缴。

（六）经营分析门户

小牛在线的多维分析平台以 OLAP 的多维数据金融系统的设计与实现为背景，介绍了数据仓库和联机分析处理技术在金融数据存储和处理方面的应用，以及应用在因特网应用技术的客户端呈现。系统的开发是为金融行业的资金管理者构建一个快速响应查询和分析需求，提供在线的多维分析操作，并具有更强互动性和更丰富用户体验的数据处理工具，为制定合理的投资计划提供分析和决策支持。该系统平台开发主要是对多维金融数据进行联机分析处理，以及具有良好用户体验的在线多维分析处理的开发和实现，主要包括数据仓库的设计与实现、系统三层结构之间的数据通信和交互、提供良好用户体验的在线多维数据展示和分析的用户界面实现三个方面。

小牛在线的多维分析平台是联机分析处理在金融数据信息处理过程中的应用，用户希望可以直观地观察数据并且对数据进行多维分析，这其中没有牵涉到数据挖掘技术。商务智能分为三个层次：数据报表、数据分析和数据挖掘。提供数据分析的本系统，它主要解决的问题有四个方面，对管理人员来说，①了解 KPI 达成进度，各模块表现；②管理员工业绩，洞察员工基本情况；③帮助决策者多方位多角度地观察和分析数据，为决策者发现数据潜在信息做出正确决策提供支持。对于业务人员来说，①可以进行业绩管理，查看核对自己业绩；②客户洞察，通过用户视图了解客户基本情况；③精准营销，分析用户特征，确定营销目标群体。对于分析人员来说，①报表开发，高效易用的报表平台；②探索发现，多维探索归因分析。对于挖掘人员来说，模型评估，实时监控模型效果。

民投金服金融科技布局与发展

方 龙*

摘　要： 民投金服金融科技体系涵盖架构层、系统层与应用层三方面。架构层由大数据、区块链、基础技术组成；系统层基于架构层延伸，涵盖交易、资金管理、风控、产品、资产、安全中心等网贷关键系统应用。在应用层领域，民投金服重点将风控系统与资产系统加以深度开发与应用，推出了"云顶护盾"智能风控体系与"资产森林"开源平台。

关键词： 金融科技　银票直投　互联网金融　智能风控　大数据

一　概述

民投金服成立于 2015 年，由深圳前海极速一百金融服务有限公司运营，是凤凰金控科技集团有限公司旗下的互联网金融品牌，实缴资本居行业前列，达 1.5 亿元。2017 年获大同市国资委直属企业大同经济发展投资有限公司战略入股，是实缴资本前三的国资二级控股网贷平台。平台核心成员曾就职银行、保险、票据、第三方支付、互联网行业，有着丰富的互联网金融领域从业经验。民投金服通过十年本土化大数据沉淀、前沿机器学习、决策引擎、智能投顾等前沿技术，致力于风控、优质资产挖掘两大金融服务核心的优化，为中小微企业及投资人提供高效、透明的金融信息服务，用科技来升级普惠金融。

---

* 方龙，经济学博士，中国社会科学院国家金融与发展实验室研究员。

二 业务发展与模式

民投金服平台理财项目对应资产均为银行承兑汇票产品，对应的票据资产到期后，由银行无条件承兑。银行票据资产优质、安全可靠。民投金服项目类别包含银票直投、零钱计划、银票计划三类产品；项目周期则覆盖灵活，为投资者提供了全方位、灵活的投资项目体系。银行汇票样本见图1。

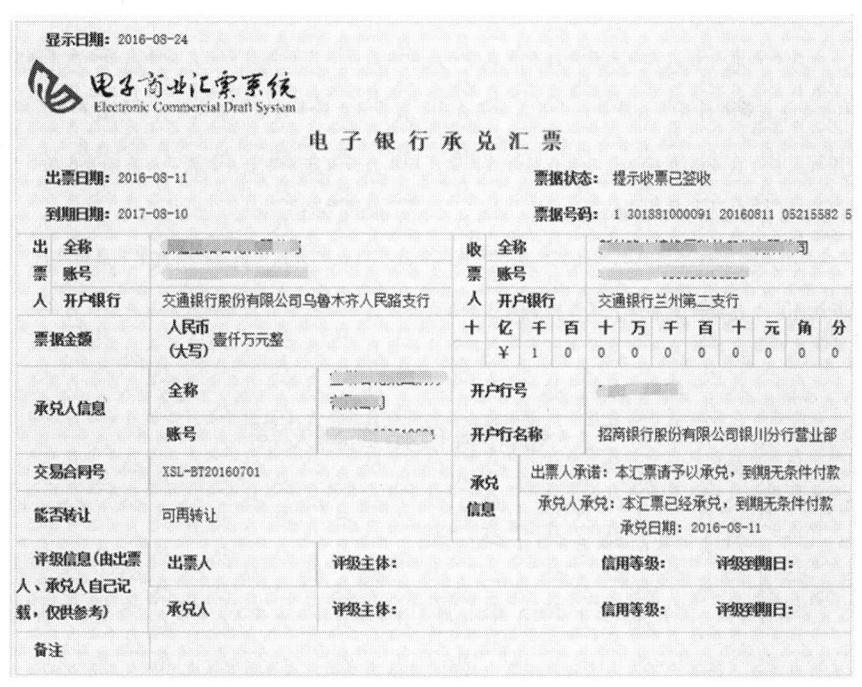

图1　银行汇票样本

银票直投均为小微企业借款项目，小微企业由于生产经营周转和项目投资急需资金，以银行承兑汇票作为质押物申请借款。借款按约到期，借款企业必须如数归还本金和利息，否则民投金服将通过法律途径处置质押物，以偿还借款，保障投资用户利益。

零钱计划是民投金服为投资用户提供智能匹配交易、按日计息的投资工具，通过分散投资和实时撮合，将用户投资的资金与在平台发布的借款项目（包含借款人的借款项目和其他投资用户的债权转让项目）进行匹配交易，在科学提升安全性的基础上追求稳健收益回报和流畅的投资体验。

银票计划是民投金服为用户提供的本金自动循环投资，到期自动转让持有的债权以退出的理财计划服务，简化用户挑选资产并提供安全和稳定的收益。到期时，系统将自动转让持有的债权完成退出，退出时间以所持债权实际转让完成时间为准；若持有的债权是与银票计划同一天到期的，则以债权实际回款完成时间为准。

民投金服目前资产类型包括银行承兑汇票、车抵贷等。银行承兑汇票是由在承兑银行开立存款账户的存款人出票，向开户银行申请并经银行审查同意承兑的，保证在指定日期无条件支付确定的金额给收款人或持票人的票据。具有估值程序标准化、流动性好、易变现特征。

车抵贷包含车抵押贷款与车质押贷款两种类型。具有物权归属明确、变现难度低、标准化程度高的特色。

三 金融科技布局与发展

（一）用科技升级普惠金融战略

战略孕育：民投金服于2015年1月开始运营，基于对自身业务的清晰认识以及对金融科技重要性的认知，从2016年开始着手金融科技的布局与探索。

战略制定：民投金服历经早期的"金融科技"发展阶段，在监管下摸索发展业态的同时找准自身定位，围绕资产端的效率提升和安全保障构建"金融科技基础设施"，2017年民投金服发布了"用科技升级普惠金融"的战略，从资产、风控出发，通过以数据为基础、技术为手段，降低成本，提升业务效率与质量。

战略实施：在资产端，民投金服着重于优质资产的挖掘与风险控制，基于自身金融科技架构与应用已发布"云顶护盾"智能风控体系、"资产森林"开源平台;在投资端,民投金服侧重于通过科技手段提升用户体验,目前已在"一键投资"、"资金追踪"、"标的状况反馈"、"风险测评"(智能投顾)等体验模块上优化完善。

(二)民投金服的金融科技架构

民投金服金融科技体系涵盖架构层、系统层与应用层三方面。架构层由大数据、区块链、基础技术组成;系统层基于架构层延伸,涵盖交易、资金管理、风控、产品、资产、安全中心等网贷关键系统应用,目前民投金服已在系统层领域获得17项软件著作权;在应用层领域,民投金服重点将风控系统与资产系统加以深度开发与应用,推出了"云顶护盾"智能风控体系与"资产森林"开源平台(见图2)。

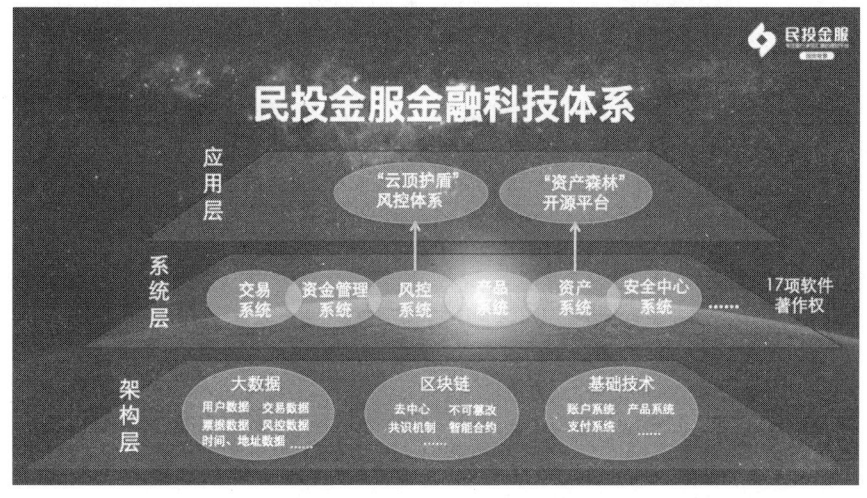

图2 民投金服金融科技结构

(三)民投金服的金融科技应用

1. "云顶护盾"智能风控体系

民投金服"云顶护盾"是基于智能大数据、智能决策模型而形成的智能风控体系。"云顶护盾"智能风控体系通过对用户征信数据、交易数据、行为数据、担保评价等源信息的采集与分析，经过民投金服自研的决策策略计量模型与策略平台进行风控管理，涵盖贷前、贷中、贷后三个环节，由卷云系统、积云系统、涌云系统组成。其中卷云系统针对贷前，旨在通过多方位数据的采集筛选优质普惠资产。积云系统针对贷中，旨在通过信息的分析处理进行放款决策，并通过业务流程的管控防范道德风险与操作风险。涌云系统针对贷后，旨在通过数据与信息的风险预警进行贷后跟踪，并通过数据分析进行逾期处置管理（见图3）。

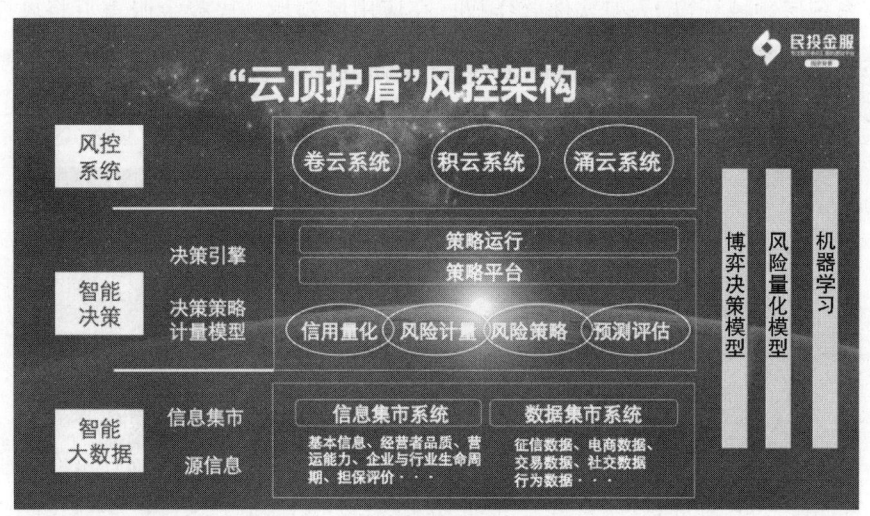

图3 "云顶护盾"风控构架

2. "资产森林"开源平台

资产端建设是民投金服"金融科技"布局的重中之重。民投金服打造的"资产森林"，不仅要解决资产荒的问题，更是要寻找优质资产，主要涵盖了企业贷、个人信贷及票据资产。在企业贷方面，呈现多样性与成长性的特性，覆盖了多个行业，并且与企业互助式成长。个人信贷主要有场景化、数据化等特性。此外，民投金服的票据资产已经覆盖国股行、城商行、农信社，未来将对接更多的银行汇票资产（见图4）。

民投金服金融科技布局与发展

图4 资产森林功能

图书在版编目(CIP)数据

广东金融科技发展报告.2018/黄国平,唐军主编.--北京:社会科学文献出版社,2017.12
ISBN 978-7-5201-1786-9

Ⅰ.①广… Ⅱ.①黄…②唐… Ⅲ.①地方金融-科技发展-研究报告-广东-2018 Ⅳ.①F832.765

中国版本图书馆 CIP 数据核字(2017)第 279487 号

广东金融科技发展报告(2018)

主　编／黄国平　唐　军
副 主 编／胡志浩　潘瑾健

出 版 人／谢寿光
项目统筹／张　超
责任编辑／张　超

出　　版／社会科学文献出版社·皮书出版分社(010)59367127
　　　　　地址:北京市北三环中路甲29号院华龙大厦　邮编:100029
　　　　　网址:www.ssap.com.cn

发　　行／市场营销中心(010)59367081　59367018
印　　装／北京季蜂印刷有限公司

规　　格／开 本:787mm×1092mm　1/16
　　　　　印 张:18.5　字 数:280千字

版　　次／2017年12月第1版　2017年12月第1次印刷
书　　号／ISBN 978-7-5201-1786-9
定　　价／79.00元

本书如有印装质量问题,请与读者服务中心(010-59367028)联系

▲ 版权所有 翻印必究